陕西青少年权益保障十年观察

Protection of Youth Rights and
Interests in Shaanxi:
A Ten-year Investigation

褚宸舸 著

知识产权出版社
全国百佳图书出版单位
—北京—

图书在版编目（CIP）数据

陕西青少年权益保障十年观察 / 褚宸舸著 . —北京：知识产权出版社，2023.11
ISBN 978-7-5130-8742-1

Ⅰ.①陕… Ⅱ.①褚… Ⅲ.①未成年人保护法—研究—陕西 Ⅳ.① D927.410.274

中国国家版本馆 CIP 数据核字（2023）第 073960 号

策划编辑：庞从容　　　　　　　　　责任校对：王　岩
责任编辑：张琪惠　　　　　　　　　责任印制：孙婷婷
封面设计：乔智炜

陕西青少年权益保障十年观察

褚宸舸　著

出版发行：知识产权出版社有限责任公司		网　　址：http://www.ipph.cn	
社　　址：北京市海淀区气象路 50 号院		邮　　编：100081	
责编电话：010-82000860 转 8782		责编邮箱：963810650@qq.com	
发行电话：010-82000860 转 8101/8102		发行传真：010-82000893/82005070/82000270	
印　　刷：北京建宏印刷有限公司		经　　销：新华书店、各大网上书店及相关专业书店	
开　　本：720mm×1000mm　1/16		印　　张：18	
版　　次：2023 年 11 月第 1 版		印　　次：2023 年 11 月第 1 次印刷	
字　　数：295 千字		定　　价：89.00 元	
ISBN 978-7-5130-8742-1			

出版权专有　侵权必究
如有印装质量问题，本社负责调换。

PREFACE 序

我与宸舸教授相识多年,其大作即将出版,嘱我作序,不敢推辞。宸舸教授的研究十分广泛,涉猎宪法学、法理学、禁毒法学、纪检监察学、青年学等多个领域。这些领域的跨度和难度不小,而宸舸教授都能取得丰硕成果,这不是一般的学者可以做到的,也一直让我十分钦佩。

宸舸教授与陕西共青团保持着长期与良好的合作关系,将大量精力用于青少年问题的研究,取得了不少有影响力而且接地气的成果。本书就是宸舸教授近十年受委托所开展的青少年发展课题研究成果的整理和汇编。这些成果基本涵盖了近十年共青团权益战线重点关注的青少年议题,其中不仅涉及未成年人安全、学生欺凌、校园贷、青少年教育、青少年违法犯罪、青年社会融入与参与、青年就业创业、青少年社会工作等热点议题,还涉及新生代农民工、青年律师、快递从业青年等特殊群体问题。通过这些课题的研究,宸舸教授对推动地方青少年权益保障工作发展作出了积极贡献。

每个人都在以自己独特的视角和方式记录历史。在我看来,本书也是以独特的视角记录了近十年共青团权益工作改革发展的历程。正如宸舸教授本人所言:"本书作为新时代陕西青少年权益工作的一个记录,不仅具有资料文献价值,而且具有一定的创新性和学术性。"中国特色社会主义进入新时代以来,共青团权益工作在群团改革的背景下得到了重大发展。陕西省虽然并非我国发达省份,但其共青团改革很有特色,本书也可以说是观察近年来共青团改革的绝佳窗口。共青团陕西省委长期委托宸舸教授做相关课题研究,并且将这些成果运用于共青团工作实践,也十分生动地诠释了近年来共青团改革发展中所呈现的令人欣慰的专业化倾向。

在我看来，本书是具有较为浓厚个性色彩的宸舸教授学术生涯的记录，宸舸教授也为学者走出书斋承担和履行社会责任作出了示范。本书鲜明的实证研究特色令我印象深刻，尽管在实证研究方法的科学性上可能还有进一步提升的空间，但是对法学学者而言，能如此重视实证方法并运用如此娴熟，已属不易。

通读全书，我发现宸舸教授是有心人，竟能将这么多单项课题成果系统整理出来，并且毫不违和地编撰成书。多年来，我也受委托做过很多课题，但是大部分仅提交给委托单位而未公之于众。读完本书，我感到今后有向宸舸教授学习的必要。

是为序。

姚建龙[*]

2022 年 9 月 2 日

---

[*] 中国预防青少年犯罪研究会副会长，上海社会科学院法学研究所所长、研究员、博士生导师。

CONTENTS 目 录

第一编　陕西未成年人保护实证研究

第一章　未成年人安全状况调查　003
　一、研究过程和样本概况　004
　二、未成年人的安全感　006
　三、未成年人的家庭安全　008
　四、未成年人的校园安全　009
　五、未成年人的社会安全　011
　六、未成年人的刑事被害　013
　七、未成年人的安全教育　016

第二章　学生欺凌调查　019
　一、研究背景　019
　二、研究过程　021
　三、学生欺凌的基本概况　022
　四、学生欺凌治理工作存在的问题　037
　五、完善学生欺凌治理工作的制度机制　041
　六、"两法"修订中的制度设计　046

第三章　中小学法治教育及其宣教模式调查　052
　一、研究过程　053
　二、2018年调研的回顾　056

三、中学生的法律常识和法治意识　　058

四、我国青少年法治宣传教育的模式　　063

五、"红领巾法学院"法治宣传教育的模式　　067

六、完善"红领巾法学院"模式的建议　　072

七、进一步加强青少年法治教育工作的建议　　073

第二编　陕西预防青少年违法犯罪实证研究

第一章　预防不良行为青少年违法犯罪调查　　079

一、研究背景和过程　　079

二、不良行为青少年的基本概况　　080

三、预防不良行为青少年违法犯罪的主要经验　　082

四、预防不良行为青少年违法犯罪工作存在的问题　　083

五、完善预防不良行为青少年违法犯罪工作的建议　　089

第二章　青少年吸毒及其预防工作调查　　091

一、调研过程和样本概况　　091

二、全省涉毒违法犯罪的基本概况　　092

三、吸毒青少年的基本特征　　093

四、预防青少年吸毒工作存在的问题　　095

五、完善青少年吸毒预防工作的建议　　097

第三章　青少年毒品预防教育体系调查　　100

一、体系的构建　　101

二、体系的特点　　104

三、体系的成效　　108

第四章　青少年社会教育调查　　113

一、调研过程　　114

二、青少年社会教育的机构、经费和存在的问题　　117

三、青少年社会教育的基本内容及其功能　　119

四、社会教育对重点青少年的影响　　126

第三编　陕西青少年经济社会文化和政治权利实证研究

第一章　新生代农民工的文化生活和文化权利调查　137
　　一、新生代农民工的精神文化生活　137
　　二、新生代农民工的精神文化需要　139
　　三、新生代农民工行使文化权利的困境　140

第二章　"不升学不就业"青年调查　145
　　一、调研过程　146
　　二、"不升学不就业"青年的特征　148
　　三、影响"不升学不就业"的因素　153
　　四、减少"不升学不就业"青年的建议　155

第三章　快递从业青年生存发展权益调查　157
　　一、快递从业青年的基本概况　157
　　二、快递从业青年生存发展面临的困境　162
　　三、服务关爱快递从业青年的建议　166

第四章　大学生"校园贷"调查　170
　　一、大学生对"校园贷"的使用与认知　171
　　二、"校园贷"问题产生的主要原因　175
　　三、防范"校园贷"危害引导大学生树立良好消费观的建议　176

第五章　新媒体和社会组织青年政治参与调查　180
　　一、调研过程　181
　　二、样本特征　182
　　三、新媒体和社会组织青年政治参与的基本概况　183
　　四、制约青年政治参与的因素　188
　　五、完善新媒体和社会组织青年政治参与的建议　189

第六章　青年律师政治参与调查　193
　　一、研究背景和意义　193
　　二、样本特征　196
　　三、青年律师政治参与的基本概况　198

四、青年律师政治参与存在的问题　　202
　　五、构建服务型政治参与新模式　　205
第七章　青年社会组织参与社会治理调查　　207
　　一、青年社会组织参与社会治理的基本概况　　208
　　二、青年社会组织参与社会治理存在的问题　　212
　　三、完善青年社会组织参与社会治理的建议　　216

第四编　青少年发展保障制度实证研究
第一章　未成年人网络保护法律问题研究　　223
　　一、未成年人网络违法犯罪的治理　　223
　　二、情色内容规制的法律争议　　226
　　三、网络直播平台组织主播进行淫秽表演的定性　　232
　　四、《未成年人网络保护条例（征求意见稿）》评议　　235
　　五、"三治融合"治理未成年人直播打赏　　238
第二章　青年创业政策调查　　241
　　一、研究过程和方法　　242
　　二、青年创业政策的基本概况　　243
　　三、青年创业者及其需求　　248
　　四、青年创业政策存在的问题　　255
　　五、完善青年创业政策的建议　　259
第三章　青少年社会工作人才队伍研究　　264
　　一、问题的提出　　264
　　二、调查对象和过程　　265
　　三、青少年社会工作人才队伍的群体特征　　265
　　四、青少年社会工作人才队伍的工作情况　　269
　　五、青少年社会工作人才队伍存在的问题　　273

后　记　　276

第一编

陕西未成年人保护实证研究

第一章　未成年人安全状况调查[*]

受到伤害的儿童群体是中国社会问题儿童的重要组成部分。各式各样的儿童伤害和儿童意外事故频频发生，为儿童安全保障敲响了警钟。对此，党和国家高度重视。《中国儿童发展纲要（2011—2020年）》规定了18岁以下儿童伤害死亡率以2010年的数据为基数下降1/6的目标，要制订实施多部门合作的儿童伤害综合干预行动计划。[1] 为落实该纲要的要求，摸清陕西未成年人安全状况及存在的问题，我们进行了实证研究。

可从风险的内涵来理解安全。风险是指在某一特定环境下，在某一特定时间段内，某种损失或伤害发生的可能性或概率。潜在的风险是危险，现实的风险是伤害。从表现形式来看，伤害可以分为显性伤害（物理性损伤）和隐性伤害（精神和心理上的损伤）。从施害者主观来看，伤害可以分为故意伤害和非故意伤害。前者按照严重程度与违法性，又可分为犯罪侵害和治安侵

---

[*] 本章以2013年7—12月褚宸舸主持的共青团陕西省委委托课题"陕西未成年人安全状况研究"的报告为基础，部分内容已发表。参见褚宸舸：《陕西未成年人安全状况调查报告》，载《中国青年政治学院学报》2014年第5期；褚宸舸、李明恺、朱骞等：《陕西未成年人刑事被害的统计分析》，载《改革内参（综合版）》2014年第18期。

[1] 本章虽然依托的是《中国儿童发展纲要（2011—2020年）》，但是笔者也关注到2021年颁布的《中国儿童发展纲要（2021—2030年）》作出新规定，要求儿童伤害死亡率以2020年的数据为基数下降20%，儿童遭受意外和暴力伤害的监测报告系统进一步完善。新的纲要提出12个方面的策略措施：创建儿童安全环境；建立健全儿童伤害防控工作体系；预防和控制儿童溺水；预防和控制儿童道路交通伤害；预防和控制儿童跌倒、跌落、烧烫伤、中毒等伤害；加强儿童食品安全监管；预防和减少产品引发的儿童伤害；预防和控制针对儿童的暴力伤害；加强对学生欺凌的综合治理；加强未成年人网络保护；提高对儿童遭受意外和暴力伤害的紧急救援、医疗救治、康复服务水平；完善监测机制。新的纲要还提出，完善县（市、区、旗）、乡镇（街道）、村（社区）三级儿童保护机制，督促学校、幼儿园、托育机构、医疗机构、儿童福利机构、未成年人救助保护机构、村（居）民委员会等主体强化主动报告意识，履行困境儿童和受暴力伤害儿童强制报告义务，在突发事件预防和应对中加强对儿童的保护。

害（或称行政违法侵害）。后者包括过失造成的伤害和意外事件造成的伤害。青少年生活、学习的场域是不同的，在这些场域中受伤害的程度也有所不同。从伤害发生的场域来看，伤害可以分为校园伤害、家庭伤害、社会伤害。因此，风险或伤害的内涵非常丰富，未成年人所面临的安全问题也千差万别。按照不同的标准，安全也可以划分为不同类别，其中以场域为标准可划分为校园安全、家庭安全、社会安全等。

我国对未成年人安全的研究已开展多年。劳凯声、孙云晓主编的《新焦点——当代中国少年儿童人身伤害研究报告》（以下简称《伤害报告》）是北京师范大学出版社 2002 年出版的重要专著，内容全面具体，数据翔实。近年来，未成年人安全状况出现很多新情况、新变化。一方面，本章充分关注陕西省与全国相比的特性，拟与《伤害报告》的数据和结论进行对比分析，同时在问卷中采用了部分量表的题目，以期同国内常模进行比较；另一方面，本章适度关注陕西省内各地区、城乡的中小学生在安全方面的差异性，以期对未来地方立法和政策的出台有所裨益。

一、研究过程和样本概况

（一）研究过程

本调研于 2013 年 9 月启动，历时两个多月，使用调查问卷，并通过深度访谈、座谈会等实证研究方法收集资料。调研报告初稿完成后，两次召开讨论会修改完善。

（1）问卷调查。第一，问卷设计。针对小学生、中学生、教师分别设计 3 种问卷。考虑和全国情况进行对比研究，一方面采用部分心理学量表的题目，另一方面采用《伤害报告》中的部分题目。第二，抽样方法和样本数。采用分层和多级简单随机抽样相结合的混合抽样方法。按照陕西省第 6 次人口普查数据进行地区抽样。各市（区）的学生数按照城市 54%、乡村 46% 的比例抽取。城市学生，按照小学、初中、高中 6∶2∶2 的比例，乡村学生按照小学、初中、高中 5∶3∶2 的比例确定。共发放调查问卷 1243 份（其中小学生和中学生问卷 1199 份，教师问卷 44 份）。经审核、编码和数据录入，剔除无效问卷后，共获得有效问卷 1031 份，其中小学生和中学生问卷 999 份，教师问卷 32 份（针对西安市高新一中初中部、西安市长安南路小学、西安市蓝田县韩河小学 3 所学校教师）。问卷全部以自我报告形式填写。第三，问卷录入和统计分析。笔者委托研究生、本科生录入问卷，录入软件为 EXCEL，统计分析软件为 SPSS 13.0。

（2）深度访谈。2013 年 10 月 9 日、10 日、11 日、15 日，我们相继到西安市长安南路小学、咸阳市武功县红太阳特殊教育康复学校、西安市蓝田县韩河小学、西安市高新一中初中部、西安市第六中学等教育教学机构进行实地调研，分别对学校负责人、相关教师和工作人员、在校学生多人进行访谈。

（3）调取数据。通过共青团陕西省委发函给省公安厅刑侦局，调取了陕西省 2012 年全年及 2013 年 1—9 月以未成年人为被害人的刑事案件立案数据。

（4）召开座谈会。共青团陕西省委权益部于 2013 年 9 月 25 日、10 月 18 日、10 月 25 日分别召开相关政府职能部门、人民团体的负责人及高校、法学会专家共同参与的座谈会，沟通讨论相关情况。多次向陕西省未成年人保护委员会成员单位收集相关资料和数据。

（二）样本概况

（1）城乡、性别情况。调查城市小学生 203 人（其中男 85 人、女 118 人，分别占 41.9%、58.1%），农村小学生 242 人（其中男 125 人、女 117 人，分别占 51.7%、48.3%），城市中学生 372 人（其中男 170 人、女 202 人，分别占 45.7%、54.3%），农村中学生 182 人（其中男 75 人、女 107 人，分别占 41.2%、58.8%）。

（2）年龄情况。调查样本中，城市小学生平均年龄 10.8 岁，农村小学生平均年龄 10.59 岁，城市中学生平均年龄 14.71 岁，农村中学生平均年龄 14.61 岁。

（3）家庭中监护人情况。父母监护职责的履行是防范未成年人受伤害及提高其安全感的重要因素之一。当问学生"目前主要跟谁一起生活"时，城市学生和亲生父母（双方）在一起生活的比例高，但是，农村学生的比例较低。与此相应，和亲生父母（一方）、祖父母、外祖父母、兄弟姐妹一起生活的比例，农村学生均高于城市学生。由此可见，农村父母双方履行监护职责的比例较低，留守儿童问题突出。

（4）父母文化程度情况。一般认为，文化程度高低和父母对子女的安全教育程度或者对安全知识的重视程度有正相关性。城市样本父母的学历普遍高于农村，51.7%的城市样本父母的学历为大学专科及以上，农村样本中此项则只有1.1%，大多数为初中学历。

二、未成年人的安全感

安全感是对可能出现的身体或心理的危险或伤害的预感，以及个体在应对处置时的有力感或无力感，主要表现为确定感和可控制感。比较成熟的安全感量表包括两个因子：人际安全感因子（人际交往过程中的安全体验）和确定控制感因子（对生活的预测及确定感、可控制感）。安全感和人际信任、自我接纳、个人评价有关，是主体对外界的一种心理上的反应。[2]安全感的缺失会使未成年人面对安全问题时的反应能力降低，预防风险的能力下降。因此，安全感是决定心理健康的重要指标（心理健康的标准是要有充分的安全感），甚至是心理健康的同义词。安全感受很多因素影响，例如社会支持度、抗挫折性，学校、社会、家庭等生活环境。因为条件所限，本章仅对部分因素进行调研，而且考虑到小学生的问卷测试适应性较差，安全感测试的题目只针对中学生。

（一）社会支持单一且集中

社会支持是未成年人遭遇风险后，防止伤害扩大及再次被伤害的关键。其一方面对未成年人提供保护，对风险起缓冲作用，另一方面对维持良好情绪也有重要意义。社会支持分为客观支持和主观支持两类，前者主要指物质上的援助，后者主要指未成年人感受到的来自他人的支持、关爱，是一种被支持、被理解的情感体验。

陕西省未成年人遇险求助的对象依次为父母或亲属、关系好的同学、老师、警方。在城市中学生选择中排前4位的分别是：父母或亲属（81.7%）、关系好的同学（56.7%）、老师（45.7%）、警方（39.0%）。在农村中学生选择中排前4位的分别是：父母或亲属（73.6%）、关系好的同学（43.4%）、警方（40.7%）、老师（37.4%）。小学生组中，关系好的同学所占的比例有所

---

[2] 戴晓阳主编：《常用心理评估量表手册》，人民军医出版社2010年版，第175页。

下降。在城市小学生选择中排前4位的分别是：父母或亲属（58.6%）、警方（33.0%）、老师（26.1%）、关系好的同学（18.2%）。农村小学生选择求助对象的顺序与之相同。虽然问卷也罗列了"共青团、少先队""村或社区组织""网友"等求助对象，但选择比例均较低，可见未成年人求助对象的集中性十分显著。

当问教师"如果学生在校内外遭受人身、财产安全的威胁，是否会将情况反映给自己？"时，81.3%的受访教师表示肯定。虽然教师有作为学生"保护神"的心理预期和准备，但是学生愿意求助教师的比例在城市中学生中只有45.7%，在农村中学生中只有37.4%，在城市小学生中只有26.1%，在农村小学生中只有29.8%。

（二）受挫应对的方式和程度不同

如上所述，未成年人的社会支持主要来自父母、老师或同伴的肯定性评价，其安全感和未成年人对这种肯定的依赖程度有密切关系。当未成年人面对父母、老师的说教或者打骂等非肯定性的行为时，其心理承受力（抗挫折能力）亦可作为衡量其安全感的依据。《伤害报告》中，未成年人主要选择"气愤、伤心、痛苦"（67.3%），以及"无所谓"（28.5%）和"想离家出走"（18.1%）。本次调研则发现，生活地不同、年龄不同的未成年人被父母、老师打骂时心理感受存在较大差异。

首先，科学的教育方式得到一定程度的社会认同。有7.5%的城市中学生和9.3%的农村中学生，20.2%的城市小学生和14.9%的农村小学生，选择"从没有被说教或者打骂过"。其次，未成年人的心理反应主要是内生性的。"气愤、伤心、痛苦"和"无所谓"占比较高。再次，中学生"想离家出走"的比例明显高于小学生，农村学生高于城市学生。"想离家出走"的城市中学生有14.0%，农村中学生有15.9%。而小学生此比例较低（城市占1%，农村占5%）。最后，城市中学生、农村小学生自杀倾向比较严重。有9.7%的城市中学生有自杀想法，超过农村中学生1倍多，而4.5%的农村小学生有死亡念头，是其城市同龄人的3倍。

（三）安全感评估

选择安全感"差"及"非常差"的未成年人占到全部受访者的74.48%，

选择安全感"好"及"非常好"的仅占 3.45%。农村中学生自评安全感"非常差""差""一般"的比例分别为 30.22%、44.51%、23.62%，安全感好者仅为 1.65%，非常好的为 0。城市中学生方面，0.40% 的人自评安全感"非常好"，另有 4.35% 的人自评"好"，比例稍高于农村，同时选择"非常差"和"差"的中学生分别占 32.81% 和 41.50%，其中选择"非常差"的比例较农村中学生高。

三、未成年人的家庭安全

农村未成年人在家庭构成完整度上与城市未成年人有着明显差别。具体而言，其父母双方同时履行监护义务的比例较低。这种监护责任的缺失会造成未成年人在家庭中遭受意外的风险上升。根据省卫生行政部门提供的监测数据，2008 年意外死亡人数占到儿童死亡总人数的 11.1%，2012 年以后则飙升至 21.24%。死亡原因排第 5 位的为意外窒息（前 4 个原因均为疾病）。意外窒息原因上升至前 5 位的情况在 2012 年之前没有出现过。究其原因，主要在于家长的重视程度不够。有不少家长疏于对子女的监护，增加了未成年人遭受意外风险的概率。

《伤害报告》显示，主动性质的家庭伤害依次是：玩耍中受伤（68.7%）、被锐器划伤（64.8%）、摔伤（56.7%）、烫伤或烧伤（36.3%）、被猫狗等动物弄伤（27.8%）、触电（20.3%）。[3] 本次调研则发现，未成年人的家庭意外（主动性伤害）依次是：摔伤、玩耍中受伤、被锐器划伤、烫伤或烧伤、被猫狗等动物弄伤等。触电造成未成年人受伤害的情况有所减少。同时，农村小学生遭受家庭伤害的比例较大，未在家中受伤的城市小学生占 21.7%、农村小学生占 19.0%（图 1–1）。

---

[3] 劳凯声、孙云晓主编：《新焦点——当代中国少年儿童人身伤害研究报告》，北京师范大学出版社 2002 年版，第 207 页。

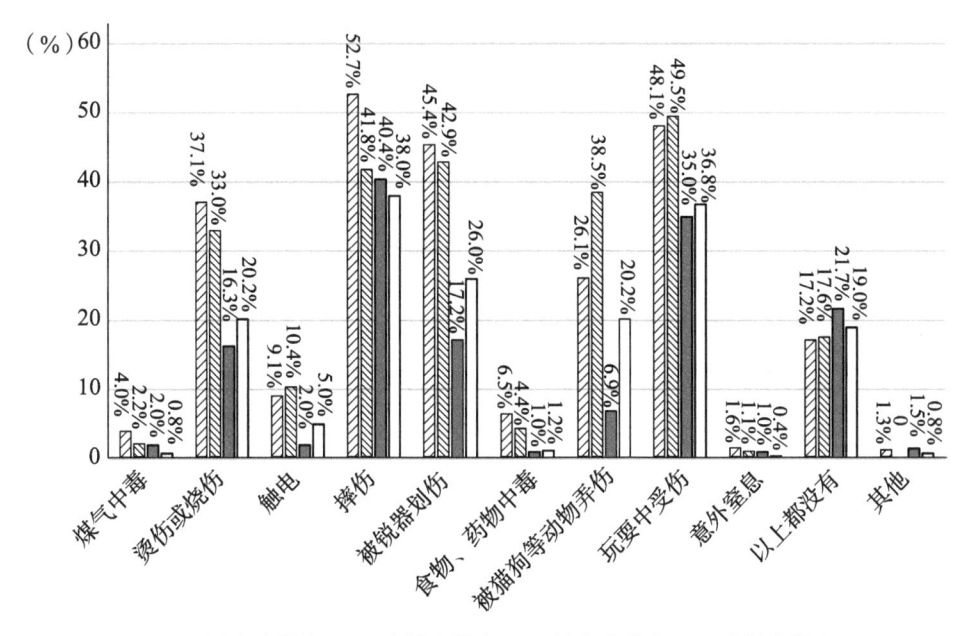

图 1-1 未成年人在家庭中发生意外的情形及占比

四、未成年人的校园安全

（一）重人防轻技防

截至 2013 年 9 月，陕西省 75.7% 的中小学、幼儿园设置了治安保卫机构，配备专职保卫人员（其余配备兼职人员），寄宿制学校全部都有专兼职宿舍管理老师。26.2% 的规模较大的中小学及幼儿园聘请了专业保安。调研发现，教师对校内突发伤害应急处置措施掌握程度较高。有 31.3% 的受访教师认为自己非常熟悉处理学生在校内突发疾病（如食物中毒）或者受伤等紧急情况的知识，28.1% 的受访教师认为自己"熟悉"，34.4% 的受访教师选择了"基本知道"。但仍有 6.2% 的受访教师表示自己"不太熟悉"或"非常不熟悉"。84.4% 的受访教师表示，近 3 学年（2010 年 9 月—2013 年 9 月）以来，其参加学校开展的安全教育培训、演习（如火灾疏散演练）等共有 4 次或 4 次以上。只有 59.3% 的中小学及幼儿园安装了重点区域视频监控和报警设施，设施与公安部门联网的只有 7.7%。

（二）公共场所和财产管理问题突出

学生对校园安全问题的回答较为分散，其中比较突出的是课间操及大型集会的管理问题（41.9%）和校内公私财物的管理问题（38.2%）。农村中学生受访者因为住校的比例较高，所以认为校内宿舍安全管理（48.4%）和校内公私财物管理（46.2%）是最为突出的问题。

《伤害报告》显示，学生在玩游戏或运动时受伤是校园安全存在的主要问题：56.9%的城市学生、45.1%的县镇学生及44.6%的农村学生在学校玩游戏或运动时受过伤；6.0%的城市学生、6.6%的县镇学生及4.2%的农村学生在学校上实验课时受过伤；12.8%的城市学生、14.5%的县镇学生及13.3%的农村学生在学校因楼梯或其他通道拥挤受过伤。[4] 本次调研发现，就整体而言，陕西省未成年人在学校玩游戏或运动时的受伤率较《伤害报告》的全国数据偏高，但因为楼梯或其他通道拥挤发生踩踏事故的情况较全国数据偏少（表1-1）。

表1-1 未成年人在学校中的安全情况

问题	选项	城市中学生	农村中学生	城市小学生	农村小学生
玩游戏或运动时是否受过伤	从来没有	37.4%	56.5%	47.8%	65.7%
	偶尔	59.9%	42.3%	49.8%	33.5%
	经常	2.7%	1.2%	2.4%	0.8%
楼梯或其他通道拥挤时是否受过伤	从来没有	88.7%	84.1%	92.6%	86.8%
	偶尔	10.8%	14.3%	6.4%	12.0%
	经常	0.5%	1.6%	1.0%	1.2%

过去为了防止运动意外，不少学校直接取消体育课长跑和双杠项目。81.3%的受访教师反对这种做法。截至2013年10月，大部分中小学恢复了冬季长跑，但双杠项目仍未恢复。有校长和老师反映，即使重视和强调安全，也还是很难避免意外发生，学校平均每年会发生一起学生校内安全事故（大

---

[4] 劳凯声、孙云晓主编：《新焦点——当代中国少年儿童人身伤害研究报告》，北京师范大学出版社2002年版，第15页。

多是骨折)。

(三)学生欺凌有所缓解,但还存在教师对学生体罚的问题

《伤害报告》表明,38.6%的学生经常和偶尔遭到高年级同学欺负。[5]本调研发现,小学生被欺凌的情况有所缓解。68.0%的城市小学生和68.6%的农村小学生从来没有被同学欺负过,29.1%的城市小学生和27.7%的农村小学生偶尔会被同学欺负。中学生方面,89.0%的城市中学生和78.0%的农村中学生从来没有被同学欺负过。但是,9.1%的城市中学生和20.3%的农村中学生偶尔会被同学欺负,这说明农村学生的欺凌问题较城市更严重。

教师对学生罚站、罚跑、增加作业量、打骂也是校园暴力的表现形式。全国调查中,40.3%的少年儿童有过被罚站或罚跑的经历,29.0%有被留校的经历,26.7%有被打骂的经历,37.8%有被增加作业量的经历。[6]本次调研中,当问及"如果您班上学生犯错且不服管教,您通常会使用什么方式教育?"时,有93.8%的教师选择了"谈心",68.8%的教师认为"打骂、体罚学生的行为绝对不应做"。但是,通过学生问卷询问教师采用的主要教育手段,发现体罚和变相体罚的现象还普遍存在。"罚站和罚跑"不论在城市还是农村,针对中学生还是小学生,都位列教师主要教育手段的前3名。

五、未成年人的社会安全

校园周边环境中直接影响未成年人的当属交通环境和商业环境。校园周边环境治理难度大。本次调研发现,对于城市中学生来说,交通安全和堵塞(21.5%)是校园周边环境存在的最突出的问题,其次是噪声污染(6.50%)、空气污染(4.60%)等。对于农村中学生来说,最突出的问题是噪声污染(20.9%)、空气污染(11.50%)、食品卫生差(2.70%)及网吧游戏厅林立(7.70%)。还有0.5%的城市小学生和2.1%的农村小学生被校外黑社会或流氓殴打过,有1.0%的城市小学生和1.7%的农村小学生曾被抢劫、勒索钱财。有6.7%的城市中学生和1%的农村中学生曾被抢劫、勒索钱财。

---

[5] 劳凯声、孙云晓主编:《新焦点——当代中国少年儿童人身伤害研究报告》,北京师范大学出版社2002年版,第19页。

[6] 劳凯声、孙云晓主编:《新焦点——当代中国少年儿童人身伤害研究报告》,北京师范大学出版社2002年版,第19页。

（一）交通安全问题较严重

调研发现，13.9%的城市中学生、4.4%的农村中学生、3.4%的城市小学生和2.9%的农村小学生在上学放学的路上发生交通意外。但是，98.4%的城市中学生、全部农村中学生及98.0%的城市小学生和96.7%的农村小学生表示在坐校车期间从来没有受过伤。这说明校车对学生交通安全的意义重大，校车运行质量是可靠的。

陕西省无论是校车数量，还是由校车接送上下学的未成年人数量都颇为庞大。截至2013年10月，全省共有校车4342辆，但是符合国家标准的校车只有623辆。这些车辆中，由政府购置并为学校和幼儿园配备的约占2%，学校自备的约占55%，道路旅客运输经营企业提供的约占12%，城市公共交通企业提供的约占6%，专门设立的校车运营企业提供的约占20%，取得道路旅客运输经营许可的个体经营者提供的约占5%。

校车管理存在的问题是：第一，由省教育厅牵头协调难度大。国务院校车安全管理部际联席会议的召集部门为教育部，陕西省参照国务院的模式，将召集部门定为省教育厅。因为校车安全管理涉及多个部门，很多管理环节在学校以外，教育厅协调难度较大。第二，从实践来看，设立校车运营企业、实现公司化运作的效果最好，但这需要政府出台相关优惠政策以鼓励社会力量参与校车运营。

与《伤害报告》的结论相比，农村学生安全隐患问题更为突出。过马路从不走人行横道的城市中学生占16.7%，农村中学生占11%，城市小学生占13.3%，农村小学生占21.5%，这说明学生良好的交通安全习惯并未很好地养成。

（二）校园周边食品安全情况亟待改善

食品安全问题主要涉及学校周边的市场监管。各种流动摊贩、无照经营的小商小贩增加了执法难度。学生群体是在学校周边用餐的主要人群，其食品安全问题十分重要。调研发现，每年因食用学校周边不洁食物而患病1—2次的城市中学生、农村中学生、城市小学生、农村小学生的比例分别为21.8%、18.1%、11.3%、10.7%，患病3—4次的学生比例依次为3.8%、2.7%、3.0%、3.3%。

六、未成年人的刑事被害

（一）侵害未成年人的主要犯罪类型

通过对公安部门刑事案件立案数据的分析，发现2012年全年共发案1146起，涉及犯罪嫌疑人1742人，受害未成年人1108人。2013年1—9月共发案1125起，涉及犯罪嫌疑人1698人，受害未成年人1072人。侵害未成年人的主要犯罪类型是侵财、性侵及侵害生命健康。2012年，发案超过10%的犯罪类型是：盗窃（350起，占30.54%）、抢劫（214起，占18.67%）、故意伤害（159起，占13.87%）、强奸（155起，占13.53%）。2013年1—9月发案超过10%的是：盗窃（325起，占28.89%）、抢劫（209起，占18.58%）、强奸（137起，占12.18%）、故意伤害（121起，占10.76%）。

（1）侵犯人身权利的犯罪以故意伤害、强奸和拐卖为主。首先，侵犯生命健康权类犯罪以故意伤害为主，此类犯罪总体呈下降趋势。其次，侵犯性的自我决定权类犯罪以强奸为主，猥亵有较大幅上升。有受害人在1个月内先后遭受多人多次强奸或猥亵。其中，强迫卖淫案件在被害人不从的情况下，大多也涉及强奸、人身伤害、侮辱妇女等情节。再次，侵犯自由权类犯罪以拐卖为主，其绝对数较大，增长速度较快。2013年1—9月拐卖发案数共48起（4.27%），同比增长较快。另据陕西省公安厅刑侦局打拐办公室数据库统计，2008—2012年，全省抢劫抢夺儿童案共立案21起（破案16起），偷盗儿童案立案40起（破案37起），诱骗儿童案立案2577起（破案2139起），贩卖儿童案立案304起（破案137起）。

（2）侵犯财产权利的犯罪以盗窃、抢劫为主。此类犯罪占发案总数的比例高，特别是暴力胁迫型、窃取骗取型的犯罪，而侵占和故意毁坏财物犯罪非常少。

（3）其他类犯罪以交通肇事、寻衅滋事为主。危害公共安全类的犯罪以交通肇事为主，在2012年发案54起（4.71%），在2013年1—9月发案66起（5.87%），发案数占案件总数的比例上升了1.16%。扰乱公共秩序类的犯罪以寻衅滋事为主。嫖宿幼女在2012年没有报案，2013年有1起（0.09%）。

（二）未成年人易被侵害的空间和时间

酒店及娱乐场所、学校是防止未成年人被害的重点防控场所。2012年和2013年1—9月近两年间，主要发案地前3位均为：公共场所（包括道路、商场、广场、公园等，2012年为48.81%，2013年为46.62%），酒店及娱乐场所（包括宾馆、网吧、洗浴中心等以营利为目的的场所，2012年为18.33%，2013年为19.15%），学校及宿舍（2012年为11.49%，2013年为10.44%）。

（1）公共场所的高发案件以侵财、交通肇事和故意伤害为主。2012年高发犯罪分别为：盗窃（33.27%）、抢劫（25.29%）、故意伤害（15.56%）、交通肇事（10.51%）。2013年高发犯罪分别为：盗窃（31.54%）、抢劫（26.35%）、交通肇事（13.69%）、故意伤害（12.24%）。

（2）酒店及娱乐场所是侵财和性侵案件的主要发生地点。2012年，在酒店及娱乐场所中发案所占比例超过10%的犯罪类型分别是：盗窃（30.05%），强奸（20.21%），组织、强迫、引诱、容留、介绍卖淫（13.47%），抢劫（12.95%），故意伤害（10.36%）。2013年分别是：盗窃（27.27%），强奸（27.27%），抢劫（14.65%），组织、强迫、引诱、容留、介绍卖淫（13.13%）。

（3）校园中发生的犯罪主要是抢劫和盗窃。发案率最高的均为盗窃（2012年所占比例为37.19%，2013年为32.41%），其次为抢劫（2012年所占比例为26.45%，2013年为24.07%）。

通过对2012年全年的数据进行分析，我们发现针对未成年人的犯罪并没有特别突出的时间峰值，但6—12月的发案数量明显高于其他时间。通过对全年发案最多的4类案件——盗窃、抢劫、故意伤害、强奸进行统计可以发现：盗窃案在7月、9—12月存在2个高发期；抢劫案在3—5月及9—12月存在一大一小2个高发期，其中3—5月发案数占全年的21.03%，而9—12月则占60.75%；故意伤害案在6—7月、9—10月、11—12月出现3个高发期，所占全年故意伤害发案总数的比例分别为23.27%、21.38%、23.27%，从全天时间来看，21—24时是故意伤害案的绝对高发期，占全天发案总数的31.45%；强奸案自1月开始逐月递增，在5—9月形成全年发案的高峰期，峰值出现在6月，此后逐月递减，17时—凌晨2时的发案比例为

58.06%，9—16时的发案比例为33.55%。

（三）被害未成年人的特征

第一，13—17岁的未成年人易遭受侵害。2012年，该年龄段被害未成年人占刑事犯罪被害未成年人总数的86.37%，2013年1—9月，此比例有所下降，但仍占60.86%。第二，女性未成年人易遭受侵害。在各类型案件发案总数呈下降趋势的背景下，针对未成年女性的犯罪数量有所上升。如2013年拐卖妇女、儿童的发案数同比增长了1倍多，猥亵儿童的发案数同比增长了近1倍。第三，农村受害人比例高于城市。2012年，经常居住地为农村的被害未成年人占刑事犯罪被害未成年人总数的55.93%，2013年1—9月，上升至61.31%。同时，被侵害的场域呈现从城市到农村的递增形态。

（四）犯罪嫌疑人的特征

第一，以青少年为主体的男性犯罪人所占比例高，约为90%。2012年，16—25岁的犯罪人所占比例为71%，2013年1—9月，这一比例下降到60.3%。第二，犯罪人的职业或身份以农民、学生和无业人群为主。2012年，农民和学生身份的犯罪人占全部犯罪人的比例并列第1位（35.15%），第3位是无业人群（29.38%）。2013年，犯罪人中农民占40.1%，学生占35.4%，无业人群占20.9%。第三，作案方式以单独作案为主，而非团伙作案。单独作案所占比例维持在60%左右。

（五）被害人与犯罪嫌疑人的关系

第一，被害人与犯罪嫌疑人有时是可以互相转化的。例如，某些女学生因为和同学发生矛盾，就想结交校外闲散人员当靠山，却被性侵。犯罪嫌疑人会要求被害人将其同学、朋友约出来，进而再次施暴。这时被害人就变成了犯罪嫌疑人的共犯。第二，熟人作案现象较为突出。陕西省人民检察院2013年起诉的案件中，猥亵儿童案共计14件，大多是熟人作案，包括邻居、同事等，个别是网友作案。在法院受理的5件拐卖儿童案中，有4件是亲生父母卖掉了自己的孩子。

七、未成年人的安全教育

（一）教育形式单一且效果不佳

学生安全知识教育旨在培养学生基本的自救互救技能，从而提高学生的安全意识及抵御、应对各种意外突发事件的能力。学生个体存在差异，学校教育又必须面对学生整体，所以要做到有的放矢、提供个体化的安全知识辅导存在困难。

农村学生接受安全教育、进行安全演练的情况略差于城市学生，竟有25.2%的农村小学生回答学校没有开展过安全教育。调研也了解到，演练存在走过场的情况，即班主任提前通知具体时间和要求。在演练时，大多数学生已有准备，且无人考核未成年人在演练中的表现是否合乎规范（如在防火灾演练中是否按照要求弯腰、掩盖口鼻等）。实践中，安全教育宣传口号化、演练娱乐化，或变成班会课，或直接把书本发给学生自学。

（二）禁毒教育和性教育缺失

（1）禁毒教育水准低，农村禁毒教育缺失。调研发现，城市学生禁毒教育整体状况较好，农村学生禁毒教育水平较低。自称对毒品和禁毒毫不了解的农村中学生、小学生所占比例分别为13.7%和33.5%，远高于城市中学生（3.0%）和小学生（15.8%）。禁毒教育和宣传比较欠缺，有35.5%的城市小学生和43.8%的农村小学生表示其所在学校从未进行过禁毒教育和宣传。即使进行了禁毒教育和宣传，其效果也并不理想。学校的禁毒教育不仅流于形式，而且内容过于肤浅。访谈中发现，未成年人对毒品具体指什么并不清楚，只是通过看电视知道吸毒会上瘾、死亡。

（2）性教育特别是性安全教育严重缺失。据我们对陕西未成年人刑事被害发案数的统计，被害未成年人以13—17岁、女性、居住在农村为主要特点。一般而言，8—12岁为被性侵的高危年龄段。调研发现，2.2%的城市中学生、1.1%的农村中学生、1.0%的城市小学生和0.8%的农村小学生表示，自己有被别人以非医疗体检目的抚摸过隐私部位的经历。性认知水平不仅关系到未成年人的身心健康，更是降低其被害性、提高自护能力的重要因素。较高的性认知水平是预防被害的重要因素。我们以"青春期性心理健康量表"为基础对受访中学生群体进行了性认知水平测量，发现陕西未成年人性教育水平总体较低，且农村中学生整体认知水平更低。7.48%的城市中学生和13.74的农村中学生性认知水平为"非常不了解"；还有12.2%的城市中学生和22.53%的农村中学生为"不了解"。

《人口与计划生育法》第13条第3款规定："学校应当在学生中，以符合受教育者特征的适当方式，有计划地开展生理卫生教育、青春期教育或者性健康教育。"实践中，政府和学校对性教育的重要性认识不足。家长、老师对性的羞耻感，以及教育内容过时、忽视未成年人的现实需求等，都是未成年人性认知水平较低、性教育落后的主要原因。调研发现，多数学校没有专门的性教育课程，性教育内容大多被放在六年级的一次生物课上。学校均无专业师资（一般由生物课教师或校医授课），老师也不知道怎么跟学生讲，把握不好讲的时机和深浅。部分农村学校根本未开展过专门的性教育。性教育应该着重使未成年人了解相关生理知识，根本目的是增强其性防护意识、消除性困惑，最终提高其性安全认知水平。但有部分县市以预防早恋的教育内容代替性教育内容，造成教育目的错位，这对增强未成年人性安全防护能力毫无益处，无法实现性教育的功能。

（3）通过对陕西省6—17岁的未成年人的安全感、家庭安全、校园安全、社会安全、安全教育等方面进行调研，我们发现：未成年人获得的社会支持单一且集中，受挫应对的方式和程度不同，安全感整体较差；校园安全重人防轻技防，公共场所和财产管理问题比较突出，学生欺凌现象有所缓解，但教师体罚学生的情况还存在；交通安全问题较为严重，校园周边食品安全情况亟待改善；监护人未很好地履行监护责任使未成年人在家庭中遭受意外伤害的风险上升；安全教育形式单一且效果不佳，禁毒教育和性教育缺失。在侵害未成年人的主要犯罪类型方面，侵犯人身权利的以故意伤害、强奸和拐卖为主，侵犯财产权利的以盗窃和抢劫为主，其他以交通肇事、寻衅滋事为主。易被侵害的空间和时间方面，酒店及娱乐场所、学校是重点防控场所，公共场所中的犯罪以侵财、交通肇事和故意伤害为主，不同案件高发时间有别。被害未成年人以13—17岁、女性、居住在农村为主要特点。犯罪嫌疑人多为男性，以农民、学生和无业人群为主，作案方式以单独作案为主。建议未来切实加强未成年人安全教育，完善对未成年人的家庭、社会保护。

第二章　学生欺凌调查 *

一、研究背景

2020年10月17日第二次修订、2021年6月1日起施行的《未成年人保护法》第130条第3项规定的"学生欺凌"是指："发生在学生之间，一方蓄意或者恶意通过肢体、语言及网络等手段实施欺压、侮辱，造成另一方人身伤害、财产损失或者精神损害的行为。"《未成年人保护法》第39条还规定："学校应当建立学生欺凌防控工作制度，对教职员工、学生等开展防治学生欺凌的教育和培训。学校对学生欺凌行为应当立即制止，通知实施欺凌和被欺凌未成年学生的父母或者其他监护人参与欺凌行为的认定和处理；对相关未成年学生及时给予心理辅导、教育和引导；对相关未成年学生的父母或者其他监护人给予必要的家庭教育指导。对实施欺凌的未成年学生，学校应当根据欺凌行为的性质和程度，依法加强管教。对严重的欺凌行为，学校不得隐瞒，应当及时向公安机关、教育行政部门报告，并配合相关部门依法处理。"

后文统一使用"学生欺凌"这个概念来指代校园欺凌（School-bullying）和暴力。在《未成年人保护法》首次定义"学生欺凌"之前，我国比较常用"校园欺凌（霸凌）"或"校园暴力"等概念。2016年4月，国务院教育督导委员会办公室印发《关于开展校园欺凌专项治理的通知》，首次在国家规范性文件层面正式提出"校园欺凌"这个概念，即"发生在学生之间，蓄意或恶意通过肢体、语言及网络等手段，实施欺负、侮辱造成伤害"，并要求各地

---

* 本章以2016年7—12月褚宸舸主持的共青团陕西省委委托课题"陕西省校园欺凌和暴力调查研究"的报告为基础。参见褚宸舸、柯德鑫：《"两法"修订背景下校园欺凌和暴力治理之完善》，载《预防青少年犯罪研究》2020年第5期。

中小学校针对校园欺凌进行专项治理，提出包括开展专题教育、设立举报电话、加强心理干预、向公安机关报告等在内的重点治理措施。2016年11月发布的《教育部等九部门关于防治中小学生欺凌和暴力的指导意见》（以下简称《指导意见》）提出，要积极有效预防学生欺凌和暴力，依法依规处置学生欺凌和暴力事件，切实形成防治学生欺凌和暴力的工作合力。同月，国务院教育督导委员会办公室印发《中小学（幼儿园）安全工作专项督导暂行办法》，重点督查相关职能部门对学生欺凌行为等重点问题的预防与应对情况。该办法将学生欺凌和暴力行为列为教育等相关职能部门、中小学重点督查的内容。2017年11月，教育部等11个部门印发《加强中小学生欺凌综合治理方案》首次定义"中小学生欺凌"这个概念，即"中小学生欺凌是发生在校园（包括中小学校和中等职业学校）内外、学生之间，一方（个体或群体）单次或多次蓄意或恶意通过肢体、语言及网络等手段实施欺负、侮辱，造成另一方（个体或群体）身体伤害、财产损失或精神损害等的事件"。该方案要求学校在实际工作中，严格区分学生欺凌与打闹嬉戏行为，必须积极实施预防学生欺凌的措施。2019年10月，国务院教育督导委员会办公室印发《关于开展防治中小学生欺凌和暴力专项整治工作的通知》。

学界通说认为，校园欺凌（霸凌）指主要发生在校园内或学生间的一种故意的、反复性的攻击、操纵或排斥行为，是经常性的以大欺小、以强凌弱行为。校园暴力比校园欺凌的伤害程度更深。校园暴力一般是指已经违反《治安管理处罚法》或《刑法》，或虽未达到承担行政责任或刑事责任的年龄，但实际造成比较严重后果（如被害人轻伤以上、严重财产损失或精神伤害）的伤害行为。校园欺凌和同伴冲突要有所区分。不应将同伴冲突问题化、敏感化，偶发的、轻微的同伴冲突不能等同于校园欺凌或暴力，否则既不利于学校管理，会造成社会恐慌，也不利于学生的发展，因为同伴冲突是未成年人社会化的常态，只有在处理冲突的过程中，未成年人才能不断调适自我和外界的关系，实现真正的成长。但是，对于同伴冲突也要管理，防止其升级或演化为学生欺凌。

学生欺凌是一个广泛存在的社会问题，近半个世纪前就在西方国家校园里大量涌现。数个关于其流行程度的研究表明，有相当一部分学生1周至少被欺凌1次。近10年来，学生欺凌也在我国各地校园频频发生。虽然我国目前缺乏针对学生欺凌的权威的、全国性的调查数据，但是近年来媒体频现热点新闻事件却以另类方式揭开了学生欺凌的冰山一角，并使其日益进入公众和各级领导的视野。在社会舆论关心和各级领导重视的背景下，学生欺凌成为迫切需要解决的现实问题。

二、研究过程

我们长期关注学生欺凌的研判工作。在上一章，笔者通过问卷调查发现学生欺凌现象在陕西省农村和城市中广泛存在。2016年8月16日，共青团陕西省委、省司法厅联合主办"拒绝暴力 平安校园"研讨会，邀请省内10名法律界、教育界、社会组织和社会服务界专家座谈研讨，形成近4万字的发言材料汇编。2016年7月起，为了摸清陕西省学生欺凌的基本状况，并在此基础上构建有效的防控体系，我们采用文献研究、问卷调查及专家座谈等方法，将普遍调查和重点调查相结合，量化分析与质性研究相结合，对全省部分在校青少年进行抽样调查。具体调研工作包括：

（1）全省范围内大规模的问卷调查。我们设计了中国首份关于学生欺凌的标准化问卷。调研时间限于过去一年[1]内。我们对安康市宁陕县宁陕中学、安康市宁陕县城关初级中学、安康市高新中学、榆林市榆林高新完全中学、西安市东元路学校、西安市文景中学这6所中学的初高中一、二、三年级学生，西北政法大学和陕西师范大学这两所高校的大学本科一、二、三年级学生开展了问卷调查。共发放问卷1800份，其中收回有效的问卷1676份。在1676名受访者之中，男性有779人，女性有897人，分别占46.5%和53.5%；初中、高中和大学本科的受访者分别为694人、479人和503人，其各自占受访者总数的41.4%、28.6%和30.0%。

（2）个案研究。我们收集了2016年被司法机关处理的，以及媒体报道的陕西省各类学生欺凌案件进行具体化、类型化的分析。

（3）文献研究。我们梳理了2000—2016年中国学术期刊网收录的青少年校园欺凌、校园霸凌、校园欺负、校园暴力、网络欺凌、网络欺负相关的研

---

[1] 本章中的"过去一年"特指2015年7月—2016年6月。

究文献 350 余篇，以及全国和陕西省 2012—2016 年青少年学生欺凌问题的工作报告及相关材料 20 余份。要研究、评估学生欺凌的流行状况非常困难。相对可靠并简单直接的方法是学生自报。我国学界对学生欺凌的调查主要集中于初中生，研究发现，各地学生受欺凌的比例不同，且地区间有较大差异。中国青少年研究中心 2015 年公布的针对 10 个省市 5000 多名中小学生的调查报告显示，32.5% 的中小学生表示"偶尔会被欺负"，而 6.1% 的中小学生表示"经常被高年级同学欺负"。[2] 2003 年，有研究者对北京、杭州、武汉和乌鲁木齐的 9000 多名中学生进行了调查，发现有 25.7% 的学生在过去 1 个月遭到欺凌。其中，北京的比例相对较低，其他 3 座城市的比例在 32% 左右。[3] 与陕西省直接相关的研究成果很少，我们看到的只有中国人民大学祝玉红和香港大学陈高凌于 2015 年 7 月对西安市 3175 名 15—17 岁中学生的问卷调查，该项研究发现，54.9% 的学生曾遭到欺凌，其中 44.6% 的学生在调查前 1 年遭到欺凌。[4]

（4）专家座谈。调研报告初稿完成后，我们于 2016 年 12 月 20 日召开专家座谈会，并通过电子邮件、电话征询等形式，向省内相关专家及教育、法律实务工作者征求意见、建议。

三、学生欺凌的基本概况

（一）学生欺凌的发生率

1. 总体发生率

（1）近五成受访者遭受或实施过传统学生欺凌。在过去一年中，有 48.36% 的受访者遭受或实施过传统学生欺凌。其中，有 33.15% 的受访者表示遭受过传统学生欺凌，有 15.21% 的受访者表示实施过传统学生欺凌。在过去一年中，有高达 57.28% 的受访者表示目睹过传统学生欺凌。有 10.9% 的受

---

[2] 参见姚晓丹：《成长的噩梦如何避免》，载《光明日报》2016 年 12 月 12 日，第 5 版。
[3] 参见陆伟、宋映泉、梁净：《农村寄宿制学校中的校园霸凌研究》，载《北京师范大学学报（社会科学版）》2017 年第 5 期。
[4] Zhu Yuhong, Chan Ko Ling, "Prevalence and Correlates of School Bullying Victimization in Xi'an, China", *Violence and Victims*, Vol.30, 2015, pp.714-732.

访者表示既实施过传统学生欺凌，也遭受过传统学生欺凌。

（2）超过三成受访者遭受或实施过网络欺凌。网络欺凌已成为学生欺凌的最新表现形式。所谓网络欺凌，是指以伤害他人为目的，使用信息和通信技术故意地、反复地针对个人或团体的行为。数据显示，在过去一年中，有32.37%的受访者表示遭受或实施过网络欺凌。其中，有27.31%的受访者表示遭受过网络欺凌，有5.06%的受访者表示其实施过网络欺凌。

总体来看，网络欺凌的发生率仍低于传统学生欺凌的发生率。有49.37%的受访者表示目睹过不同形式的网络欺凌。有4.27%的受访者承认其既遭受过来自他人的网络欺凌，也实施过针对他人的网络欺凌。

（3）近两成受访者遭受或实施过复合欺凌。所谓复合欺凌，是指传统学生欺凌和网络欺凌同时发生。此类现象的悄然出现，一方面表明青少年学生欺凌问题的日益恶化以及复杂化，另一方面表明传统学生欺凌与网络欺凌之间存在十分密切的关联。综合分析传统学生欺凌与网络欺凌的调查数据可以发现，在过去一年中，有16.37%的受访者同时遭受或实施过传统学生欺凌和网络欺凌。其中，有13.9%的受访者同时遭受过传统学生欺凌和网络欺凌，有2.47%的受访者同时实施过传统学生欺凌和网络欺凌。有33.95%的受访者同时目睹过传统学生欺凌和网络欺凌，有0.42%的受访者表示，其既遭受与实施过传统学生欺凌，又遭受与实施过网络欺凌。

需要说明的是，一方面，学生欺凌的受害者在面对欺凌或暴力行为时可能存在"沉默文化"，学生欺凌的实施者在曝光自己的欺凌和暴力行为时又可能存在心理顾虑；另一方面，学生欺凌的旁观者因为置身事外，可能能够相对准确地呈现客观事实。所以，学生欺凌事实上的发生率可能更高一些。

2. 高危群体

祝玉红和陈高凌调查发现，家庭条件差、来自农村和心理压抑的男性，更容易遭受欺凌。具体而言，和受欺凌直接相关的因素是：父亲的情况（低教育水平和失业）、有一个或多个兄弟姐妹、有吸烟习惯、患抑郁症、具有边缘性人格障碍（BPD）和创伤后应激障碍（PTSD）、来自农村。其中，父亲失业和在私立学校就学，与受欺凌关系最密切。[5]

我们调研发现，以下4类人群属于学生欺凌的高危群体：

（1）男性青少年。与女性相比，男性青少年更易成为学生欺凌的受害者和施害者。数据显示，无论是遭受还是实施学生欺凌，不同性别的青少年均存在显著差异：女性遭受欺凌的比例为28.52%，男性则为38.48%；女性实施欺凌的比例为11.42%，男性则为19.56%。在过去一年遭受学生欺凌的受访者中，男性占53.97%，女性占46.03%，男性略高于女性。在过去一年里，实施学生欺凌的受访者中有59.84%是男性。

（2）低年级的青少年。与高年级的学生相比，低年级的学生更易遭受学生欺凌。统计数据显示，在遭受学生欺凌方面，不同年级的学生存在显著差异（图1-2），并表现出随年级升高而发生率递减的趋势。在过去一年里，遭受学生欺凌的受访者中，45.31%为初中生，高中生和大学生所占比例均不足三成。但在实施学生欺凌方面，各年级学生的差异不明显。

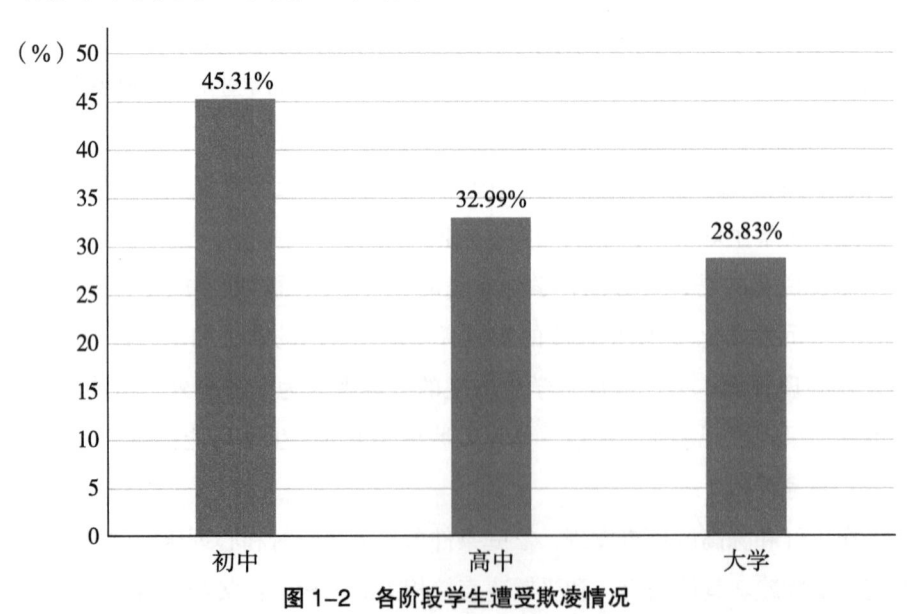

图1-2 各阶段学生遭受欺凌情况

---

[5] Zhu Yuhong, Chan Ko Ling, "Prevalence and Correlates of School Bullying Victimization in Xi'an, China", *Violence and Victims*, Vol.30, 2015, p.716.

（3）学习成绩差的青少年。学习成绩差的青少年在遭受与实施学生欺凌方面均面临更高风险。数据显示，首先，在遭受和实施学生欺凌方面，学习成绩好与学习成绩一般的学生之间差异不大，但两者与学习成绩差的学生之间差异显著；其次，学习成绩好、一般、差三类青少年之中，成绩差者遭受和实施学生欺凌的可能性（分别为44.30%和38.77%）均最大（图1-3、图1-4）。

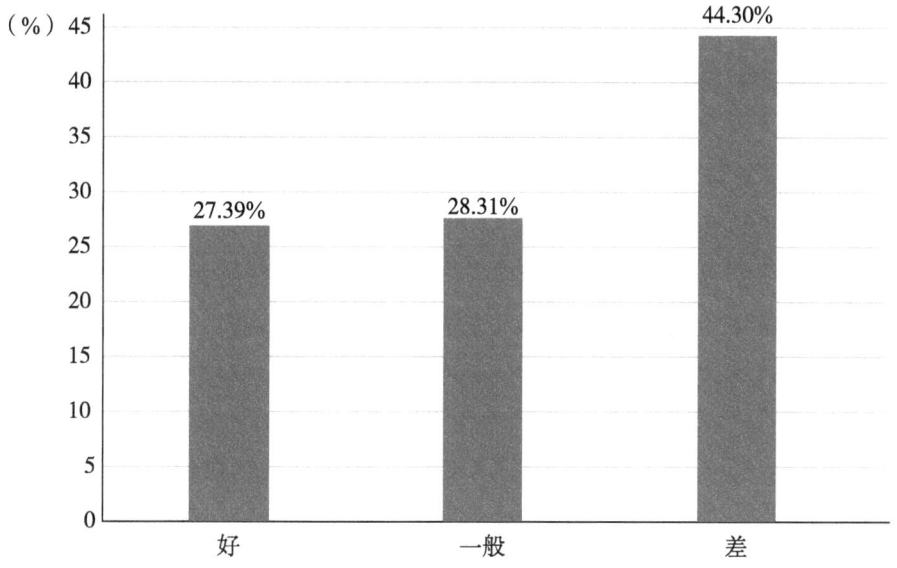

图1-3　不同学习成绩学生遭受欺凌情况

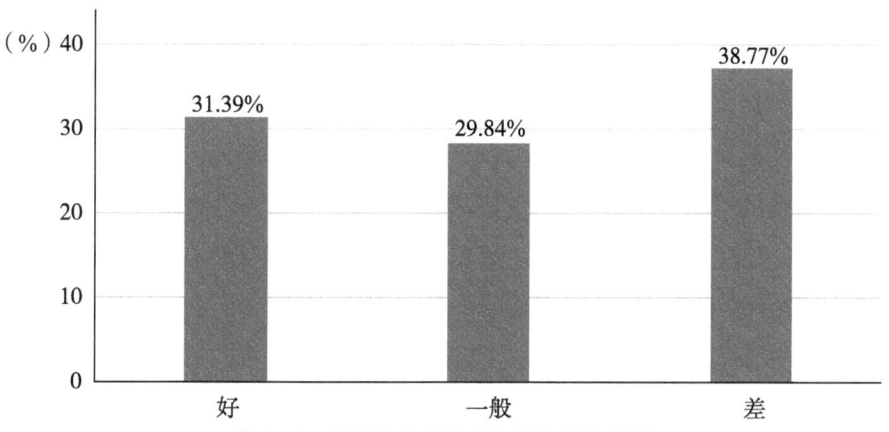

图1-4　不同学习成绩学生实施欺凌情况

（4）问题家庭的青少年。问题家庭的青少年在成为欺凌者与被欺凌者方面均存在更大可能性。数据显示，问题家庭中41.87%的青少年遭受过欺凌，19.91%的青少年实施过学生欺凌；非问题家庭中22.31%的青少年遭受过欺凌，9.92%的青少年实施过学生欺凌。与来自正常家庭的青少年相比，来自留守儿童家庭、流动儿童家庭、流浪儿童家庭、单亲家庭、经济困难家庭、服刑人员家庭，或来自存在教育方式不当、家庭关系恶劣或家庭暴力等问题的家庭的青少年更容易遭受和实施学生欺凌。

过去一年，遭受学生欺凌的受访者中，来自非正常家庭的青少年占66.97%，实施学生欺凌的受访者中，来自非正常家庭的青少年占69.29%。

（二）学生欺凌的形式

暴力是指以人身、财产为侵害目标，采取暴力手段，对被害人的身心健康和生命财产安全造成极大的损害，直接危及人的生命、健康与自由的一种行为。国际社会普遍认可把对未成年人的暴力分为四类：身体暴力、心理暴力、性暴力和忽视。身体暴力是指故意使用各种方式对未成年人的身体造成伤害的行为。心理暴力是指故意伤害未成年人心理或情感的行为。常见的形式包括：对未成年人大声吼叫、威胁、辱骂、持续性批评、讽刺等。性暴力是指以强迫或引诱等方式接触未成年人的隐私部位，以满足施暴人一定目的的行为。常见的形式包括：在未成年人面前暴露自己的隐私部位或触摸未成年人的隐私部位，给未成年人看色情图片，强暴未成年人等。忽视是指负责照顾未成年人的人或组织（包括家长、学校等）在有能力的情况下，没有满足未成年人最基本的需求，危害未成年人的健康和发展。常见的形式包括：没有满足未成年人的饮食、保暖、就医等身体需求，以及接受教育、交流和被关爱的情感需求等。祝玉红和陈高凌调查发现，传播谣言（男30.5%、女22.6%）、被忽视（男29.3%、女23.3%）和遭受同伴攻击（男27.4%、女20.0%）是3种最常见的欺凌形式。[6]我们调研发现：

（1）心理欺凌是学生欺凌的主要形式。在"在过去的一年中，在校园内

---

[6] Zhu Yuhong, Chan Ko Ling, "Prevalence and Correlates of School Bullying Victimization in Xi'an, China", *Violence and Victims*, Vol.30, 2015, p.721.

外你遭受、实施及目睹过下列哪些形式的欺凌和暴力"这个问题上，554位遭受过学生欺凌、254位实施过学生欺凌及960位目睹过学生欺凌的受访者作出了如下选择（表1-2）。

表1-2 学生欺凌的情况

类型	具体行为	遭受	实施	目睹
生理欺凌	殴打	5.2%	8.9%	12.0%
	性侵	1.6%	1.7%	1.5%
	抢夺、破坏文具、手机等财物	6.0%	3.1%	5.0%
心理欺凌	挖苦嘲弄	25.4%	29.8%	18.7%
	侮辱责骂	13.3%	20.0%	17.6%
	疏远孤立	13.3%	9.4%	16.1%
	敲诈索要钱财	4.1%	2.2%	5.7%
	威胁	6.1%	5.0%	6.8%
	散布流言蜚语	21.4%	8.9%	13.2%
	胁迫加入小团体或帮派	2.9%	7.7%	3.1%
其他		0.7%	3.3%	0.3%

第一，无论是遭受、实施，还是目睹过学生欺凌的受访者，均表示"挖苦嘲弄、侮辱责骂、疏远孤立及散布流言蜚语"是青少年最频繁使用的学生欺凌形式。第二，对欺凌形式所作的类型化统计分析显示，无论是遭受、实施，还是目睹过学生欺凌的受访者，均认为较之于生理欺凌，心理欺凌是学生欺凌的主要形式。

（2）身体暴力是学生欺凌的主要形式。"殴打"在遭受、实施和目睹过校园暴力的受访者的回答中呈现持续增长趋势，且以"殴打"为代表的身体暴力的真实发生率可能更高一些。

2015年，各大网络媒体公开报道51例中小学生校园暴力案例。其中，21

例其侮辱方式包括食秽物、辱骂、下跪、现场拍照录视频并上传网络等。使用工具的达到13例，其中使用刀具的占53.85%，使用棍的占15.38%，还有使用其他工具的，例如皮带、烟头、酒精、钢针、钢笔。很多暴力行为特别残忍，包括掌掴、用脚踢头、踹肚子等。受害者身体方面的伤害包括器官严重受损，甚至残疾、死亡。在很多案例中，受害者出现较严重的心理问题，如精神恍惚、不敢上学、怕见陌生人等。受害者往往自我认知低下，缺乏自信，自我评价偏低。这些不利影响有时候会伴随受害者一生，严重的会使其产生自杀或报复社会的倾向。

据西安市中级人民法院提供的数据，2012年—2015年8月，身份为学生的未成年犯占67%。最高人民法院刑一庭课题组指出，2013—2015年各级人民法院审结生效的100件校园暴力刑事案件中，针对人身的暴力伤害比例最高，其中故意伤害罪占57%，故意杀人罪占6%，寻衅滋事罪占10%，性侵、侵财犯罪各占12%，聚众斗殴罪与绑架罪分别占2%和1%。[7]

（三）学生欺凌产生的原因

（1）学生欺凌的直接诱因。第一，绝大多数起因于偶发事件或生活琐事。通过对学生欺凌的相关个案进行分析，可以发现大部分传统学生欺凌的直接诱因是青少年之间发生口角、碰撞、经济纠纷、情感纠葛，甚至开玩笑、一个厌弃的眼神或叫名字没有答应等偶发事件或微不足道的琐事。例如，有被害人在日记中记录了施暴者不好的话语但被施暴者看到。有被害人与施暴者发生过口角，被以"衣服同款"为由殴打。部分学生欺凌的起因是网络成瘾引发的敲诈勒索、网络暴力游戏引发的行为模仿，以及恋爱引发的情感纠纷，另有少部分学生欺凌的起因是被校外犯罪团伙教唆。有研究表明，日常摩擦引起的学生欺凌最为频发，达到55%，接下来是钱财纠纷占17.5%，情感纠葛占15%，偏激心理占7.5%，其他占5%。第二，网络欺凌和暴力的诱因具有模糊性。根据表1-3的数据，在遭受网络欺凌和暴力的原因方面，435位

---

[7] 参见沈亮等：《最高人民法院关于校园暴力案件的调研报告》，载《中国应急管理》2016年第6期。

受害者总计做了542次回答。"不知道是什么原因"被回答的次数最多，总计230次，占总回答次数的42.4%。排第2位的原因是"他/她嫉妒我"，被回答了57次，占总回答次数的10.5%。排第3位的原因是"他/她认为网络欺凌和暴力很好玩"，被回答了49次，占总回答次数的9.0%。

除此之外，其他选项被回答的次数均较少，这说明网络欺凌和暴力的诱因具有模糊性，在强调自由、平等、匿名、互动和参与特征的网络空间中，青少年的网络欺凌和暴力行为的发生具有更大的偶发性、随意性和盲目性。

表1-3　青少年实施学生欺凌的情况

原因	频次（次）	占比（%）
亲密关系破裂	26	4.8
为了给别人帮忙	23	4.2
他/她嫉妒我	57	10.5
他/她讨厌我	25	4.6
学习成绩评比、班干部选举方面的竞争	9	1.7
双方家庭的矛盾和冲突	4	0.7
我拒绝了他/她的追求	32	5.9
我攻击他/她	6	1.1
我在别人面前诋毁他/她	3	0.6
他/她认为实施网络欺凌或暴力不会被抓住	30	5.5
他/她认为网络欺凌和暴力很好玩	49	9.0
他/她认为我是个软弱失败的人	17	3.1
其他	31	5.7
不知道是什么原因	230	42.4

（2）导致学生欺凌产生的因素。学生欺凌是一个较为复杂的社会问题，由各种因素合力导致。第一，内因方面。青少年处于青春期，身体发育较快，但是心理建设比较薄弱，辨别能力、控制能力弱，表现欲强。青少年因其自身未形成完全独立的价值判断，更容易受到他人的教唆和误导。一些青少年法律意识不强，一些青少年则知法犯法，认为"14岁以前犯罪没事"。有些青少年因为家庭不和睦（如存在家庭暴力）、教师不认可产生挫折感甚至暴力倾向。第二，外因方面。首先，国家、学校现有的治理制度、措施、机制有漏洞，法律惩罚力度较弱。其次，受校内外不良朋辈群体影响，崇尚暴力文化。再次，随着互联网的不断发展，青少年接触不良信息更为便捷。暴力电影、视频等不良信息在青少年当中传递扩散得更快。最后，留守儿童和流动儿童家庭教育的缺失和学校法治教育的缺失，也都是导致学生欺凌事件频发的重要因素。总之，因为和学生欺凌具有相关性的因素是多重的，所以对欺凌的治理和干预必须是整体和全面的。

（四）学生欺凌需要重视的问题

（1）旁观者值得重视。"旁观者在场"是学生欺凌的一个重要特征。旁观者是指事件的知情者、目睹者及干预者（包括帮助受害者，也包括帮助施暴者）。国外学者研究发现，85%的初中生欺凌事件中至少有一个旁观同辈在场，一半以上的事件中有两个以上的旁观同辈在场。当学生欺凌发生时，旁观者可以在多种行为模式间进行选择，他们既可以选择被动观察，也可以选择成为欺凌和暴力的参与者、走开或制止欺凌和暴力。他们可以成为协同欺负者（协助欺凌和暴力者捉弄、折磨受害者）、煽风点火者（通过一定的煽动性语言、姿势或行为而鼓动欺凌和暴力者）、置身事外者（保持中立，不介入将要发生或正在发生的学生欺凌事件）或保护者（安慰、帮助受害者，并努力制止欺凌和暴力行为）。所以，旁观者的行为选择或角色扮演在学生欺凌的发生、发展、遏制及治理过程中发挥着重要作用。

如表1-4所示，旁观者目睹的学生欺凌行为主要是：挖苦嘲弄（18.7%）、侮辱责骂（17.6%）、疏远孤立（16.1%）、散布流言蜚语（13.2%）。

表1-4 旁观者目睹学生欺凌的情况

类 型	欺凌行为	频 次（次）	占 比（%）
生理欺凌	殴打	381	12.0
	性侵	47	1.5
	抢夺、破坏文具、手机等财物	159	5.0
心理欺凌	挖苦嘲弄	595	18.7
	侮辱责骂	561	17.6
	疏远孤立	513	16.1
	敲诈索要钱财	182	5.7
	威胁	215	6.8
	散布流言蜚语	419	13.2
	胁迫加入小团体或帮派	99	3.1
其他		10	0.3

根据表1-5的数据可以发现：第一，近六成的青少年是治理学生欺凌的积极力量。在过去的一年中，目睹过学生欺凌的952位受访者总计进行了1505次回答。其中，"安慰、帮助受欺凌和暴力者、努力制止欺凌和暴力者，以及将欺凌和暴力情况告诉老师并获得老师的帮助"等处理方式占总回答次数的59.2%。

第二，近四成的青少年是治理学生欺凌需要争取的力量。回答"旁观，直接走开，事先知情，但没有将信息或情况及时通知受害人或老师"等处理方式的占到了总回答次数的37.4%。回答"抓住受害者不放或替欺凌和暴力者望风，通过煽动性语言、姿势鼓动欺凌和暴力者"等处理方式的占总回答次数的2.2%。这说明只有极少数青少年是负面力量，是需要被训诫或惩罚的。

表 1-5 学生目睹欺凌事件时的处理方式

类型	处理方式	频次（次）	占比（%）
既不参与也不干预	事先知情，但没有将信息或情况及时通知受害人或老师	112	7.4
	旁观	204	13.6
	直接走开	247	16.4
参与	抓住受害者不放或替欺凌和暴力者望风	17	1.1
	通过煽动性语言、姿势鼓动欺凌和暴力者	16	1.1
干预	安慰、帮助受欺凌和暴力者	419	27.8
	努力制止欺凌和暴力者	158	10.5
	将欺凌和暴力情况告诉老师并获得老师的帮助	314	20.9
其他		18	1.2

第三，能力感、安全感、关系感和支持感的获得有助于激发旁观者干预。当问及"作为旁观者，未来在何种情况下会采取行动阻止学生欺凌事件的发生"时，1273位受访者总计进行了3813次回答。表1-6列出了13种影响旁观者采取行动的因素，在"我有能力阻止学生欺凌行为发生、我采取行动不会对自己造成伤害、我与施暴者或受害者认识、有其他旁观者在场且有人施助，以及我明确知道通过哪些机构、程序、措施可以提供帮助"这几种因素影响下，旁观者更容易作出干预行为。

表 1-6 影响旁观者采取行动阻止学生欺凌事件发生的因素

因素	频次（次）	占比（%）
有其他旁观者在场但无人施助	201	5.3
有其他旁观者在场且有人施助	465	12.2
我与施暴者或受害者认识	506	13.3
我有能力阻止学生欺凌行为发生	695	18.2
出现了十分严重的学生欺凌行为	222	5.8

续表

因　素	频　次（次）	占　比（%）
我采取行动不会对自己造成伤害	580	15.2
家长、老师或同学、朋友希望我采取干预行动	247	6.5
施暴者以大欺小、恃强凌弱	193	5.1
我自己有过被他人欺凌的经历	97	2.5
我自己有过帮助其他受害者的经验	87	2.3
我明确知道通过哪些机构、程序、措施可以提供帮助	429	11.3
其他情况	18	0.5
在任何情况下都不会采取行动阻止学生欺凌	73	1.9

综上所述，在面对学生欺凌事件时，学生对自身干预能力的判断、对干预风险的认知、旁观者与受害者和施暴者之间的关系、其他旁观者的施助行为，以及学校等机构是否存在明确的反欺凌和暴力政策、程序并积极鼓励学生阻却行为发生等因素，均会对旁观者采取积极行动以对抗学生欺凌行为产生重要影响。

（2）女性遭受和实施学生欺凌的比例增加。《中国儿童发展指标图集（2014）》和《儿童权利公约》25周年报告显示：在中国，有64.9%的男生和46.0%的女生在16岁之前遭受过身体暴力；有65.7%的男生和56.4%的女生在16岁之前遭受过精神暴力；有28.5%的男生和22.2%的女生在16岁之前遭受过性暴力。

我们对不同性别的青少年遭受和实施学生欺凌的形式进行交互分析（表1-7）之后发现：第一，女性更易遭受疏远孤立、散布流言蜚语等方式的欺凌。男女两性在遭受侮辱责骂、疏远孤立及散布流言蜚语形式的学生欺凌方面差异较大。在遭受"疏远孤立"的欺凌中，男性占9.7%，女性占17.8%，在遭受"散布流言蜚语"的欺凌中，男性占18.4%，女性占25.1%。而男性更易遭受侮辱责骂（男性占15.2%，女性占11%）。第二，女性实施"抢夺、破坏文具、手机、桌椅板凳等财物""挖苦嘲弄""侮辱责骂""胁迫加入小团体或帮派""疏远孤立"这5类欺凌的比例均高于男性。其中，实施"疏远孤立"的女性占 10.3%，男性占 6.4%；实施"抢夺、破坏文具、手机、桌椅板凳等财物"的女性占 8.1%，男性占 7.9%；实施"挖苦嘲弄"的女性占 25.3%，男性占 24.2%；实施"侮辱责骂"的女性占 17.8%，男性占 15.8%；实施"胁迫加入小团体或帮派"的女性占 13.8%，男性占 12.8%。第三，女性更易引起公共媒体和社会大众的关注。虽然较之于女性，男性青少年更易遭受和实施欺凌，但本调研的统计数据也在一定程度上印证了近年来校园女生欺凌和暴力事件频发的客观事实。因为，在中国的性别文化期待中，女性给人以柔弱的印象，所以媒体更喜欢或倾向报道女性参与的学生欺凌事件，从而使媒体报道中的女性比例增加。

表 1-7 不同性别青少年遭受或实施各种形式学生欺凌的情况

类型	欺凌行为	遭受者 男性	遭受者 女性	实施者 男性	实施者 女性
生理欺凌	殴打或杀害	6.8%	3.2%	10.6%	4.0%
	性侵	2.0%	1.1%	0.9%	2.3%
	抢夺、破坏文具、手机、桌椅板凳等财物	6.5%	5.4%	7.9%	8.1%
心理欺凌	挖苦嘲弄	25.7%	25.0%	24.2%	25.3%
	侮辱责骂	15.2%	11.0%	15.8%	17.8%
	疏远孤立	9.7%	17.8%	6.4%	10.3%
	敲诈索要钱财	4.8%	3.2%	2.1%	1.1%
	威胁	7.8%	3.9%	4.8%	2.9%
	散布流言蜚语	18.4%	25.1%	7.9%	6.3%
	胁迫加入小团体或帮派	2.3%	3.6%	12.8%	13.8%
其他		0.8%	0.7%	6.6%	8.1%

据中央电视台新闻频道《新闻周刊》节目报道，2015 年 3—6 月，媒体公开报道或经网络传播的校园暴力事件就有 20 起左右。其中，参与的女性超过 70%，施暴者与受害者大多是女性。2015 年，全国媒体曝光的 51 例中小

学校园暴力事件中有 25 例由女性实施，女性参与校园暴力的数量与男性持平。据我们调研，女性的比例虽没有媒体报道的那么高，但也有 46.0% 的学生欺凌受害者与 40.2% 的施害者是女性青少年。

（3）群体化程度高、危害大。2015 年，全国媒体曝光 51 例中小学校园暴力事件，涉及 19 个省级区域，有 37 例是多人参与（3 人及以上）。这些行为暴力化程度高，具有残忍性，引起社会各界极大关注。2016 年 12 月 28 日，最高人民检察院发布了一则中小学欺凌和暴力的典型案例：段某（男，16 岁）是四川省某高中学生，因在学校被他人强行收取"保护费"，遂萌生了成立"地下学生会"收取"保护费"的念头。段某以保护自己和朋友为名，纠集在校学生、社会闲散青年共 30 余名，成立"地下学生会"。为加强对"地下学生会"的管理，段某还制定了管理规章，并对成员进行分工。为筹集组织经费，段某安排人员在网上以低价购买香烟，然后采用暴力、威胁的手段，以 5 元/支的价格强行向同学出售，使"地下学生会"逐渐演变成强买强卖、打架斗殴、收取"保护费"的学生欺凌团伙。还有一则是 2016 年 12 月宣判的浙江温州未成年人欺凌案，被告人是 7 名女孩，其中 5 名是高中生。7 人分别涉及强制侮辱妇女罪、非法拘禁罪，最重的被判处有期徒刑 6 年半，最轻的被判处有期徒刑 9 个月。

（五）2018—2019 年中小学学生欺凌的典型案例

我们筛选了 2018—2019 年我国已发生且被媒体公开报道的相关案例（表 1-8）并进行研究。

表 1-8　2018—2019 年我国中小学学生欺凌的典型案例

序号	案例名称	受害者性别	施暴者	施暴者年龄	施暴地点	有无旁观者、知晓者
1	河北清河中学生欺凌案	女	群体[8]	<14 周岁	宿舍	有
2	陕西商丹中学教师辱骂学生案	女	个人	不明	教室、办公室	有

---

[8] 此表中的群体指 3 人及以上。

续表

序 号	案例名称	受害者性别	施暴者	施暴者年龄	施暴地点	有无旁观者、知晓者
3	湖南新宁学生欺凌案	女	群体	14周岁左右	厕所	有
4	河北广平小学生被逼下跪欺凌案	女	群体	≤14周岁	校外	无
5	安徽怀远学生欺凌案	男、女	个人	13周岁	教室、操场	有
6	甘肃陇西中学生被同学殴打致死案	男	群体	14周岁左右	厕所、校外	有
7	江西上饶学生欺凌案	女	个人	10周岁	教室	有
8	四川仁寿学生殴打老师案	男	个人	15周岁	教室	有
9	江苏苏州学生欺凌案	女	不明	不明	校内	有
10	深圳龙岗多名小学生排队挨打案	男、女	个人	不明	教室	有

从表1-8可以看出，受害者男女生皆有，但多为女生，施暴者使用的主要手段为殴打。施暴者的年龄大多在14周岁左右，施暴地点多为宿舍、厕所和教室等校内及周边场所。发生欺凌与暴力时，10起案例中9起有旁观者在场。

我们特别关注上述10起案例中事前、事后的防治工作情况（表1-9）。

表1-9 典型案例中学生欺凌防治工作的开展情况

序 号	校方事前有无预防措施	对教师和管理者的处理	对施暴者的处理	是否引起其他争议
1	无	警告处分	纪律处分	否
2	无	问责、撤销教师资格	责令道歉	否
3	不明	口头教育	批评教育	否
4	不明	口头教育	批评教育	否
5	有	撤职、撤销教师资格	批评教育	否
6	无	不明	刑事拘留	否
7	无	不明	批评教育	是
8	有	不明	刑事拘留	否
9	不明	不明	不明	是
10	不明	不明	批评教育	否

从学生欺凌防治工作的开展情况来看，中小学学生欺凌的防治工作有以下问题：第一，学校事前缺乏预防学生欺凌的措施。10个案例中，只有2个学校采取了预防措施。第二，对施暴者的惩罚过轻。10个案例中，对施暴者采取口头批评教育、责令道歉的有6起，这对某些主观恶性大的学生根本不起作用。第三，因为处置不当而激化矛盾。例如，案例7系因学校老师和管理者对施暴学生不追究责任，放任欺凌行为的发生，导致受害者父亲将年仅10岁的施暴学生刺死。案例9中，受害学生的父亲因为学校处置不公而要求当地教育局干预，后来又以教育局未适当履职，构成行政不作为，向人民政府提起行政复议。

四、学生欺凌治理工作存在的问题

（一）综合治理平台与协调机制尚未建成

总体而言，学生欺凌治理工作存在治理体系不完善、治理能力不强的问题，即主体责任尚未落实，制度还有漏洞，措施还不得力，治理上缺乏合力。

（1）国家治理校园暴力的领导机构和机制还未建立。创设制度、搭建平台是国家的重要职责。国家有关治理学生欺凌的工作职能零散分布在教育、法院、检察院、公安、民政、司法行政、共青团等部门，各单位之间分工不明确，缺乏统一协调。多头管理造成监管重复或监管缺位，不仅浪费行政资源，而且效率低下。在政府、学校、司法部门之间，缺少制度性的沟通渠道。

（2）治理学生欺凌的政策、法律标准和体系尚不完善。一些立法和政策与社会现实发展状况明显不相适应。对于有欺凌行为的学生，缺乏必要的、有效的法律手段和制度来应对。

首先，对于有严重不良行为的学生，法律未明确规定学校和教师有惩戒权，同时学校也没有权力强制家长履行监护、管教义务。[9]

其次，劳教、收容教育、收容教养等制度废除后，我国的行政处罚和刑事处罚之间产生了矫治违法行为的空白，这已不能适应矫治未成年人违法行为的现实需要。学生欺凌主要涉及刑法、治安管理处罚法。不满刑事责任年龄的未成年人矫治成为一个社会难题。《刑法》第 17 条规定："已满十六周岁的人犯罪，应当负刑事责任。已满十四周岁不满十六周岁的人，犯故意杀人、故意伤害致人重伤或者死亡、强奸、抢劫、贩卖毒品、放火、爆炸、投放危险物质罪的，应当负刑事责任。已满十二周岁不满十四周岁的人，犯故意杀人、故意伤害罪，致人死亡或者以特别残忍手段致人重伤造成严重残疾，情节恶劣，经最高人民检察院核准追诉的，应当负刑事责任。……"我国 1952 年就确立了收容教养制度，此后逐步完善。1979 年《刑法》第 14 条第 4 款规定："因不满十六岁不处罚的，责令他的家长或者监护人加以管教；在必要

---

[9] 近年来，国家新颁布的法律、规章对此问题高度重视，已经作出相应规定。例如，2020 年 9 月 23 日教育部审议通过，2021 年 3 月 1 日起施行的《中小学教育惩戒规则（试行）》第 7 条规定："学生有下列情形之一，学校及其教师应当予以制止并进行批评教育，确有必要的，可以实施教育惩戒：……（五）打骂同学、老师，欺凌同学或者侵害他人合法权益的；……学生实施属于预防未成年人犯罪法规定的不良行为或者严重不良行为的，学校、教师应当予以制止并实施教育惩戒，加强管教；构成违法犯罪的，依法移送公安机关处理。"又如，2021 年 10 月 23 日全国人大常委会通过，2022 年 1 月 1 日起施行的《家庭教育促进法》第 39 条规定："中小学校、幼儿园应当将家庭教育指导服务纳入工作计划，作为教师业务培训的内容。"第 43 条规定："中小学校发现未成年学生严重违反校规校纪的，应当及时制止、管教，告知其父母或者其他监护人，并为其父母或者其他监护人提供有针对性的家庭教育指导服务；发现未成年学生有不良行为或者严重不良行为的，按照有关法律规定处理。"

的时候，也可以由政府收容教养。"1997 年修订的《刑法》及 1999 年修订的《预防未成年人犯罪法》，基本重复上述规定。收容教养一般在少教所或少管所执行，这种监禁型制度会阻断青少年的社会化进程和教育进程，且监所内容易出现"交叉感染"，可能导致不良后果。《治安管理处罚法》规定，已满 16 周岁不满 18 周岁，初次违反治安管理的，不执行行政拘留处罚。按照新修订的《预防未成年人犯罪法》，第一，针对不满法定刑事责任年龄不予刑事处罚的未成年人，教育行政部门会同公安机关可以决定对其进行专门矫治教育。第二，国家加强专门学校建设，对有严重不良行为的未成年人进行专门教育。同时还规定若干重要保障措施，如将专门教育发展和专门学校建设纳入经济社会发展规划，成立专门教育指导委员会，根据需要合理设置专门学校，授权国务院制订专门学校建设和专门教育的具体办法等。[10] 专门教育（原工读教育）是针对未成年人特有的措施，是教育体系中的特殊组成部分。专门教育过去长期缺乏专门法律法规，且因为政策规定的入读"三自愿"原则，全国专门学校的发展总体上趋于萎缩，学校总量和入读学生人数减少。陕西省目前只有 1 所工读学校，为了去标签化，对外称西安市第 102 中学。

最后，很多案件私下解决，甚至不了了之，导致受害者及其家长不满意进而诉诸媒体或选择上访。2015 年全国媒体曝光的 51 例中小学校园暴力案例中，有处理结果的仅 20 例。即使警方控制或逮捕了施暴者，也往往提倡家长协商处理（70.59%），主要方式是经济赔偿、道歉。如果受害方对处理不满意继续上报，也难以获得较满意的结果。例如，在两起小学生欺凌事件中，经双方家长协商由施暴方承担手术费，但施暴者仅支付第一次手术费后再也不管，受害方上报教育行政部门也未得到合理回应。另一起受害方不愿接受学校、家长道歉，在教育行政部门调查后还是未给出合理的处理结果。

---

[10] 现行《预防未成年人犯罪法》第 6 条规定："国家加强专门学校建设，对有严重不良行为的未成年人进行专门教育。专门教育是国民教育体系的组成部分，是对有严重不良行为的未成年人进行教育和矫治的重要保护处分措施。省级人民政府应当将专门教育发展和专门学校建设纳入经济社会发展规划。县级以上地方人民政府成立专门教育指导委员会，根据需要合理设置专门学校。专门教育指导委员会由教育、民政、财政、人力资源社会保障、公安、司法行政、人民检察院、人民法院、共产主义青年团、妇女联合会、关心下一代工作委员会、专门学校等单位，以及律师、社会工作者等人员组成，研究确定专门学校教学、管理等相关工作。专门学校建设和专门教育具体办法，由国务院规定。"

（3）政府对社会力量参与的支持力度不够。律师协会、法律援助机构、社工团体、社会组织、志愿者协会都有发挥作用的愿望和热情，但政府提供给它们发挥作用的平台缺乏、渠道单一，学校社工缺乏必要的岗位设置、经费保障、项目支持。

（4）政府和社会对家庭教育缺乏有针对性的支持和服务。家庭教育的社会化服务体系不健全。心理咨询师、婚姻家庭咨询师、社工对学生欺凌高危群体家庭教育的干预机制，以及发现、解决问题的制度机制尚未建立。社会专业机构对危机家庭和高危群体进行干预、服务的政府购买项目尚未普遍开展。

（二）相关主体治理能力弱、责任未落实

（1）学校在及时发现学生欺凌方面有角色冲突。学生欺凌大多发生在学校内，学校有及时发现、处理的职权和职责。一方面，学校是发现学生欺凌的首要主体；另一方面，学生欺凌被发现后，往往会给学校带来种种不利后果。在学校管理封闭化和行政化的情况下，校方和老师从个人工作、学校声誉等方面考虑，不愿上报，怕被问责。同时，根据《学生伤害事故处理办法》第9条的规定，学校在以下情况下承担法律责任：学校存在管理失职，未对受伤害学生采取适宜措施，未及时制止学生危险行为，未将学生擅自离校等信息及时报告监护人，使学生受到伤害等。也就是说，学校要对学生受的伤害承担一定的法律责任（主要是经济责任）。所以，校方的不作为反而不利于对欺凌事件的合理处置。陕西省2016年被媒体曝光的5个校园暴力事例，都不是校方主动发现的。如果学生欺凌行为因为这种不作为或内部掩盖而被"消化"，没有得到严肃处理和足够重视，遭受欺凌和暴力的学生及其家长处于相对弱势，欺凌和暴力者则被纵容。

首先，学校的学生欺凌三级预防体系不完善，事前、事中、事后的治理环节存在短板。一是以发现问题、关爱帮助为基础的一级预防体系不健全。解决学生欺凌问题的重点是预防。因为认识不足，缺少师资等原因，学校很少组织专门的反学生欺凌方面的预防教育活动，对教师和学生开展的学生欺凌技能教育不多。学校对教师的考量、评价，更多围绕升学率指标展开。学校的道德、法治、青春期、心理健康、禁毒教育被弱化。家庭教育与学校教育之间的对接机制不健全，信息交流不畅。二是制止校园暴力不及时。校园暴力发生时，学校管理者和广大教师、学生如何准确判断、快速应对，防止事态蔓延，并迅速找出原因，进行化解和妥善处理，降低受伤程度，需要详细的预案并进行演练。制订具有可行性的应急预案并落实模拟演练的学校较少。师生都缺乏一套行之有效的指导手册。三是善后处理不当，人情关怀缺失。善后阶段要依法依规尽快恢复和重建校园秩序，总结经验教训。

陕西省2016年被媒体曝光的5个校园暴力事例中，多数由校方先行处理，然后再由公安机关介入处置，只因施暴者是未成年人，且暴力行为发生在校园内。对于发生在校外的暴力事件，校方大多持冷漠态度，推给公安机关和家长，出面或主动沟通解决的很少。校领导一般对此类事件唯恐避之不及，多是消极不作为，表示等公安机关处理结束后再行处置。善后过程中，学校代表很少主动去医院探望或是抚慰受害者及其家属。

其次，学校治理能力弱，手段有限。对于如何依法依规配合政法机关和上级适时适当处理，学校存在认识不够、能力不足的问题。对于学生欺凌事件，学校缺乏专门机构、专门人士来处置。一旦出事则手忙脚乱、处置不当，非常被动。

（2）监护人未能认真履行义务。促使和诱发学生欺凌的重要因素是家庭功能不健全和家庭教育缺失。落后的家庭教育理念和不当的教育方式容易诱发青少年的暴力行为。监护人责任追究制度也尚未落实。地方立法虽然都有关于家庭保护和要求家长落实监护职责的规定，但是条文笼统，可操作性不强。

五、完善学生欺凌治理工作的制度机制

（一）五项制度和三种机制

《指导意见》认为，在落实主体责任、完善制度措施、实施教育惩戒、形成工作合力等方面还存在薄弱环节，并且提出了积极有效预防学生欺凌和暴力，依法依规处置学生欺凌和暴力事件，切实形成防治学生欺凌和暴力的工作合力等3个方面的11项具体意见：切实加强中小学生思想道德教育、法治教育和心理健康教育；认真开展预防欺凌和暴力专题教育；严格学校日常安全管理；强化学校周边综合治理；关注并保障遭受欺凌的学生的身心健康；强化教育惩戒威慑作用；实施科学有效的追踪辅导；加强部门统筹协调；依

法落实家长监护责任；加强平安文明校园建设；全社会共同保护未成年学生健康成长。每一个意见下，又规定了具体的要求和措施。

（1）建立、落实五项制度。第一，建立中小学生欺凌和暴力事件报告制度（责任主体是政府、学校、家长）。一旦发现学生遭受欺凌和暴力，学校和家长要及时相互通知，对严重的欺凌和暴力事件，学校要向上级教育主管部门报告，并迅速联络公安机关介入处置。第二，落实监护人责任追究制度（责任主体是司法机关）。根据《民法典》等相关法律法规，未成年学生对他人的人身和财产造成损害的，依法追究其监护人的法律责任。第三，严格落实值班、巡查制度（责任主体是学校）。禁止学生携带管制刀具等危险物品进入学校，针对重点学生、重点区域、重点时段开展防治工作。第四，制定防治学生欺凌和暴力工作制度（责任主体是学校）。将该制度纳入学校安全工作统筹考虑。第五，健全各项管理制度、校规校纪（责任主体是学校）。要求学校落实《义务教育学校管理标准》，提高学校治理水平，推进依法依规治校，建设无欺凌和暴力的平安文明校园。

（2）建立、健全三种机制。第一，建立早期预警、事中处理及事后干预等机制。第二，健全防治学生欺凌和暴力工作领导小组的工作机制。要求教育、综治、法院、检察院、公安、民政、司法、共青团、妇联等部门，成立防治学生欺凌和暴力工作领导小组，明确任务分工，强化工作职责，完善防治办法，加强考核检查，健全工作机制。第三，建立沟通协作机制。要求建立学校、家庭、社区（村）、公安、司法、媒体等各方面沟通协作机制，畅通信息共享渠道。进一步加强对学生保护工作的正面宣传引导，防止媒体过度报道事件细节，避免学生欺凌和暴力通过网络新媒体演变为网络欺凌，避免暴力文化通过不良出版物、影视节目、网络游戏侵蚀、影响学生的心理和行为，引发连锁性事件。

（二）落实国家责任，健全治理体系

治理学生欺凌的责任主体不仅是学校，还包括公权力机关。国家相关部门和单位要建立完善的、系统性的校园暴力治理体系，建立综合平台与协调机制。

（1）重视预防工作。第一，省级教育主管部门应统一编写反学生欺凌的手册，下发给学生和老师。手册不仅要告知学生、老师、家长相关知识，而且要对相关事件的具体处理程序作出明确指引。第二，设立本地区校园反欺凌和暴力举报热线电话或公共信箱，并安排专人负责，要求各学校建立自己的热线电话或举报信箱，并向学生和家长公布相关管理人员的电话。第三，教育主管部门应建立本地区应对学生欺凌的详细预案，开展培训和演练，提高学校和老师对学生欺凌的治理能力和治理意识。第四，定期派员监督检查学校落实相关制度的情况。

（2）构建科学、合理、运转顺畅的不良行为青少年转介制度。第一，成立由政法委牵头，教育部门主管，公安、检察院、法院、司法行政、人社、财政、共青团等相关部门参与的委员会，完善未成年人矫治的管理体制和运行机制，明确强制收戒和自愿入学的相关程序。省级制订统一政策，明确学校、社区、司法机关、矫治机构等的转介程序，规定各单位的职责。第二，加强陕西省未成年人教育矫治机构的建设。依托西安市第102中学资源，成立"陕西省未成年人法治教育中心"，面向全省接收有不良行为或严重不良行为的青少年，实行省市共建管理，对有欺凌行为的学生进行有效教育矫治。各市新建或依托现有资源改建满足当地需求的未成年人法治教育中心。各区县依托中等职业学校或职教中心设置至少1个班来接收不良行为青少年，并对其进行专门教育。第三，探索、试点多样化的专门学校接收学生机制。拓宽专门学校接收学生的渠道。建立政法机关或专门教育指导委员会提议的，从普通学校转送学生至专门学校的机制，以及中等职业学校或职教中心接收工读生的机制，并开展试点。第四，探索建立校园警察制度。在学校设立警务室，校园警察同时受学校指导。校园警察的选拔应当比其他警种更为严格。定期开展校园警察专业技能培训。

（3）搭建社会参与治理学生欺凌的机制。第一，支持共青团继续开展青春灯塔——青少年心理健康教育社工服务项目。有针对性地对有不良行为和暴力倾向的青少年进行教育引导和帮扶。邀请心理咨询师、社会工作者等专业力量参与，在全省范围内开展公益巡讲进学校、进社区、进农村等活动，为学生、家长、老师授课辅导并提供心理咨询，对有不良行为和暴力倾向的青少年进行必要的危机干预，提供一对一的疏导帮扶。第二，通过政府购买服务的形式，发挥学校社工的作用。政府向社会力量购买专门教育服务或在"青春驿站"、基层组织、基层综合服务管理平台设置社工岗位，聘用青少年事务社工，开展专门工作。围绕针对学生欺凌的心理疏导、行为矫治、关系修复、技能培训，开发社会工作项目。实施"一校一社工"制度。组织动员相关社会组织、社会力量介入。通过省市县各级"青春驿站""青年之声"，为有需要的青少年提供服务。为县一级"青春驿站"配备专家队伍，提供有针对性的辅导，预防和减少违法犯罪，防范社会风险。积极探索社会力量参与不良行为青少年专门教育的有效模式，发挥社区的基础性作用，依托"青春驿站"、基层综合服务管理平台和社区网格化力量，构建家庭、学校、社会三位一体的工作体系。培育发展社会化的专业矫治力量，畅通工作渠道，丰富工作形式。第三，鼓励、支持建立学生欺凌援助机构。利用热心公益、关心教育的律师、法律志愿者和社会组织的力量，为受害者提供法律援助，为家长、学校处理学生欺凌事件提供服务。2008年修订的《陕西省法律援助条例》已将包括校园暴力在内的未成年人追索侵权赔偿纳入援助范围。但是，据西安市法律援助中心统计，校园暴力维权存在咨询多、申请少的现象。2011—2016年，全市法律援助机构提供涉及学生欺凌的法律咨询2580次，是提供未成年人各类法律咨询总数的31%。但是，办理青少年校园暴力侵权案件199件，仅占未成年人案件总数的7%。究其原因，主要是依法维权诉讼成本高和诉讼周期长。而且，校园暴力受害群体多数为在校未成年人，由于他们的自我保护意识相对较弱，承办律师需要在收集整理案件证据方面花费更多的精力。

（4）搭建支持服务家庭教育的体系与平台。第一，出台相应的政策或地方立法，对学生欺凌受害者和施暴者的家庭信息登记建档，并为其提供相应的服务。对于家长不认真履行监护职责或者侵害青少年合法权益的，应及时发现并报告相关部门依法处理。第二，落实国家有关支持、服务家庭教育的意见，明确各部门职责。加强对家庭教育的保障和引导，制定家庭教育工作的各项制度。将现有家庭教育资源进行整合，形成部门联动。

（5）完善地方立法，实现学生欺凌治理法治化。尽快修改《陕西省实施〈中华人民共和国预防未成年人犯罪法〉办法》和《陕西省实施〈中华人民共和国未成年人保护法〉办法》，对学生欺凌问题进行专门规范，为建立相应的治理机构、治理机制提供法律依据。

(三)提高学校治理能力

学校的整体性干预对于治理学生欺凌较为有效。对学生欺凌的治理不应局限于班级或学生个人层面,而是要在全校层面建立全方位的治理体系,从校园氛围、课程设计、活动安排、心理支持、例行审查等多个方面着手。建议各学校结合其客观条件,按照政策和法律规范的要求,切实加强工作。特别应做好以下4个方面:

(1)建立学生欺凌的强制报告制度。对于学生欺凌事件,校方必须按照教育主管部门规定的报告标准和启动程序及时向上级报告,并联系公安机关介入处置。对于隐瞒、谎报、缓报的,参照食品安全事故予以相应的党纪政纪处分。

(2)建立学生欺凌的发现、预警机制。第一,加强对学生欺凌的早期发现能力。设立相应的机制,鼓励学生欺凌的旁观者及时报告。发挥旁观者的正能量,建立同龄人干预机制。鼓励学生当看到学生欺凌行为而自己又缺乏直接干预能力时,及时发(匿名)短信通知老师和校领导。加强师生沟通,建立信息员制度,发挥好学生干部下情上达的作用。从最底层开始,落实和规范学生干部的管理职责。自下而上,形成信息链条,及时、准确了解学生的思想、学习、生活状况。加强学校心理咨询室建设,对在心理辅导中发现的重点学生,做有针对性的干预。第二,制订切实可行的应急处理预案。结合本校和本地区的实际情况,使预案具有可操作性。由保安公司为校园提供安全防范服务。校园保安与校园警察协调合作,形成一个较为完整的校园安全防御体系。

(3)加强针对学生欺凌的预防教育。第一,邀请法律职业人员、专家开设相关专题讲座。加强教师培训,强化其保护未成年人的责任意识。第二,在法治课、德育课及班会中增加反学生欺凌的内容。选聘专业的教师主讲,采用角色扮演、模拟法庭、讨论会等参与式教学方法。通过一系列活动,让施暴者也感受到受害者的痛苦与不安,并邀请他们为受害者想出避免再次受到欺凌的建设性方案。以一种没有责备、没有惩罚的方式,帮助学生解决问题,而不是为他们的行为或处境辩护。第三,统一家长对学生欺凌问题的认识。让家长了解学校的反欺凌政策,增强家长的监护责任意识。

(4)建立健全学校的学生欺凌治理机构。设置专门岗位,设立工作机构,安排专职工作人员负责。工作机构负责整个预防、发现、善后环节。

六、"两法"[11]修订中的制度设计

为了满足实践需要，2019年11月和2020年6月，全国人大法工委分别公布《中华人民共和国未成年人保护法（修订草案征求意见稿）》和《中华人民共和国未成年人保护法（修订草案二次审议稿）》。2019年10月和2020年8月，全国人大常委会对《中华人民共和国预防未成年人犯罪法（修订草案）》进行了两次审议，其中《中华人民共和国预防未成年人犯罪法（修订草案二次审议稿）》明确规定对不良行为较为严重的未成年人进行专门教育，强调把矫正和教育相结合。

（一）治理学生欺凌的政策存在的问题

第一，缺乏长效治理机制。首先，预防环节薄弱。在管理层面，预防和治理学生欺凌与暴力工作的各项制度不够健全，且落实不到位。政策文件中的预防处理措施有些只停留在文字层面。部分学校缺乏具体的防治协调机制。学生欺凌治理的人防、物防、技防措施和建设不到位。专项排查周期长，相关事件难以被及时发现。校园周边街巷、阴暗角落存在监控"死角"。发生欺凌暴力事件后缺少证据支持，难以追责。其次，运动式治理的效果不佳。有些地区或学校在发生学生欺凌事件后，短期内比较重视治理工作，一旦舆情过去，由于缺乏常态化的监督机制，相关制度措施往往成为一纸空文。最后，未形成防治合力。预防和治理学生欺凌，不能仅依靠学校或者某一部门，政府、社会、家庭各主体都至关重要，家长和社会的监护、监管责任需要落实。

第二，教育感化和惩戒措施之间不平衡。惩戒是治理学生欺凌的重要手段，如果只靠说服教育，那么平衡就会被打破，对受害者来说，公平性难以体现。对施暴学生如何做到宽容而不纵容，实践中缺乏具体标准。在处理学生欺凌事件时，对实施欺凌和暴力的学生做到宽容但不纵容是一个度的把握问题。同时，要注重保护受害学生的身心健康和安全。根据《预防未成年人犯罪法》，不良行为（第28条）需要干预，严重不良行为（第38条）需要矫

---

[11] "两法"是指《未成年人保护法》和《预防未成年人犯罪法》。

治。严重不良行为矫治措施的强制力应当明显大于不良行为的矫治措施。具体而言，对不良行为未成年人重在口头教育和管理；拒不改正或情节严重的，所在学校可视情况进行纪律处分，并辅以训导、帮教等措施。对有严重不良行为依法不予处罚的未成年人，公安机关可以采取训诫、责令赔礼道歉、赔偿损失、责令具结悔过、责令接受心理辅导与矫治等措施。对未成年人的犯罪行为，则由司法机关根据相应的情节依法处理。

（二）治理学生欺凌的法律规范及其存在的问题

（1）《刑法》《治安管理处罚法》对学生欺凌的治理。我国与学生欺凌相关的法律规范主要体现在《刑法》与《治安管理处罚法》中。校园暴力犯罪案件涉及的罪名集中在刑法分则第四章"侵犯公民人身权利、民主权利罪"和第五章"侵犯财产罪"中。如故意杀人罪、故意伤害罪、过失致人重伤罪、过失致人死亡罪、故意毁坏财物罪等。2018年9月5日，中国司法大数据研究院发布的《校园暴力司法大数据专题报告》显示，相关案件中涉及故意伤害罪的占比最高（57.5%），86.6%的校园暴力案件为无预谋的突发性冲突犯罪。涉及故意杀人罪的案件中有69.8%为有预谋犯罪。有55.12%的校园暴力案件是因琐事引起。[12]《治安管理处罚法》第12条规定："已满十四周岁不满十八周岁的人违反治安管理的，从轻或者减轻处罚；不满十四周岁的人违反治安管理的，不予处罚，但是应当责令其监护人严加管教。"

针对学生欺凌，《刑法》与《治安管理处罚法》存在以下结构性问题：第一，要么过于严厉，要么过于宽松，刑事犯罪和行政违法之间缺乏一个必要的缓冲或过渡。在劳教制度废止之前，我国尚有教养类制度可以作为从行政违法到刑事犯罪的中间环节，但随着劳教制度的废止，行政处罚和刑罚之间缺乏一套过渡性、系统性的违法行为矫治制度。第二，《刑法》《治安管理处罚法》大都沿用针对成年人的一般性规定，缺乏针对未成年人的特别规定。

（2）"两法"修订草案的应对。《未成年人保护法》和《预防未成年人犯罪法》在修订过程中有针对性地对学生欺凌问题进行规范，试图明确学校在

---

[12] 数据统计时间为2015年1月1日—2017年12月31日。《校园暴力司法大数据专题报告》以我国各级人民法院2015—2017年刑事一审审结案件的裁判文书为依据，参见中国司法大数据服务网站，http://data.court.gov.cn/pages/research.html，最后访问日期：2022年12月30日。

治理学生欺凌方面的责任：第一，建章立制，并对教职工、学生开展防治学生欺凌的教育和培训。第二，制止学生欺凌。第三，通知实施欺凌和被欺凌未成年学生的父母或者其他监护人参与欺凌行为的认定和处理。第四，及时对学生进行心理辅导、教育和引导，对学生父母或者其他监护人给予必要的家庭教育指导。第五，对实施欺凌的学生依法加强管教。第六，要及时向教育行政部门和公安机关报告欺凌事件，并配合依法处理。第七，确认一些单位和人员的强制报告义务，进一步提高对强制报告义务主体的要求。

同时，《中华人民共和国预防未成年人犯罪法（修订草案征求意见稿）》有关"严重不良行为"的定义，并未列举学生欺凌，但列举出的"严重不良行为"的表现形式有结伙斗殴、追逐或拦截他人、强拿硬要、任意损毁公私财物、辱骂、殴打或故意伤害他人身体等。全国人大常委会审议时，也有委员建议，应将学生欺凌列为未成年人的严重不良行为。通过网络严重伤害其他未成年人，也应被列为严重不良行为。

《中华人民共和国预防未成年人犯罪法（修订草案征求意见稿）》规定了将存在严重不良行为的未成年人送入专门学校接受矫治教育的条款。《中华人民共和国预防未成年人犯罪法（修订草案二次审议稿）》在此基础上进一步规定，未成年人的父母、其他监护人、所在学校无力管教或者管教无效，在经过专门教育指导委员会评估后，可以决定将其送入专门学校接受专门教育。同时，该二次审议稿规定，对于未成年人因未满刑事责任年龄而不予处罚但又具有刑法规定犯罪行为的，经专门教育指导委员会评估，公安机关可以决定将其送入专门学校接受专门教育。同时规定有关专门学校应采取分区、分班等措施，对存在法定情形的未成年人进行矫治教育管理，使他们能够继续接受义务教育。

《中华人民共和国预防未成年人犯罪法（修订草案）》虽然规定了专门学校有关条款，但招生范围太小以及入校程序司法化等问题还未解决。2020年1月19日，时任最高人民检察院检察长张军在全国检察机关未成年人检察工作会议上提道："要研究推动专门学校建设。检察机关要以保护、教育、管束的办案理念，助推进一步发挥专门学校独特的教育矫治作用。对于拟作不起诉、附条件不起诉以及有严重不良行为、未达刑事责任年龄涉罪未成年人，确有必要接受专门教育的，要主动建议、及时协调所在学校、教育行政部门，将其送到专门学校接受教育矫治。对专门教育的效果，要会同并监督有关部门适时开展综合评估，不符合要求的，应当继续接受专门教育。"[13]

（三）治理学生欺凌的建议

（1）应进行积极主动的有效预防。第一，通过立法明确相关责任主体及其权利、义务和责任。《中华人民共和国未成年人保护法（修订草案）》强调政府在未成年人保护工作中的主体责任，要求各级政府应建立未成年人保护工作协调机制。政府在防治学生欺凌工作中也承担主体责任。要注意避免出现部门间职责不明、互相推诿的情况。具体是哪个部门对学生欺凌事件负主体责任，建议立法尽量不用"有关部门"之类的词笼统概括，避免受害者求助无门。要妥善分配各主体的责任，明确学校、老师、学生、家长各自的责任。

第二，将反学生欺凌与暴力纳入学校教育、家庭教育和社会教育。学校集中对学生开展以学生欺凌为主题的法治教育。学校加强对教职工的培训和师德师风教育，使教职工充分认识到学生欺凌的危害性，掌握学生欺凌事件预防和处理的相关政策、措施和方法等。政府、学校应有效指导家庭教育。应大力提倡家校合作，形成良好教育氛围。学校通过家访、家长会、定期访谈、发放家庭指导手册或网络社交平台让家长充分了解如何防治学生欺凌，并指导家长通过良好的行为模式为未成年人营造良好的家庭环境。通过社会教育，深化民众对学生欺凌的了解，使他们理性看待犯过错误的未成年人，形成积极保护未成年人的良好氛围。

（2）创建平安校园的各项制度和机制。第一，形成治理中小学学生欺凌的长效机制。健全督导考核机制，严格责任追究，使学校切实加强各项安保工作，确保学生安全，确保校园安全。建立专项报告和统计分析机制。由教育行政部门、学校、共青团等对学生欺凌进行专项调研，撰写研究报告。建立转介平台。学校要根据危害性和情节采取不同的措施，对不良行为、轻微暴力行为、严重暴力行为进行区别处理。对情节恶劣、手段残忍、后果严重的，必须坚决依法惩处。同时，学校要做好与政法机关的良性对接，履行教

---

[13] 陈慧娟：《全国检察机关未成年人检察工作会议召开——对未成年人恶性犯罪依法惩治、决不纵容》，载《光明日报》2020年1月20日，第3版。

育管理主体责任，可以在校内设立求助电话簿，指定应急联系人。完善专门学校管理体制和运行机制。完善专门学校开展教育矫治的一般处理程序，确保对"问题少年"实施专门教育的有效性、针对性。健全学校对学生欺凌事件的责任追究和处理制度，依法认定事故责任。必须明确监护人职责。司法机关通过发布典型指导案例，发挥司法导向作用。积极利用调解、法律援助等方式，依法妥善处理相关事故，合理化解纠纷。

第二，完善学校安全风险防范措施。完善学校安全教育管理办法。不断在日常教育活动中提高学生自我防护能力和反欺凌意识，将安全教育与法治教育融合起来，引导学生树立规则意识、明确法律底线。探索建立学校安全区域制度。在校园周围的偏僻巷道增加监控设施，不留监控盲区。加强校园附近的路灯等基础设施建设。完善警校合作机制。学校、教育部门、公安机关建立联动机制，加强信息沟通，提高应急协同处置能力。学校保卫部门与公安机关建立沟通协调机制，加强校园警务建设，定期开展校园防欺凌和暴力宣传。在校园设立紧急报警装置，与公安机关的监控或报警平台做好衔接，实现信息互联。

（3）加强监督和落实环节。按照属地管理、分级负责的原则进行综合治理，落实具体方案。加强对重点学生的管理，对不良社会青年等人员进行全方位的教育、监督和控制。[14]第一，政府抓好监督与考核工作。教育行政机关作为责任主体，应当发挥监督、指导作用，依法依规及时作为。把学生欺凌防治工作列为教育考核评价的重要内容，对重大的学生欺凌事件，各地要及时组织和派遣督导小组实地调查，并监督相关事件的处理，同时及时公布相关信息。不仅要对学生欺凌事故高发的学校和地区重点督查，要以分级警示、挂牌督办等方式促其整改，还应当定期进行拉网式检查和整治，把学生欺凌防治工作的开展情况作为考核学校领导以及依法治校工作的重要指标。第二，政法机关提供坚实的司法保障。司法机关依法办案、依法履行职责是学生欺凌治理的最后一道防线。司法机关应当坚持以教育为主、惩罚为辅的原则。在具体的诉讼流程上要注意和普通刑事案件程序相区分，充分考虑未成年人的心理特点和认知能力。加强日常的法治宣传教育，积极推进法治宣

---

[14] 姚建龙主编：《校园暴力控制研究》，复旦大学出版社2010年版，第97页。

传进校园，推广校园法律咨询室，建立校园安全风险评估机制。试点建立校园矛盾纠纷调解委员会及相应的运行机制，由法律专业人士和心理咨询师、教师等参与，依法开展学生欺凌相关的民事纠纷调解。

我国关于中小学学生欺凌的治理缺乏长效机制，存在教育和惩戒不平衡等诸多问题。在梳理我国治理学生欺凌的政策、法律规定及其问题的基础上，结合《未成年人保护法》和《预防未成年人犯罪法》立法修订的亮点和不足，我们提出应进行积极主动的有效预防、创建平安校园的各项制度和机制、加强监督和落实环节等建议。

第三章　中小学法治教育及其宣教模式调查[*]

青少年法治教育的实施主体主要是学校，中小学生是青少年的主要群体。所以，中小学法治教育，即针对中小学生的学校法治教育。中小学法治教育是我国青少年法治教育中的核心内容，其在我国已经开展了40余年。党的十八届四中全会通过的《中共中央关于全面推进依法治国若干重大问题的决定》提出："把法治教育纳入国民教育体系，从青少年抓起，在中小学设立法治知识课程。"[1] 2016年，教育部与司法部、全国普法办共同印发《青少年法治教育大纲》，从国家层面对青少年法治教育进行定位。2021年6月，中共中央、国务院转发《中央宣传部、司法部关于开展法治宣传教育的第八个五年规划（2021—2025年）》（以下简称《国家"八五"普法规划》）。2021年10月，中共陕西省委、省人民政府转发《省委依法治省办、省委宣传部、省委普法办、省司法厅关于在公民中开展法治宣传教育的第八个五年规划（2021—2025年）》（以下简称《省"八五"普法规划》）。

近年来，共青团陕西省委在法治宣教方面积极搭建工作平台，聚合工作资源，联合法检和教育行政部门，推动"红领巾法学院"创建工作，依托学校阵地开展普法宣传教育活动。2021年5—11月，我们受共青团陕西省委、省社科联委托，聚焦提升陕西省"红领巾法学院"法治宣传教育模式的效能问题，选定参与全省"红领巾法学院"创建的38所学校进行书面采访，并向23所学校发放问卷2696份（收回有效问卷2649份，其中，初二年级1476

---

[*] 本章以2021年11月—2022年6月褚宸舸主持的陕西省哲学社会科学重大理论与现实问题（全省共青团和青年工作调查）研究课题"陕西省中小学法治宣传教育模式研究"的报告为基础，焦文静、安东参与相关文献资料的收集整理。

[1]《中共中央关于全面推进依法治国若干重大问题的决定》，载《人民日报》2014年10月29日，第1版。

份，高二年级 1173 份），完成以下报告。

一、研究过程

（一）书面采访

因为新冠疫情的原因，我们主要采用书面采访的方式即通过省团委权益部发函给各地、各学校收集书面资料。2021 年 9 月，抽取参与全省"红领巾法学院"创建的 38 所学校（表 1-10），具体做法是：获得省级命名的学校抽取 4 所（地处榆林、商洛两市）；获得市级命名的学校抽取 12 所（10 个地级市、杨凌示范区[2]、韩城市各 1 所）；未获得省、市命名但参与创建的学校抽取 22 所（10 个地级市各 2 所，韩城市、杨凌示范区各 1 所）。

采访内容包含但不限于：学校开展法治宣传教育的现状和改革创新的做法、成果、经验，以及存在的问题和亟待解决的难题；"红领巾法学院"开展活动的基本情况及对其的建议；校园法治文化氛围情况；组织教师进行法治学习、培训的情况；学校对法治宣传教育的人财物保障以及考核、评价标准；学校教师和学生因为违法犯罪被处理的情况及数量；学生欺凌发生情况及防治的办法；等等。调研的目的一方面是掌握全省中小学法治宣传教育的现状，特别是了解"红领巾法学院"在校内开展的情况，另一方面是分析全省中小学法治宣传教育存在的问题及这些问题产生的原因。

表 1-10　书面采访的 38 所学校

所属地	学校名称
西安市	西安市黄河中学
	西北工业大学附属中学
	西安市第三十八中学
	西安市第十二中学
安康市	汉滨初级中学
	平利初级中学
	平利县城关小学

---

[2]　该区全称为杨凌农业高新技术产业示范区，以下均简称"杨凌示范区"。

续表

所属地	学校名称
宝鸡市	麟游县两亭镇初级中学
	扶风县绛帐初中
	凤县凤州镇初级中学
韩城市	西安交大韩城学校
	韩城市实验小学
汉中市	汉中市第四中学
	宁强县胡家坝镇中心小学
	镇巴县黎坝镇中心小学
商洛市	山阳县城区第一小学
	柞水县城区第三小学
	丹凤县第三小学
	镇安县城关小学
铜川市	铜川市第一中学
	耀州区塔坡小学
	铜川市第二中学
渭南市	临渭区滨河小学
	阳郭中心小学
	育红小学
咸阳市	渭城区金旭学校
	渭城区果子市小学
	凤轮初级中学
延安市	甘泉县第三小学
	洛川县北关小学
	新区第二小学
	宝塔区青化砭中学
杨凌示范区	杨凌高新小学
	杨凌高新第二小学

续表

所属地	学校名称
榆林市	靖边县第十五小学
	定边县第五中学
	定边县第八小学
	清涧县第二小学

（二）问卷调查

2021年6月，我们编制"陕西省中学生法治教育调查问卷"（初中版和高中版），向23所学校共发放问卷2696份，收回有效问卷2649份（初二年级1476份、高二年级1173份）。问卷调查的样本中：初中女生占47.42%，初中男生占52.58%；高中女生占57.1%，高中男生占42.9%。学生年龄方面，初中生介于12—16岁之间，高中生介于15—19岁之间。绝大多数问卷通过问卷星系统发给抽样学校的教师，由教师组织学生在网上填写。少量问卷委托抽样学校的教师发放纸质版，中学生填写纸质问卷后，由我们安排专人把问卷录入问卷星系统，最后利用问卷星系统作图并分析。本次调查问卷发放的基本情况如表1-11所示：

表1-11 调查问卷发放的基本情况　　　　单位：份

所属地	学校名称	问卷数	
		初　中	高　中
西安市	西安市第十二中学	512	356
	西安市黄河中学		
	西安市第三十八中学		
	西北工业大学附属中学		
安康市	安康高新中学	92	4
宝鸡市	岐山县蔡家坡初级中学	122	
	金台区石油中学		57
韩城市	芝阳初级中学	50	
	司马迁中学		50

续表

所属地	学校名称	问卷数 初中	问卷数 高中
汉中市	汉中市南郑区城关第一中学	100	
	汉中市南郑中学		61
商洛市	商南县初级中学	94	
	洛南县永丰中学		42
铜川市	铜川市第一中学	63	72
渭南市	渭南市前进路中学	66	
	渭南市瑞泉中学		241
咸阳市	渭城区第二初级中学	121	
	渭城中学		87
延安市	宝塔区青化砭中学	47	
	甘泉县高级中学		103
杨凌示范区	杨凌高新初级中学	50	
	杨凌高级中学		50
榆林市	榆林市第十中学	159	50

二、2018 年调研的回顾[3]

2018年4—6月，我们受共青团陕西省委委托，通过问卷调查、座谈等方法，对陕西小学、初中、高中学生法治教育情况进行调研。2018年4月中下旬，我们到西安市航天210小学、西安市第十七中学、西安市第四十六中学进行实地调研，并在这3所学校分别召开由中小学德育副校长、思政课教师、团委书记、大队辅导员和学生代表参加的座谈会。6月初，我们在西安市、榆林市、汉中市发放调查问卷，最终收回有效问卷897份。其中，小学高年级（4—6年级）304份、初中（7—8年级）297份、高中（10—11年级）296份。在学生性别方面，男性多于女性：在小学生中，男生占52.63%，女生占47.37%；在初中生中，男生占52.19%，女生占47.81%；在高中生

---

[3] 此处只做简要概述，详细内容参见褚宸舸、任荣荣：《陕西省青少年法治教育调查报告》，载葛洪义主编：《地方法制评论》（第6卷），华南理工大学出版社2021年版。

中，男生占54.73%，女生占45.27%。在学生年龄方面，小学生介于9—12岁之间，初中生介于12—16岁之间，高中生介于15—19岁之间。

本次调研主要围绕学生的法律常识、学校法治教育的形式、学生接受法治教育的意愿以及学生的法治意识4个维度展开。第一，为了解中小学生对法律知识的认知程度，调查问卷中设计了《青少年法治教育大纲》所要求中小学生掌握的法律常识问题，而且针对小学、初中、高中不同学段学生设置了不同的法律常识测试题。调研发现，小学生的法律常识掌握情况较好；初中生不如小学生，其中刑法常识较弱；高中生的法律常识掌握情况相对该年龄段的要求有差距；法律常识掌握情况无性别差异，和父母受教育程度无关。第二，针对不同年龄段的群体，各学校综合使用多种不同的法治教育方式。小学更多通过特定时间节点开展法治教育；初中更多采用班会形式开展法治教育；高中更多通过各种仪式开展法治教育。第三，就学生接受法治教育的意愿来看，中学生有一定的学习法律知识的兴趣和愿望；中学生比较普遍地阅读了与法治相关的课外读物；学校政治课总体上受到中学生喜爱。第四，为了解中小学生的法治意识，我们对其在"民主""平等""公平""正义""法律至上"等法律价值元素方面的认同度进行了调研。我们发现：中小学生对"少数服从多数"的认可度不高；中小学生的规则与守法意识虽然较强，但易感情用事、盲目从众；中学生的正义观念普遍较强；高中生具有较强的平等观念和集体意识。

根据问卷调查和座谈会的情况，并参照《青少年法治教育大纲》的要求，我们发现陕西省青少年法治教育仍存在很多不足：缺乏整体规划，教育的方式方法有待创新；评价体系不健全，教育的针对性和实效性不强；学校、社会、家庭的多元参与网络还没有形成；教学师资、教育资源的保障机制尚不健全；等等。

第一，人财物资源欠缺。首先，硬件配置不够。青少年法治教育实践基地的覆盖率还比较低，这导致一部分中小学法治教育出现了模式单一，缺乏实践性的倾向。其次，经费保障不足。有一部分学校没有开展法治教育的专项经费，学校开展各种形式的法治教育（例如讲座）都要由其他项目经费予以支持。最后，专业师资缺乏。绝大多数设置法治教育课的学校基本由思想品德课教师或者班主任兼任法治教师。这些教师没有经过正规的法治教育培训，也很少接触法律书籍。在少数已经配备了法治教育专职教师的学校中，教师的专业背景也是思想政治教育。多数学校无专职的法治副校长。对法治课教师缺乏系统化培训。

第二，教学过程虚化。法治课教材不规范，学校没有统一的教材和教学体系。在课程安排上，法治课并未受到真正重视。大多数学校把每年举办几次讲座当作完成法治教育任务。很多学校教育方法单一。较少学校能让学生走出去学习或邀请专家和学生互动交流。

第三，内容定位不准确。首先，把禁毒教育、安全教育等同于法治教育。有老师表示："像我们学校（法治教育）一般讲的就是安全，例如交通、食品、消防等方面的知识，尤其是夏天防溺水的问题，还有校园暴力也是强调的比较多的。"但在宪法、刑法、民法等法律基础知识传授方面，以及相关的法治价值的培养方面存在明显不足。其次，将法治教育局限于预防青少年犯罪，对其他的法治教育内容涉及很少甚至没有。认为法治教育的目的只是预防犯罪，将预防青少年犯罪当作青少年法治教育工作的主要甚至唯一的目的，这有违法治教育的要旨。

第四，制度保障体系不完备。首先，法治教育评价体系尚未建立。法治教育缺乏相应的考核、评价制度和工作机制。对于学生的法治教育效果也缺乏评价或考核制度。其次，家庭法治教育缺失。有些家长很少给孩子传授法治方面的知识，甚至传递错误信息。

三、中学生的法律常识和法治意识

我们按照《青少年法治教育大纲》的要求设计了调查问卷，针对不同学段学生设计了不同的法律常识题。法治教育在不同阶段的目标与任务不同："在义务教育阶段，应以掌握生活规则和自我权益保护为重点，在高中阶段应以认识国家体制和理解公民责任为重点。"[4]初中问卷我们设计了8道法律常识题，涉及宪法、义务教育法、未成年人保护法、知识产权法。高中问卷我们设计了11道法律常识题，相较初中增加了刑事诉讼法和行政诉讼法的问题。调研发现：

---

[4] 李红勃：《学校法治教育的阶段性目标、内容与方法——基于大中小学德育一体化语境下的讨论》，载《现代教学》2019年第2期。

（一）中学生对权利义务的认知有所提升

初中生对公民基本义务的认知有所提升。2021年，认同要遵守宪法和法律的初中生比2018年有所增加（表1-12）。

表1-12 2021年和2018年初中生对公民基本权利和基本义务的认同情况

类　型	内　容	2021年	2018年
基本权利	财产权	84.32%	67.34%
	人格尊严权	86.15%	84.18%
	劳动权和社会保障权	85.70%	74.07%
	批评建议权	46.64%	36.03%
	政治权利	74.00%	63.64%
	宗教信仰自由权利	25.34%	16.84%
	人身自由权	93.21%	88.22%
基本义务	维护国家统一和民族团结	89.42%	78.79%
	遵守宪法和法律	93.47%	88.22%
	维护国家的安全、荣誉和利益	83.47%	58.59%
	保卫祖国，依法服兵役和参加民兵组织	80.99%	62.29%
	依法纳税	80.34%	57.91%

高中生对保护财产、重视劳动保护和社会保障、政治权利和宗教自由的认知均提升，对其余基本权利的掌握程度与2018年相比基本相同。公民基本义务方面，选择保卫祖国，依法服兵役和参加民兵组织的比例较2018年有大幅提升（表1-13）。

表1-13 2021年和2018年高中生对公民基本权利和基本义务的认同情况

类　型	内　容	2021年	2018年
基本权利	财产权	80.37%	73.31%
	人格尊严权	83.93%	93.24%
	劳动权和社会保障权	82.62%	75.68%
	批评建议权	39.44%	40.88%
	政治权利	73.27%	63.18%
	宗教信仰自由权利	18.88%	9.12%
	人身自由权	93.64%	96.28%

续表

类型	内容	2021年	2018年
基本义务	维护国家统一和民族团结	91.31%	92.91%
	遵守宪法和法律	94.30%	95.27%
	维护国家的安全、荣誉和利益	84.49%	80.74%
	保卫祖国，依法服兵役和参加民兵组织	82.43%	53.38%
	依法纳税	75.79%	77.70%

（二）中学生对法律常识认知的正确率有所下降

初中生除对宪法根本大法的法律地位有更好的理解，其他题目的正确率与2018年基本持平（表1-14）。高中生对义务教育的认知有所提升，其余均呈下降趋势（表1-15）。

表1-14　2021年和2018年初中生回答法律常识题的正确率

题目	2021年	2018年
父母应让孩子接受义务教育	94.54%	92.95%
人民法院是我国的审判机关	85.56%	87.21%
宪法是我国的根本大法	84.00%	76.77%
五星红旗是中华人民共和国的象征与标志	87.07%	89.9%
未成年人是指18周岁以下的公民	86.22%	86.53%

表1-15　2021年和2018年高中生回答法律常识题的正确率

题目	2021年	2018年
父母应让孩子接受义务教育	97.10%	91.89%
人民法院是我国的审判机关	84.67%	84.80%
宪法是我国的根本大法	86.64%	96.96%
五星红旗是中华人民共和国的象征与标志	86.36%	89.53%
未成年人是指18周岁以下的公民	84.95%	94.26%

（三）高中生对纠纷解决方式和行政法的认知度较低

与 2018 年相比，高中生仍然对行政复议等纠纷解决方式不熟悉，对行政法的认知和接受程度很低（图 1-5）。这种情况不利于构建我国的多元化纠纷解决机制。了解矛盾纠纷处理方式以建设良好的社群关系是青少年在其社会化过程中必备的技能，学校应该加强这方面的宣传教育。

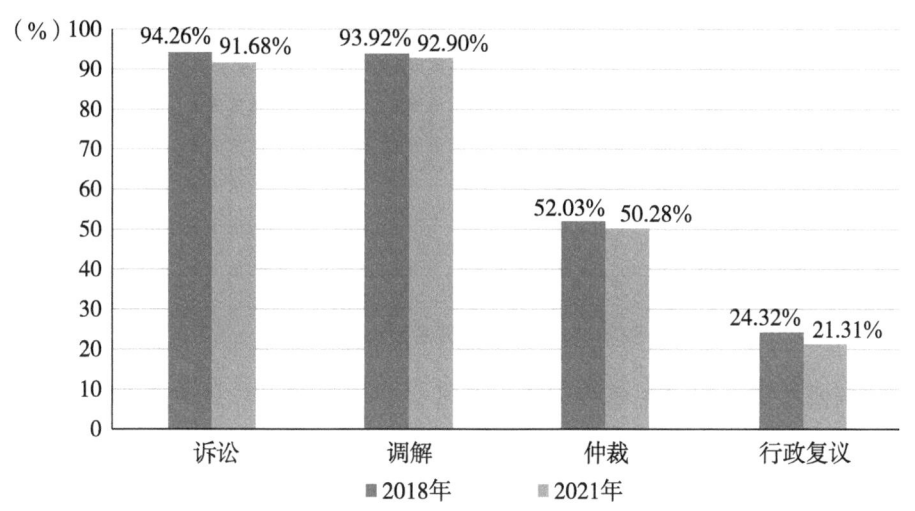

图 1-5　2018 年和 2021 年高中生对纠纷解决方式的认知情况

（四）中学生学习法律知识的意愿比较强烈

超过半数的初中生有较强意愿学习法律知识（图 1-6），数据和 2018 年的基本持平。55.14% 的高中生有意愿学习法律知识（图 1-7），相比 2018 年有所提升。

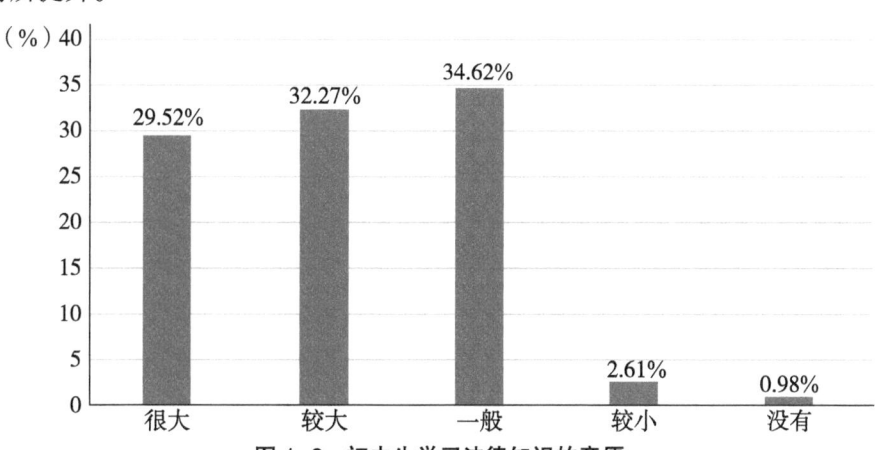

图 1-6　初中生学习法律知识的意愿

图 1-7　高中生学习法律知识的意愿

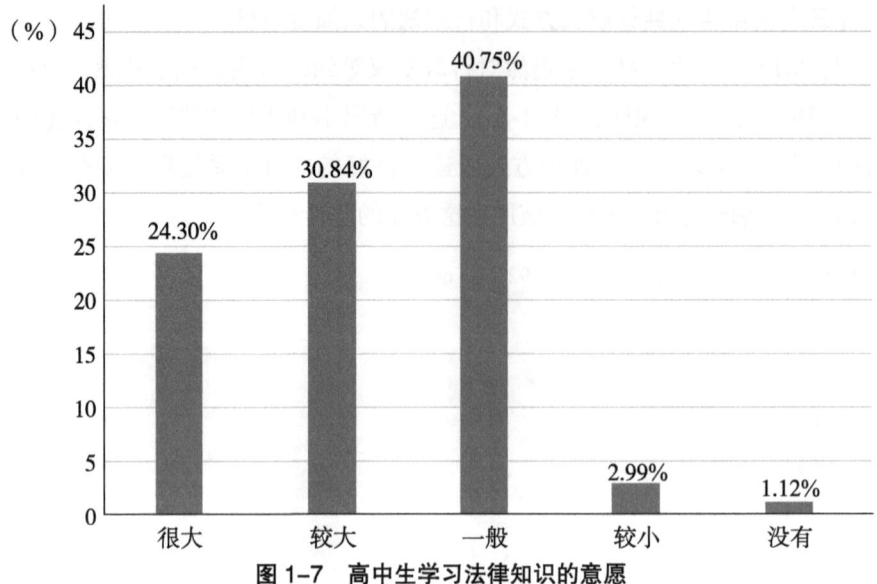

调研发现，超过半数的中学生非常喜欢政治课，并且会在课外主动阅读与法治相关的读物，相较 2018 年的数据有所提升。其中，33.31% 的初中生表示非常喜欢政治课（图 1-8），24.67% 的高中生表示非常喜欢政治课（图 1-9）。

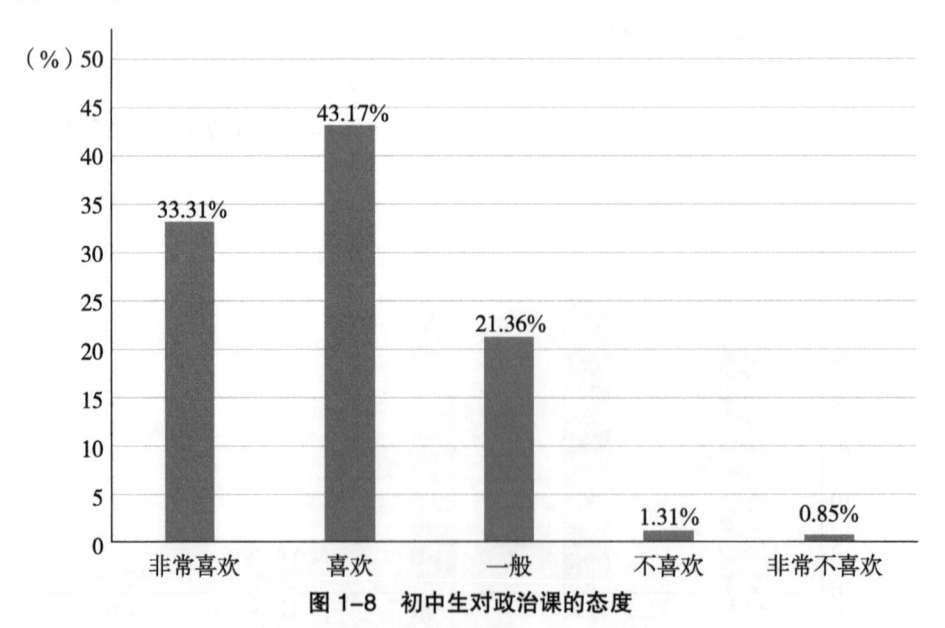

图 1-8　初中生对政治课的态度

图 1-9　高中生对政治课的态度

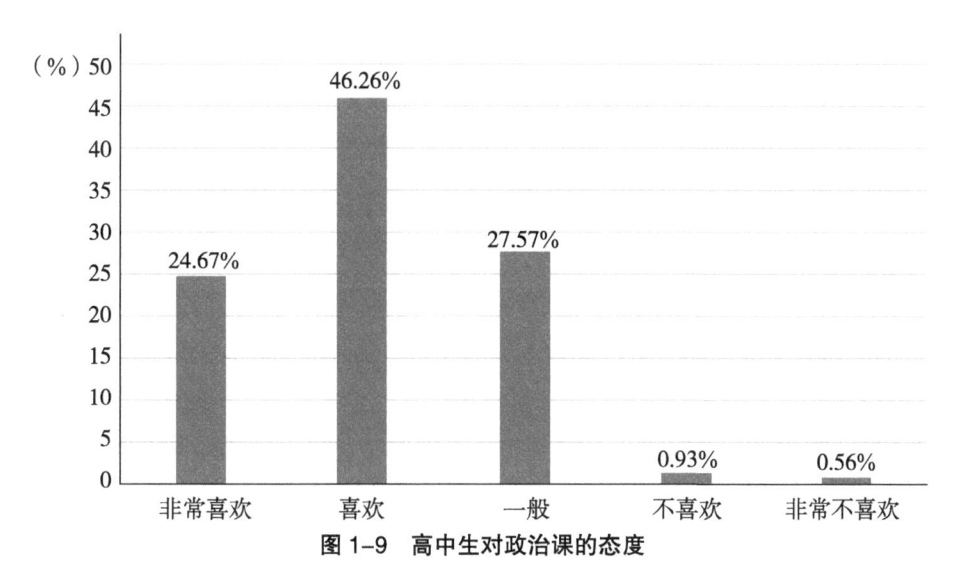

总之，问卷显示，陕西省青少年法治宣传教育取得了一定的成效，中学生对学习法律知识有了较强的意愿，也有相当比例的中学生能够主动阅读与法律知识相关的书籍。但是，也存在一些需要进一步解决的问题。所以，应该以《国家"八五"普法规划》《省"八五"普法规划》《青少年法治教育大纲》为依据，着力建构具有陕西特色的青少年法治宣传教育模式。

四、我国青少年法治宣传教育的模式

我国中小学法治教育最先在思政、教育界讨论较多。一般认为，中小学法治教育是公民教育，通过公民教育课程、学校公共生活和民主学校的建设，构建学校公民教育的实践体系。[5]从法治传播学角度，普法工作要从公众法律需求着手，知晓对象需求，明确普法主体，改善普法形式，真正将法治理念内化于个人行为之中。从"法制教育"到"法治教育"反映出教育内容从知识层面提升到了意识层面。[6]大多数学者认为，抽象化和形式主义是法治教育实效性不强的重要原因。[7]

---

[5] 冯建军：《学校公共生活与公民教育》，载《苏州大学学报（教育科学版）》2014年第2期。
[6] 王树荫、房玉春：《试论从"法制教育"到"法治教育"的转变》，载《甘肃社会科学》2017年第2期。
[7] 林凌：《法制宣传教育：从普法模式到公众参与模式》，载《编辑学刊》2015年第5期。

我国关于中小学法治教育模式的理论研究不多。有学者认为，在我国法治宣传教育过程中，先后出现过灌输模式、公众参与模式和对话模式。[8]《国家"八五"普法规划》中"加强青少年法治教育"部分指出："全面落实《青少年法治教育大纲》，教育引导青少年从小养成尊法守法习惯。充实完善法治教育教材相关内容，增加法治知识在中考、高考中的内容占比。推进教师网络法治教育培训，5年内对所有道德与法治课教师进行1次轮训。探索设立'法学＋教育学'双学士学位人才培养等项目，加强法治教育师资培养。持续举办全国学生'学宪法讲宪法'、国家宪法日'宪法晨读'、全国青少年网上学法用法等活动。推进青少年法治教育实践基地建设，推广法治实践教学和案例教学。深入开展未成年人保护法、预防未成年人犯罪法等学习宣传。进一步完善政府、司法机关、学校、社会、家庭共同参与的青少年法治教育新格局。"

《省"八五"普法规划》中"全面加强青少年法治教育"部分指出："加强与青少年相关的法律法规教育，重点围绕防范欺凌、性侵、猥亵、电信诈骗、非法传销、校园贷等突出问题做好未成年人法治宣传教育。全面落实《青少年法治教育大纲》，教育引导青少年养成尊法守法习惯，增加法治知识在中考中的内容占比。推进教师网络法治教育培训，5年内对所有法治副校长、道德与法治课教师进行1次轮训。持续组织开展学生'学宪法讲宪法'、国家宪法日'宪法晨读'、青少年网上学法用法、秋季开学'法律进学校'云普法、'红领巾法学院'创建、农村留守儿童关爱等活动。推进青少年法治教育实践基地建设，推广法治实践教学和案例教学，确保每个县（市、区）建成一个青少年法治教育基地。强化校园周边综合治理和校园安全工作，预防和减少青少年违法犯罪。进一步完善政府、司法机关、学校、社会、家庭共同参与的青少年法治教育新格局。"

《国家"八五"普法规划》《省"八五"普法规划》确立了3种法治宣传教育模式。

第一，以"课程"为中心的模式。其核心是课程建设和教师队伍建设。

---

[8] 高雅雯：《法制宣传教育模式初探》，载《编辑学刊》2016年第5期。

以课堂教学为载体并通过增加法治内容在考试中的比重和提高教师课堂教学水平来加强效果。

第二,以"活动"为中心的模式。全国性的品牌活动有"学宪法讲宪法"、国家宪法日"宪法晨读"、全国青少年网上学法用法等。在"七五"普法期间,陕西省在中小学法治宣传教育的有效性方面做了很多工作。陕西省的品牌活动是每年秋季开展"法律进学校"云普法、创建"红领巾法学院"、关爱农村留守儿童等。

类似的活动,全国其他地方也有开展。例如,关工委议事协调、政法委牵头抓总的"少年法学院"。关工委落实党建带关心下一代建设工作机制,在市委领导下,发挥议事协调作用,政法委履行牵头抓总职能,明确教育局、司法局、团委、法学会等部门的职责分工,在领导体制上形成工作合力。各区、各街道(园区)参照这一组织架构,成立少年法学院建设领导小组,出台了规范性文件。"少年法学院"起源于2008年南京市雨花台区法院退休干部、全国"十佳少先队校外辅导员"孙以智同志动员组织退休的司法干部,以关工委的名义到学校免费开设法治教育课。后来区关工委会同教育部门建章立制,提出"雨花台区少年法学院",在法治教育内容、课时、教员、方法等方面进行创新突破,主要利用"五老"[9]的力量在中小学开展法治课。2019年,南京市关工委把"雨花台区少年法学院"作为市关工委的品牌之一,进行重点打造。2020年年初,市委政法委发文件,把全市加强少年法学院建设纳入第四届"关爱明天·普法先行"青少年普法教育活动的实施意见,明确要求区级层面年内组建完成,有条件的逐步向基层延伸拓展。"少年法学院"实行统一"派课制",负责属地中小学生的法治教育。将30%的退休公安民警、基层检察官、法官直接转为法治辅导员,退休思政课教师100%直接转为"五老"志愿者,抽调专家、学者成立法治报告团。把渗透教育、体验教育和养成教育融为一体,增强法治教育的吸引力和感染力。设立"模拟法庭",让学生亲自参与真实案例的模拟开庭审理。成立法治学习兴趣小组,

---

[9] "五老"即老干部、老战士、老专家、老教师、老模范。

组织模拟听证会、法治夏令营等法治教育活动。[10]又如，无锡"啄木鸟模拟法庭"把情景体验与日常教育相结合，开展了以学生情景体验为核心，以角色扮演、现场演绎为主要形式的综合性实践活动。从"活动前期进行的案例收集调查，活动中期开展的分析探究，活动后期呈现的最终演绎"，走向"学生有话可说，并且有说的欲望，主动付诸行动，多重交互"，最终达到"学以致用"。[11]

第三，以"法治教育实践基地"为中心的模式。其以推广法治实践教学和案例教学为主要教育手段。2016年9月1日，教育部、最高人民法院、最高人民检察院、公安部、司法部、全国普法办、共青团中央联合发布《教育部等七部门关于加强青少年法治教育实践基地建设的意见》，该意见提出："要针对当前学校法治教育存在的法律知识传授为主、教学模式单一、教育资源不足等问题，切实转变法治教育方式，充分利用校内外教育资源，形成以法治观念养成为中心，实践教学、探究学习等多种模式相结合的法治教育格局，全面提高青少年法治教育的针对性、实效性……实践基地建设要体现法治育人理念，突出法治教育的资源整合和方式方法的创新，注重利用各种教育技术和手段，提供实践性、互动式的法治教育内容；要注重适应中小学组织学生参与的需要，具备相应的活动场地和设施，设立多种功能区域，满足学生参与实践的需要。实践基地要具备开展综合性学生法治教育及教学效果评价、教师培训等功能，建设成为贴近法治实践、贴近青少年生活和认知特点的校外法治教育中心，成为中小学开展法治教育的重要支持系统……到2020年，在各地统筹建成60所左右的国家级实践基地，各地争取在中等以上城市建立至少1所符合标准的实践基地，在县（市、区、旗）因地制宜、结合实际建立相应的实践基地。"

上述3种法治宣传教育模式都强调政府、司法机关、学校、社会、家庭

---

[10]《抓住关键就有效果——创办少年法学院预防减少青少年犯罪的经验》，载《中国火炬》2021年第1期。

[11] 徐芳：《青少年法治教育活动的实践与探索——以校园"啄木鸟模拟法庭"为例》，载《中国德育》2021年第8期。

共同参与。法治宣传教育模式的核心是主体多元和整合资源、力量。正如有学者所说，中小学对法治教育资源的开发缺乏能动性，开发手段滞后，致使中小学法治教育资源处于荒废化状态。中小学法治资源未被有效利用，法治教育课程之外，中小学也并未对大量的法治教育资源进行开发。同时，中小学缺乏对法治教育资源深度开发的动力，其对法治教育资源进行利用时往往具有一定程度的摆姿势、走过场的问题，致使丰厚的法治教育资源没有被高度重视和有效开发。实践证明，"课堂讲授、讲座、报告等传统形式的法治资源利用方式不能有效地转化成教育成果，应采用实践、参与、互动等方式将法治教育资源激活，采用多媒体教学、现场教学、角色扮演等'体验式'的教学手段高效利用法治教育资源。故事教学、情景模拟、角色扮演、案例研讨、法治辩论、价值辨析等有益的教学方法没有被充分采用，真实法治案例进入课堂教学仍然流于形式。当前中小学学校法治教育资源利用的方式近身性稍差，让中小学生有一种'他人事情'的感觉，缺乏感同身受的认同感、共鸣感和共情感"[12]。所以，为构建全方位的青少年法治教育体系，需要广泛组织和动员国家机关及社会力量支持和参与青少年法治教育工作，建立法治教育的网络体系；法院、检察院、公安机关、司法行政机关、律师协会等，要通过各种形式和途径进行法治宣传，法治副校长、法治辅导员等，要积极开展法治宣传教育，引导学生学会保护自己、远离伤害和犯罪；法官、检察官、律师及法学院校教师应参与开发法治教育课程，提供法治教育资源，为法治教育活动提供支持；报刊、广播电视、网络等媒体和企业要积极承担法治教育责任，开发体现法治精神、弘扬法治理念的图书、杂志、动漫、少儿节目等文化产品，营造法治文化氛围。[13]

五、"红领巾法学院"法治宣传教育的模式

（一）产生及创建过程

"红领巾法学院"源于基层的创新，是咸阳市风轮小学 2010 年最初探

---

[12] 晋涛：《中小学法治教育资源的现状、整合与共治》，载《青少年犯罪问题》2020 年第 5 期。
[13] 李红勃：《依法治国背景下的青少年法治教育》，载《教育家》2020 年第 20 期。

索的法治教育经验。在教学活动中，风轮小学的老师发现部分学生有一些不太健康的行为，便找来大学生进学校宣讲，给孩子讲法并做家长工作，但都收效甚微。为了调动学生学习法律知识的积极性，老师就带领学生走进法庭参观，发现学生们的兴趣有很大提高。2012年2月22日，法院和学校进行合作，"红领巾法学院"正式挂牌，发展成"通过模拟法庭、普法情景剧、法治演讲，听爸爸妈妈讲法治故事等载体开展法治宣传教育"的系列普法活动。

风轮小学的经验做法后来被共青团陕西省委发现、总结，2016年年底作为共青团牵头法治教育的模式予以推广。2018年3月，陕西省"红领巾法学院"创建活动正式启动。2018年7月，共青团陕西省委和陕西省高级人民法院下发通知，就省级创建工作进行安排部署。2018年10月，完成对省级8所学校"红领巾法学院"的命名，举行了创建工作推进会，使创建活动在全省迅速推广。

"红领巾法学院"采用试点先行、模范带动的方式在全省循序推进，首先命名了8所学校为首批"红领巾法学院"。在模式规范化以后，采取"地方创建—市级命名—省级命名"的方式，适应了陕西省法治教育的需要，省级优中选优，市级大力创建。在刚性标准要求下，落实了各地创建工作的考核。

经过全省共青团多年的推广，"红领巾法学院"创建工作卓有成效。截至2020年12月，被命名为"红领巾法学院"的学校有1362家，其中省级"红领巾法学院"43家，受益中小学生300余万人。法治教育方式的革新，调动了学生学法的积极性，在模拟法庭角色扮演的过程中，学生不仅了解了审判程序，学习了相关法律知识，而且产生了对法律的敬畏。"红领巾法学院"广受学生、家长、教师、社会各界赞扬，成为陕西省中小学法治宣传教育的品牌。

（二）"红领巾法学院"模式的特点

（1）在动力机制上由共青团牵头协调，多部门协同。"红领巾法学院"最初由共青团陕西省委和陕西省高级人民法院联合发文，各市县团委与各级人民法院积极合作。2019年7月,省教育厅成为"红领巾法学院"创建工作的指导单位,各地教育行政部门积极参与。"红领巾法学院"强调政府、司法机关、学校、社会多元主体共同参与,体现了整合各方资源、力量的基本思路。在多元主体背景下,"红领巾法学院"由共青团牵头,一方面利用了共青团自身的组织力和联系青少年的政治团体属性,另一方面成为共青团"大权益"工作的重要抓手,强化了共青团长期以来在预防青少年违法犯罪和未成年人保护工作方面的优势。

(2)在形式上体现法治实践教育活动重参与和体验的特质。"红领巾法学院"开展活动以"模拟法庭、以案说法、普法情景剧"等形式为主,让中小学生在职业法律人指导下,积极主动参与法治宣传教育活动。"红领巾法学院"设计了体验式、参与式的活动,改变了传统灌输式、说教式的宣教方法。体验式、参与式的形式将老师、学生双主体互动,变为学校、司法机关、教育机构、学生多方互动,有利于调动学生学法的积极性。

根据问卷调查,大部分学生喜欢"红领巾法学院"。其中,有46.30%的初中生表示非常喜欢"红领巾法学院",43.04%的初中生喜欢"红领巾法学院"(图1-10);有39.81%的高中生表示非常喜欢"红领巾法学院",43.13%的高中生喜欢"红领巾法学院"(图1-11)。

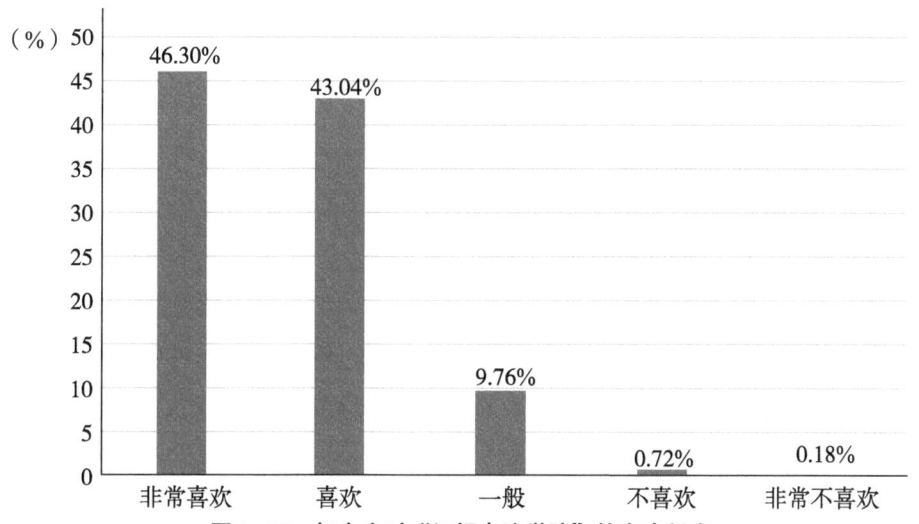

图1-10 初中生对"红领巾法学院"的喜欢程度

图 1-11　高中生对"红领巾法学院"的喜欢程度

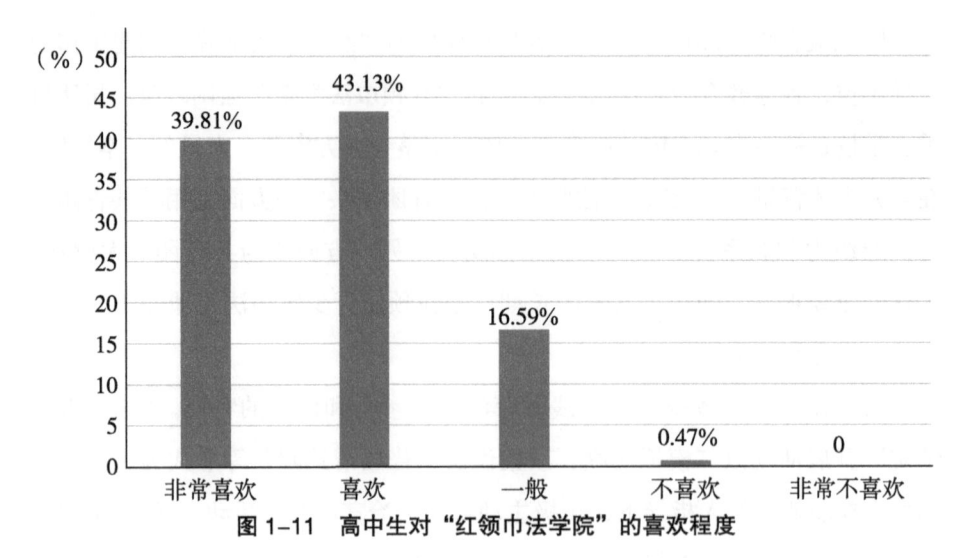

（3）在实施主体上，以学校为主，同时引校外专业资源进学校。不同于过去法治实践教育主要在校外进行，以校外社会力量为主的做法，这种模式有利于调动学校的积极性，并加强学校的主体责任，也更方便、安全、易行，更容易和学校法治教育相结合。例如，当学校出现学生欺凌事件时，就可以排演以学生欺凌为主题的模拟法庭节目，以此达到宣传教育的目的。

（4）在教育方式上，重视发挥同伴教育的独特功能。"红领巾法学院"模式是部分学生表演，部分学生观看。相较于陌生人，自己的同学成为故事主人翁会更能引起中小学生的兴趣。同辈人之间相互教育和自我教育，更能激发学生的自我成长力量，让学生更好地在实践中反思。

（三）"红领巾法学院"创建中存在的问题

（1）学生参与面不够广。模拟法庭活动开展难度大、耗时长，活动时间跨度大（1年1次），再加上实际参加表演的学生只占15%左右，这导致"红领巾法学院"的受众比较有限。值得注意的是，近年来陕西中学生法治实践教育的开展有不同程度的减少。据我们调研，中学生法治教育的方式主要是班会、传统授课、特定时节普及专项法律知识、教育大会、多媒体教学、法治实践活动，或在课堂上进行情景模拟、角色扮演等。初中生开展法治教育的形式更趋向班会，其他形式的法治教育都有不同程度的减少，尤其是法治实践活动或情景模拟的占比减少较多。导致该方式减少的原因，一是相较于其他方式，通过法治实践活动或情景模拟进行法治教育需要更多时间和资源。二是受新冠疫情影响，学校不便组织大中型集会活动，校外人员入校参加活动也受到限制。与2018年相比，高中生法治教育形式中，除情景模拟的选择率略有提升外，其他方式都有不同程度的降低（图1-12）。

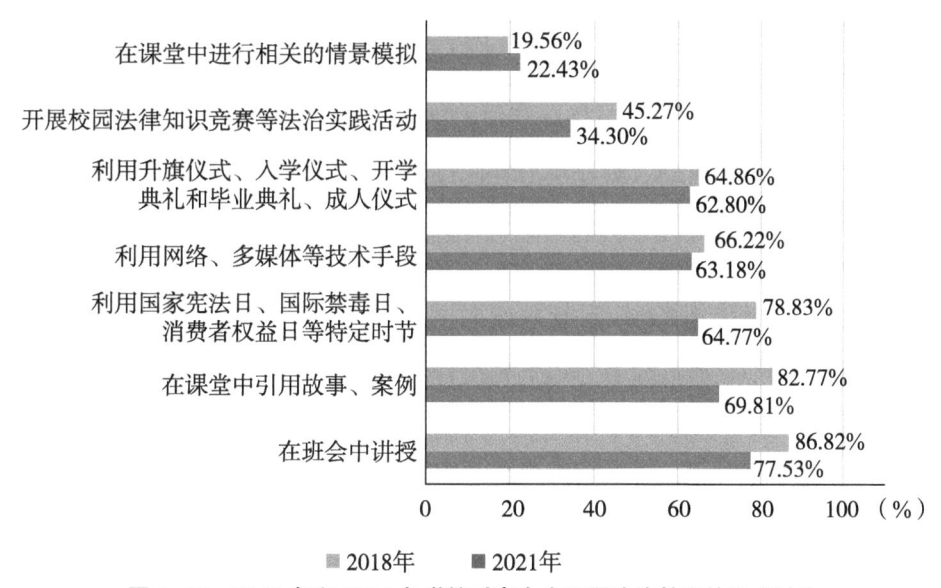

形式	2018年	2021年
在课堂中进行相关的情景模拟	19.56%	22.43%
开展校园法律知识竞赛等法治实践活动	45.27%	34.30%
利用升旗仪式、入学仪式、开学典礼和毕业典礼、成人仪式	64.86%	62.80%
利用网络、多媒体等技术手段	66.22%	63.18%
利用国家宪法日、国际禁毒日、消费者权益日等特定时节	78.83%	64.77%
在课堂中引用故事、案例	82.77%	69.81%
在班会中讲授	86.82%	77.53%

图1-12　2018年和2021年学校对高中生开展法治教育的形式对比

（2）各主体职责分工不够明确。首先，从校内力量来看，道德与法治课的教师人数在全校教师中占比很小。"红领巾法学院"工作小组由校内领导和各年级班主任组成，他们大都不具备法律专业性知识。在设计、举办活动中不具有专业优势。部分学校重"挂牌"而忽略实质建设。共青团陕西省委规定的创建标准"四有三明确"更多的是强调外部保障，但学校应当更重视内涵式发展，重视学生的真正收获。其次，从校外力量来看，各部门之间联动较差，未能形成合力。一是司法机关工作人员参与活动不够，例如法官精力不足，指导不够。据学校反映，渭南、杨凌、韩城等地检法两院指导甚少。二是模拟法庭呈现明显成人化的趋势。案例脚本过于晦涩和专业，未能考虑学生的实际接受程度。三是教育行政部门和学校缺乏开展活动的专项资金。四是绝大部分学校开展的法治宣传教育活动缺乏家长参与，家长的积极性不高，学校教育与家庭教育之间未能很好地衔接。

六、完善"红领巾法学院"模式的建议

（一）不断扩大覆盖面

由于模拟法庭活动具有局限性，能够参与活动的学生较少，大部分学生属于观看者。因此，在开展"红领巾法学院"宣教活动过程中，应尽量结合学生特点，保证更多学生参与。建议以2021年年底的数据为基础，按照每年增加25%的速度，逐步扩大"红领巾法学院"的地区和受众覆盖面。同时，应当鼓励学生配合活动，设计法治宣传海报、撰写心得体会，并在同学中分享，以充分发挥同伴教育的自我教化作用，营造良好的校园法治氛围。

（二）构建"互联网+法治教育"新模式

各学校应当依靠科技，创新活动形式，切实解决法治实践教育活动数量少的问题。例如，通过线上与线下相结合的方式，充分运用微信、微博、微电影，构建"红领巾法学院"资源库和新媒体平台，提高"红领巾法学院"活动的效能和影响力。健全法治教育和舆论宣传工作机制，运用各类新媒体新技术开展"红领巾法学院"宣传活动。向全体学生播放"红领巾法学院"活动视频，并通过小班或小组形式组织学生进行讨论。

（三）创新评估考核方式

第一，加强对学校工作的评估。学校应当建立"红领巾法学院"工作小组，并设置宣传、活动策划、运行等部门，将小组任务分配到人，对活动经验进行及时总结，定期上报各指导单位。省级创建学校每年至少举办1次"模拟法庭"，市级创建学校每年至少组织学生现场观看1次或举办1次"模拟法庭"。区县级、乡村在条件允许的情况下，至少组织观看视频1次或创建新的实践活动形式。学生的法治实践教育课每年至少2课时。法治实践基地建设达到每1万名学生至少1个的标准，鼓励各个学校就原有的场地进行多方面资源利用。

第二，对"红领巾法学院"的创建工作进行第三方评估。把学生的满意度、参与度、法治意识高低作为创建工作的重要考核指标。教育行政部门和学校制订实践类课程的专门性考核标准。建立考核反馈机制，不断修改完善评价标准。建立"红领巾法学院"的退出机制，对于已经挂牌的学校，适时开展评估考核，对于考核不合格的，限期整改，对于整改不力的，予以摘牌。

（四）强化各指导主体的职责

省、市"红领巾法学院"指导单位应做好制度供给和政策支撑。各指导主体每年履行职责的情况，由共青团陕西省委、省高级人民法院、省人民检察院、省司法厅、省教育厅在系统内部进行通报。区县团委和学校团委应承担"红领巾法学院"活动的协调职责，加强区县司法机关、司法行政机关、教育行政机关对"红领巾法学院"的业务指导。教育行政、司法行政、法院、检察院等具有普法任务的单位，每年至少与学校联合举办1次实践教育活动。每个区县法院和检察院每年至少派1名法官、检察官对活动进行指导。

（五）以基金方式强化经费支持

多方筹措资金或通过募捐方式设立"红领巾法学院"基金。通过评估，以小额项目方式资助创建工作，为每个学校提供1000—3000元不等的经费支持，并向老少边穷地区的学校倾斜。对于具有创新性的法治宣传教育措施、方法，给予5000元经费的支持或对学校与个人进行表彰，对效果显著的项目及时推广，定期编写、下发创新案例选编，通过典型示范和引领，不断推动"红领巾法学院"的创新发展。

七、进一步加强青少年法治教育工作的建议

青少年法治教育是一项系统工程，需要各有关职能部门齐抓共管和全社会共同关注、支持、参与。根据法治教育工作的新形势、新要求，应不断探索保护未成年人合法权益的工作机制，不断加强学生法治教育工作的针对性和实效性，努力推进手段、途径和载体的创新。

（一）建立健全领导和工作机制

中央层面关于青少年法治教育的规定普遍存在效力位阶偏低，强制力缺乏等诸多方面的不足。第一，陕西省可以适时由省人大及其常委会，抑或省人民政府出台地方性立法、政策，将中小学法治教育的性质、任务、内容等规定下来，以国家强制力保证中小学法治教育的实施，以此提升陕西省青少年法治教育工作的规范化水平，避免制度可操作性方面的不足。

第二，构建党委、政府领导，人大监督，职能部门组织实施，社会推进的青少年法治教育网络，建立健全青少年法治教育工作领导机制，形成法治教育新格局。党委、政府牵头制订青少年法治教育实施细则，指导各部门有

序地开展法治教育。教育部门联合司法行政部门将青少年法治教育纳入教学大纲，同时，建立检查督促机制。教育行政部门要开阔视野，充分挖掘、利用当地的多元化法治教育资源，大力推进法治教育实践基地建设。

第三，省级教育行政部门应当协调宣传出版等部门，加强对青少年法治教育教材的编写，逐步提升青少年法治教育教材的规范性和统一性。司法行政部门要履行综合协调普法工作的职能，以多种形式参与青少年法治教育实践基地的建设。各级人民法院、人民检察院组织安排有实践经验和教学能力的法官、检察官，参与教育指导工作。此外，还应动员社会各界参与青少年法治教育，支持共青团、妇联等部门，发动律师等法律工作者参与法治教育工作，充分发挥志愿者、退休干部、专家的作用。

（二）优化权责配置、提升教学质量、加强工作考核

第一，需要提高各级党政及学校领导对青少年法治教育工作的重视程度，以适当的方式将青少年法治教育的开展情况和效果纳入针对学校的各类考核评估当中。对于青少年法治教育开展情况不佳、中小学生违法犯罪活动频发的地区，要将当地教育行政部门的责任从领导责任调整为主体责任或直接责任，并采取问责的方式督促其重视相关工作。要将推动青少年法治教育的责任，特别是统筹和提供教育资源的责任压实、压紧到各级教育行政部门，改变其"旁观者""指挥者"的角色。

第二，加强法治教师培养，提升中小学法治教育的质量。各级政府及其教育主管部门一方面要加大专职法治教师的师资投入，吸引法科毕业生到中小学任教；另一方面要加强既有法治教师的能力培训工作，提升非法律专业专职教师的专业化水准。尤其是针对后者，应当尽快建立陕西省中小学法治教师教育培训的常态化机制，通过编制、职称等措施激励法治教师投入精力提高其专业素养和教学水平。针对法治副校长组成结构不合理、专业知识不足的问题，应充分挖掘和利用法律职业共同体对我国法治建设，尤其是青少年法治教育工作的新型作用，可以多选派法官、检察官、律师、法学研究人员等兼任法治副校长（辅导员），尤其应当重视基层司法所和人民调解组织当中的法律人才，发挥他们数量多、深入城乡、实践经验丰富的特点，将该群体作为中小学兼职法治教师的重要来源。

第三，推进校园普法讲师团建设，发挥普法讲师团的骨干作用。在充实和优化中小学现有法治教育专职队伍的同时，充分发挥校园普法讲师团的作用，实现校园普法讲师团"送法入校"的制度化、常态化和规模化。校园普法讲师团队伍应当对法治实践活动进行经验总结、理论创新和文化交流，提升法学理论研究的高度，使法治宣传教育工作在内容上紧跟时代、实践和理论发展的脚步。

（三）优化完善教育内容

第一，坚持以宪法教育为中心，逐步实现各类法律知识的全方位覆盖，持续提升中小学生法律认知水平。在准确地把握法律知识体系的基础上，构建由各个领域的代表性内容组成的、相对完整的法治教育体系。法治教育内容还应当注重理论性与实践性的结合，循序渐进地推进和完善陕西省法治教育实践，注重引导学生对相关法律知识的实际理解和把握，注重学生的理论联系实际能力。

第二，青少年法治教育工作要坚持以学校课堂教育为主渠道，以学校为主阵地，系统地对在校学生进行全面的法治教育，抓住学科教学这一中心环节，针对不同年龄的学生，采取分阶段、多层次教育手段，争取在相关学科的教学过程中渗透法治教育的内容，做到法治教育进课程、进教材、进课堂，真正实现青少年法治教育"计划、课时、师资、教材"四落实。对于高中阶段法治教育不足的，需要将法治教育纳入日常教学计划，进一步督促法治教育"计划、课时、师资、教材、经费"五落实，探索和论证将法律知识纳入高考、中考的可行性，发挥高考、中考"指挥棒"的作用，推动地方教育部门和高中持续加大对法治课程的各种资源投入，促使高中阶段的青少年法治意识和法律知识水平迅速提高。

（四）构建家庭、学校、社会协同的法治教育课堂

第一，根据家庭教育、学校教育和社会教育各自的特点与相互关系，充分利用其优势，构建家庭、学校、社会三位一体的平台，为中小学法治教育取得良好效果提供有力的支撑。

第二，充分发挥学校作为青少年法治教育工作主渠道的作用，着力抓好教师队伍的普法工作，强化教师带头学法、用法、依法办事的责任意识。

第三，为青少年法治教育工作提供良好的整体社会环境，加强青少年法治教育基地建设，充分发挥青少年法治教育基地的作用，适时为青少年提供生动的社会课程。

（五）创新教学、宣传方式

第一，充分发挥互联网和新媒体的独特优势，加强全省普法网站和普法网络集群建设，更好地运用微信、微博、微电影开展普法活动，把新媒体当作法治宣传教育的重要平台，为公众提供更多、更便捷的学法用法渠道。

第二，切实强化新媒体与校园法治建设的融合，依法整治和净化校园及其周边环境，为青少年健康成长营造法治文明氛围。

第三，进一步健全法治教育舆论宣传工作机制，完善媒体公益普法制度，广泛运用各类新媒体新技术开展普法教育宣传。

第四，坚持校内教育与校外教育相结合，学校要充分利用互联网，积极开辟第二课堂，增加社会实践活动。

第二编
陕西预防青少年违法犯罪实证研究

第一章 预防不良行为青少年违法犯罪调查[*]

一、研究背景和过程

本章所谓的不良行为青少年，是指具有《预防未成年人犯罪法》规定的"不良行为"或"严重不良行为"且年龄在6—25周岁的群体。不良行为青少年和留守儿童、闲散青少年、服刑人员未成年子女、受救助的流浪乞讨未成年人等群体相互交织，后4类是不良行为易感或高发人群。不良行为青少年（特别是其中的未成年人）虽然占青少年群体的比例不高（占陕西省6—25周岁青少年总数的0.11%），但绝对数量却不少（截至2015年12月全省有10545人）。近年来，未成年人的不良行为波及面广且危害大，各类案件触目惊心，社会各界和广大群众关注度高，各级政府和党团组织也非常重视。青少年不良行为的产生、发展呈现一定规律，在不同时期有不同表现，敏锐捕捉、及时发现这些外在变化是有针对性地开展预防违法犯罪工作的基础。对不良行为青少年，如果不能及时干预，采取必要的预防和教育矫治措施，不仅其个人极易滑入违法犯罪的泥沼，而且会影响社会和谐稳定和国家长治久安。

为了摸清陕西省不良行为青少年的基本情况，总结本省预防不良行为青少年违法犯罪的主要做法和经验，发现相关教育矫治工作的困难和问题，并进一步提出完善工作内容与机制的建议，我们采用文献研究、问卷调查、个

---

[*] 本章以2015年7—12月褚宸舸主持的共青团陕西省委委托课题"陕西不良行为青少年违法犯罪调查研究"的报告为基础，部分内容已发表。参见共青团陕西省委课题组（褚宸舸、郝鹏涛、张永林、任荣荣、冯伟）：《陕西省预防不良行为青少年违法犯罪研究报告》，载《预防青少年犯罪研究》2017年第1期。

案访谈、专家座谈等方法，并走访多地。我们深入看守所、公安局、工读学校、普通中小学，针对未成年人中有不良行为和严重不良行为者，以及教师、家长、社工、警官进行走访调研，并完成以下工作：第一，梳理陕西省综治委预防青少年违法犯罪专项组办公室近年的工作报告及相关资料39份；第二，从陕西省公安厅调取近年来以未成年人为被害人和加害人的所有刑事案件报案数据，并进行统计；第三，面向普通中学生发放调查问卷1163份；第四，对西安市公安局治安管理局预防未成年人犯罪科掌握的1567名严重不良行为未成年人（非西安市户籍、在社会流浪、未满16周岁且有严重不良行为）进行调研统计；第五，在看守所、公安局、专门学校、心理辅导机构深度访谈15名有不良行为或严重不良行为的青少年及相关教师、家长、社工、警官各1名。

二、不良行为青少年的基本概况

（一）不良行为青少年及其违法犯罪

截至2015年12月，陕西省有一般不良行为青少年9005人、严重不良行为青少年1540人，10545名登记在册的不良行为青少年中未成年人有7977人。除此之外，全省还有大量留守儿童、闲散青少年、服刑人员未成年子女、受救助的流浪乞讨未成年人（表2-1）。

表2-1　四类重点青少年群体的基本情况[1]

类别	人数（人）	占比情况
留守儿童	335394	占义务教育阶段学生总数的9.58%，占全省重点青少年群体总数的91.2%
闲散青少年	19522	占同年龄段青少年总数的0.21%
服刑人员未成年子女	1703	占青少年总数的0.02%
受救助的流浪乞讨未成年人	719	占青少年总数的0.01%

---

[1] 参见共青团陕西省委课题组：《陕西省预防不良行为青少年违法犯罪研究报告》，载《预防青少年犯罪研究》2017年第1期。相关数据由共青团陕西省委维护青少年权益部提供。

抢夺抢劫、故意伤害、盗窃、强奸是不良行为青少年最主要的 4 种违法犯罪行为类型,分别有 228 人、62 人、51 人、39 人。其他类型都较少,如聚众斗殴(4 人)、诈骗(4 人)、交通肇事(4 人)、非法拘禁(3 人)、绑架(2 人)、故意杀人(1 人)。

(二)调研样本的特征

对 1567 名严重不良行为青少年的统计数据进行分析,以及对一些典型个案进行的研究表明,不良行为青少年具有以下几方面的群体特征:第一,男性比例远高于女性。男性 1362 人(86.92%),女性 205 人(13.08%)。第二,年龄在 14 周岁左右,存在低龄化的问题。一些不良行为青少年在小学 5—6 年级就会有不良行为,大部分不良行为青少年最晚在初二之前就会出现行为偏差。第三,大部分人文化程度较低。初中及以下的占 70% 以上,其中文盲占 3.44%,小学文化水平占 34.50%,初中文化水平占 36.92%。第四,家庭结构不完整或教育不当。严重不良行为青少年的家庭结构问题主要是父母离异(12.43%)、父亲双方或一方外出务工(17.33%)、父母双方或一方死亡(5.46%)。有 42.28% 的严重不良行为青少年基本处于与家庭脱离的状态,有 21.46% 的严重不良行为青少年没有和父母共同生活在一起,有 6.49% 的严重不良行为青少年属于无人监管的事实孤儿。虽然近 60% 的严重不良行为青少年其家庭结构完整,但是,调研表明所有的家庭在不同程度上都存在着教育不当的问题。第五,德育和心理健康教育存在问题。据宝鸡市青少年社会工作者协会提供的 12 份心理健康报告,严重不良行为青少年的共性是:悲观、自卑、孤僻、自私、攻击性强、冷酷、胆小、懦弱、依赖性强、以自我为中心、缺乏理智、玩世不恭、焦虑、情绪不稳定、认知能力低、自控能力差等。他们的学习成绩通常比较差,很多人认为上学无用,在人际关系适应中有不良表现,并且法律、法规知识匮乏,道德意识淡漠,认识问题带有很大的表面性、片面性。我们向西安市第 102 中学部分在读工读生发放了 27 份调查问卷,同时以西安市某中学全体中学生为参照组。经调研发现,工读生对教育的认知度普遍低于普通生。工读生参加校外实践的渠道单一,其接受道德和社会常识教育的水平不容乐观，接受法律法规教育的水平低于普通生。第六，网络成瘾正演化为一种新型严重不良行为。根据个案访谈，95%以上的严重不良行为青少年都有沉迷网络的迹象，他们经常在网上打游戏、聊天、交友等。网吧几乎成为严重不良行为青少年必去的场所。

三、预防不良行为青少年违法犯罪的主要经验

（一）建立制度化的工作体系

颁布实施《陕西省实施〈中华人民共和国预防未成年人犯罪法〉办法》和《陕西省实施〈中华人民共和国未成年人保护法〉办法》。全省各市县均成立预防工作机构，12个市、杨凌示范区、89个县、区成立未成年人保护委员会，配备专兼职工作人员，建立协调联系机制。推动出台政策文件加强闲散青少年和不良行为青少年群体教育管理和服务工作，落实《刑事诉讼法》和《中央综治委预防青少年违法犯罪工作领导小组、最高人民法院、最高人民检察院、公安部、司法部、共青团中央关于进一步建立和完善办理未成年人刑事案件配套工作体系的若干意见》的实施细则；加强不良行为青少年专门学校建设工作，将预防青少年违法犯罪工作纳入全省综治工作考核评价体系（其中重点青少年群体工作在100分里占1分）；各级省市区（县）普遍建立重点青少年群体信息动态摸排机制，根据摸排情况提供有针对性的管理和服务。

（二）强化对青少年的教育引导

共青团陕西省委通过开展主题教育实践活动，培养青少年良好的思想品德和精神素质。建立陕西"青年之声"互动社交平台，组建"青年之声"法律服务联盟。联合省司法厅等成员单位，开展"关爱留守儿童、法律援助进校园"公益活动，持续开展"新学期法治教育第一课"活动和"知心律师助成长"活动，聘请220名律师担任"青少年成长导师"，在各级"青春驿站"坐班开展法治教育和法律咨询。举办陕西省首届高校法治文化节开幕式暨陕西省普法志愿者协会成立仪式，引导青少年志愿者参与法治文化的普及宣传。开展"青春自护·平安春节"自护教育及"无毒青春·健康生活""陕西青年

向毒品说 NO！"等禁毒宣传活动，帮助青少年提高自护意识。启动"青春灯塔"——青少年心理健康教育社工服务项目。

（三）推广试点工作的经验

实施《2013—2016年陕西省重点青少年群体服务管理和预防犯罪工作计划》，分三轮在全省各县、区深入推进，建立比较完善的工作格局和工作体系。建立重点青少年群体联系点制度，编印《陕西省重点青少年群体服务管理和预防犯罪工作指导手册》，组织成员单位定期检查督导，推动工作扎实有效开展。推进专门学校建设，落实加强不良行为青少年专门学校建设工作的意见，在西安、宝鸡等市的中等职业学校开展"阳光班级"试点，2013—2016年共培训闲散青少年和不良行为青少年3038人。建立引入社会力量的教育矫治机制，出台加强陕西省青少年事务社会工作专业人才队伍建设的实施意见，举办青少年社工培训班，实施"青春护航"不良行为青少年专门教育项目。

（四）加强综合服务平台建设

全力打造"青春驿站"青少年综合服务平台的工作品牌，推行"星级驿站"创建活动，组织开展服务青年的"五色行动"。截至2015年年底，全省共建成省市县乡四级"青春驿站"506个，吸引1698个社会组织入驻，为青少年提供权益维护和预防犯罪等服务，惠及19.8万人。创办"青少年维权在线"网络平台，邀请305名法律专家和心理专家加入。推进12355青少年服务台建设，实现全省全覆盖。修订《陕西省创建优秀"青少年维权岗"活动实施办法》，建立联系点制度和结对帮扶制度，要求维权岗单位选择辖区内至少1个社区结对，参与未成年人"四无社区"创建活动；同时，积极参与重点青少年群体工作，每个维权岗单位至少对5—10名重点青少年进行帮扶，工作人员与重点青少年结对长期帮扶。

四、预防不良行为青少年违法犯罪工作存在的问题

（一）现有立法及其实施存在问题

第一，现实中，未成年人教育矫治措施仍以监禁刑为主导，非监禁刑及

非刑罚处罚措施不丰富，教养措施立法不规范，可操作性不强。教养措施类似于国外的保安处分，过去的收容教养、收容教育均已废止，目前的措施主要是专门矫治教育、专门教育、社区戒毒、社区康复、强制隔离戒毒等（表2-2）。

表 2-2　我国针对青少年违法犯罪的教育矫治措施

措　施	适用年龄	适用对象	具体处遇	执行部门或机构
刑罚	十六周岁以上；已满十四周岁不满十六周岁（犯故意杀人、故意伤害致人重伤或者死亡、强奸、抢劫、贩卖毒品、放火、爆炸、投放危险物质罪）；	重罪未成年人	有期徒刑、无期徒刑	监狱
		轻罪未成年人	管制、缓刑	社区矫正机构
宣告有罪但免除刑事处罚	已满十二周岁不满十四周岁（犯故意杀人、故意伤害罪，致人死亡或者以特别残忍手段致人重伤造成严重残疾，情节恶劣，经最高人民检察院核准追诉）[2]	微罪未成年人	训诫、责令具结悔过、责令赔礼道歉、责令赔偿损失	法院
假释	十四周岁以上	执行一定刑期后，确有悔改表现，不致再危害社会而附条件提前释放的青少年	附条件提前释放	社会矫正机构

---

[2]　参见《中华人民共和国刑法修正案（十一）》。

续表

措　施	适用年龄	适用对象	具体处遇	执行部门或机构
专门矫治教育[3]	十八周岁以下	实施刑法规定的行为、因不满法定刑事责任年龄不予刑事处罚的未成年人	每学期进行评估（时间不确定）[4]	公安机关、教育行政部门
专门教育[5]	十八周岁以下	具有严重不良行为且父母或其他监护人、所在学校无力管教或管教无效的未成年人	每学期进行评估（时间不确定）	专门学校
社区戒毒、社区康复		吸食、注射毒品成瘾的青少年	社区戒毒2年；社区康复3年	户籍地或居住地乡镇人民政府、城市街道办事处
强制隔离戒毒	十六周岁以上		强制隔离戒毒2年（可延长1年）	强制隔离戒毒所

---

［3］《预防未成年人犯罪法》第45条第1款规定："未成年人实施刑法规定的行为、因不满法定刑事责任年龄不予刑事处罚的，经专门教育指导委员会评估同意，教育行政部门会同公安机关可以决定对其进行专门矫治教育。"

［4］《预防未成年人犯罪法》第46条第1款规定："专门学校应当在每个学期适时提请专门教育指导委员会对接受专门教育的未成年学生的情况进行评估。对经评估适合转回普通学校就读的，专门教育指导委员会应当向原决定机关提出书面建议，由原决定机关决定是否将未成年学生转回普通学校就读。"

［5］《预防未成年人犯罪法》第43条规定："对有严重不良行为的未成年人，未成年人的父母或者其他监护人、所在学校无力管教或者管教无效的，可以向教育行政部门提出申请，经专门教育指导委员会评估同意后，由教育行政部门决定送入专门学校接受专门教育。"如果严重不良行为符合该法第44条的规定（实施严重危害社会的行为，情节恶劣或者造成严重后果；多次实施严重危害社会的行为；拒不接受或者配合本法第41条规定的矫治教育措施；法律、行政法规规定的其他情形），那么无须经家长或学校申请，教育行政部门和公安机关可以决定将未成年人送至专门学校接受专门教育。

续表

措 施	适用年龄	适用对象	具体处遇	执行部门或机构
责令管教	十六周岁以下	不予追究刑事责任,且无收容教养必要的未成年人		法院
治安处罚	十四周岁以上	违反治安管理处罚法的青少年	警告、罚款	公安机关
			十五天以内行政拘留	拘留所
救助	十八周岁以下	流浪乞讨未成年人	收容、救济、教育、安置	收容救助站、流浪儿童救助中心等
安置帮教	十四周岁以上	刑满释放人员	引导、扶助、教育、管理	司法等部门
社会帮教	十三周岁以上	确有违法或犯罪行为,并有再犯之虞的青少年	各方面共同教育	公安等部门

上述措施的制度设计存在以下问题：首先，系统性不够。各种措施被零散地规定在刑法、行政法、地方性法规乃至一些部门的内部文件中，各措施在轻重衔接、有机配合方面没有形成统一协调的体系。其次，违反正当法律程序。剥夺人身自由应依法定程序由法庭来裁决。现行措施虽涉及长时间剥夺（或部分剥夺）人身自由，却没有以严格的法律形式进行规范，现有制度中往往缺少有关权利救济和辩护机制的内容。最后，运行封闭化，社会参与度低。在机构性的教育矫治措施（如专门矫治教育、专门教育、强制隔离戒毒等）运行中，监管机关较多考虑安全性和惩戒性，弱化了教育性、保护性、医疗性。较少利用社会资源，也比较排斥社会力量参与。社区性的教育矫治措施（如社会帮教）要么徒有虚名难以实施，要么流于形式缺乏实效，对未成年人的教育矫治作用未能有效地发挥。

第二，监护人法律责任制度不完善，对未成年人监护的干预制度不健全，对监护人的惩戒难以落实。《预防未成年人犯罪法》中有对监护人不履行监护职责的相关规定，但是不明确，操作起来较困难。现实中，监护人不履行职责的情况通常发生在家庭内部，很容易被掩盖。监护人疏于履行职责而使未成年人的利益受到严重损害时，政府未必能及时干预，依法启动程序。

（二）家庭教育的支持服务体系缺乏

第一，家庭教育缺失、家庭功能不健全是促使或诱发青少年违法犯罪的重要因素。落后的家庭教育理念和不当的教育方式容易诱发青少年不良行为。当代社会转型期，家庭稳定性减弱，出现"问题家庭"，家庭成员间情感交流缺乏，关系冷漠。在此环境下，未成年人容易形成孤僻、冷漠、自卑的性格，容易受到不良环境的影响和坏人的教唆、引诱。据陕西省未成年犯管教所统计，83%的服刑少年来自父母离异、家庭结构不健全、监护人综合素质低的家庭。我们调研的未成年人抢劫团伙案中，犯罪嫌疑人的父母无一例外存在教养方式两极分化的情况，要么过于溺爱疏于管教，要么以打骂教训为主。大多数不良行为青少年的父母教育理念落后、教育方法不当，很容易使子女产生性格缺陷，导致自控能力弱和社会适应性差。

第二，相关支持、服务体系尚未建立。家庭涉及公民的私生活，职能部门的介入程度十分有限。对家庭教育，政府和社会缺乏有针对性的、普遍性的支持和服务。家庭教育的社会化服务体系不健全。

（三）专门教育未起到应有作用

第一，专门教育处于萎缩状态。专门教育是指以专门学校为载体，对不良行为未成年人进行的有针对性的特殊教育，是教育体系中的特殊组成部分。截至2012年，全国有专门学校78所，且分布也很不均衡。西安市第102中学由西安市教育局直属，占地近百亩，2012年，共青团陕西省委调研时有工读学生50余人（当年开始招收女生），其生源60%左右来自西安市城区和郊县。该校校舍是按照100多人的规模建设的。2016年我们调研时，该校学生人数不到30人，大多数是周边地区的留守儿童，都不是严重不良行为青少年。据该校教师反映，学生进校前只有些轻微不良行为。该校是西安市中小学校外综合实践活动基地和西安市教育局国防教育基地，主要承接其他单位的夏令营、军训、拓展训练。

专门学校越来越不专业。这主要体现在，除了正规化的学校教育（帮助学生完成九年义务教育），特殊教育辅导制度，例如，针对问题学生具有的心理障碍、行为偏差等，开展有针对性的集体教育与个别辅导等，受师资、经费等因素制约，都未很好地落实。

第二，专门教育的作用没有发挥。生源匮乏和很多不良行为青少年没能进入专门学校这对矛盾始终交织并存。学生进入工读学校学习需要"三自愿"，即学生、家长、学校三方必须共同同意。但"三自愿"的实施明显限制了专门学校的生源，很多不良行为青少年没能进入专门学校接受教育矫治。"评估＋劝送"制度在基层的落实情况不容乐观。

（四）专业社会力量参与不够

第一，专业社会力量比较弱。由于缺乏必要的岗位设置、经费保障、项目支持等，青少年社工人数增长缓慢。团中央要求到2020年，陕西省青少年事务社工应达到5680人的最低规模，目标和现实相比，缺口很大。

第二，政府支持力度不够，社会力量参与的平台、渠道单一。政府对社工组织培育、专业人才队伍建设与项目规划的经费投入不足。政府服务意识不强，在协助青少年社工组织获取社会资源，加强各相关职能部门协调联动，以及建立青少年社工组织与政府部门的沟通渠道方面做得不够。陕西省各级共青团建立起的"青春驿站"中有很多项目未被列入政府购买服务目录，政府在青少年社工岗位设置、购买青少年社工服务等方面的支持力度不足。

第三，不良行为青少年教育矫治的转介机制尚未建立。针对严重不良行为青少年，必须明确谁负责发现，谁来转介，怎么转介，转介到哪里。目前，缺乏不良行为预警发现制度，缺乏统一的转介平台。对于有严重不良行为的学生，学校干预无效后，如何与家庭、社会组织、政府机构、专业矫治机构衔接，缺乏一个统一的机制。

五、完善预防不良行为青少年违法犯罪工作的建议

（一）加强对未成年人的司法保护

虽然一些法律的制定或修订尚需时日，但是各地应切实落实好现有法律与政策的规定。建议以《刑事诉讼法》规定的未成年人特别程序为契机，由省级政法部门牵头，对社会调查、合适成年人在场、犯罪记录封存、社会帮教等制度进行具体细化和规范，增强现实操作性，通过制定配套细则，规范公检法的分工和职责，从司法角度预防未成年人违法犯罪。

（二）为家庭教育搭建支持服务体系与平台

教育、妇联、综治、共青团等部门会商，协同出台有关支持、服务家庭教育的意见，明确各部门职责。加强家庭教育的组织管理，制定家庭教育工作的各项制度。将现有家庭教育资源进行整合，形成部门联动。以项目制的方式，推广部分地区的青少年家庭教育公益讲堂、"家长学校"经验，引导家长学习科学的家庭教育方法，从而完善家庭功能。对重点青少年的家长进行必要指导与培训，帮助家长调整其与子女的关系，形成和睦的家庭氛围。出台相应办法对不良行为青少年家庭进行登记建档，提供相应服务，对于家长不认真履行监护责任或者侵害青少年合法权益的，应及时发现并报告相关部门依法处理。

（三）完善并充分发挥专门教育的作用

探索、试点多样化的专门学校接收学生机制。拓宽专门学校接收学生的渠道。依托西安市第102中学资源，面向全省接收不良行为或严重不良行为青少年，开展义务教育、法治教育、红色革命传统教育和技能培训。各市新建或依托现有资源改建满足当地需要的专门学校，强化教育矫治严重不良行为青少年的能力。

（四）促进社会力量介入教育矫治工作

培育发展社会化的专业矫治力量，使其工作渠道畅通、工作形式丰富。引入青少年事务社工开展专门教育，针对不良行为或严重不良行为青少年的心理疏导、行为矫治、关系修复、技能培训、就业辅导等工作内容，开发社

会工作项目，推动政府向社会力量购买专门教育服务，或在"青春驿站"、基层组织、综合服务管理平台设置社工岗位，聘用青少年事务社工，开展专门教育工作。构建并试点科学、合理、运转顺畅的转介机制。制定统一规定，明确学校、社区、司法机关、矫治机构等的转介程序，建立严重不良行为青少年矫治转介制度。

第二章　青少年吸毒及其预防工作调查[*]

近年来，围绕"6·27"工程的推进，陕西省青少年毒品预防教育深入开展，逐步建立了毒品预防教育体系。本章聚焦陕西省 35 岁以下青少年滥用毒品（吸食、注射毒品）的基本情况，对全省预防青少年吸毒工作进行研究。

一、调研过程和样本概况

2018 年 9 月上旬，我们深入强制隔离戒毒所、学校、社区、派出所等地，分别针对正在戒毒的青少年、干警等群体，采用问卷调查、座谈会、深度访谈、文献研究等方法进行调研。分别针对正在戒毒的不同人群制订问卷。走访陕西省戒毒管理局、陕西省榆林强制隔离戒毒所、陕西省女强制隔离戒毒所，和领导、干警座谈，对 8 名戒毒人员进行访谈。随后将问卷数据录入 SPSS 13.0 软件，对数据进行分析。

我们针对陕西省榆林强制隔离戒毒所、陕西省女强制隔离戒毒所的戒毒青少年发放调查问卷，并最终收回有效问卷 107 份，主要调查戒毒者进戒毒所之前的吸毒原因、吸毒史，以及接受毒品预防教育的情况。样本性别方面，男性占 53.3%，女性占 46.7%。戒毒人员的文化程度普遍较低，以初中及以下文化程度为主（超过 70%）。其中，小学及以下的占 11.3%，初中的占 61.4%，

---

* 本章以 2018 年 10—12 月褚宸舸主持的共青团陕西省委、陕西省禁毒办委托课题"陕西省青少年涉毒违法犯罪预防调查"的报告为基础，部分内容已发表。参见褚宸舸、张永林：《陕西省青少年吸毒违法问题调查》，载《人民法治》2019 年第 12 期；张永林、褚宸舸：《青少年吸毒行为的特点、成因与预防——以陕西省为例》，载《江苏警官学院学报》2020 年第 1 期。

中专的占 2.8%，高中的占 16.0%，大专及以上的占 8.5%。戒毒人员进戒毒所之前的婚姻状况，未婚的占 44.3%，未婚但与异性同居的占 9.4%，已婚的占 32.1%，已婚但分居、离婚或丧偶的占 14.2%。

二、全省涉毒违法犯罪的基本概况[1]

（一）吸毒人数

截至 2018 年 9 月 1 日，陕西省登记在册吸毒人员 107267 人。全省登记在册 35 岁以下（含 35 岁）吸毒人员占吸毒人员登记在册总人数的 36.68%。其中，18 岁以下未成年人 68 人（滥用阿片类毒品 11 人，滥用新型毒品 57 人），18—35 岁 39280 人（滥用阿片类毒品 23892 人，滥用新型毒品 15388 人）。

整体来讲，2016—2018 年，全省新增吸毒人数明显减少，同比下降 47.8%，其中 18 岁以下未成年人从 2015 年的 241 人下降至 68 人。

（二）毒品种类

从吸食毒品的种类来看，以海洛因、冰毒为主。滥用阿片类毒品的人最多，约占总人数的 79.8%。其中，阿片类毒品的主要类型是海洛因，滥用海洛因者占滥用阿片类毒品总数的 67.7%。滥用新型毒品的比例次之，约占 20.0%。新型毒品的主要类型是冰毒，吸食冰毒（包括冰毒片剂）者占滥用新型毒品总数的 93.0%。截至 2018 年 6 月底，全省司法行政系统强制隔离戒毒所在册戒毒人员 10636 人，其中，吸食海洛因的 8512 人，吸食鸦片的 48 人，吸食吗啡的 84 人，吸食可卡因的 2 人，吸食其他阿片类的 4 人，吸食冰毒的 1871 人，吸食摇头丸的 109 人，吸食其他新型毒品的 6 人。

---

[1] 据陕西省禁毒办和戒毒局提供的最新数据，截至 2020 年 4 月底，全省累计核查社会面吸毒人员 101054 人。建成病残收戒场所 43 个。破获毒品刑事案件 1994 起，缴获各类毒品 415.23 千克，移送起诉毒品犯罪嫌疑人 3052 人，从境外直接抓获长期在逃人员 5 人，破获部级毒品目标案件 23 起。全省司法行政机关强制戒毒所 13 个（省属 12 个，市属 1 个），分布在西安市、宝鸡市、渭南市、延安市、汉中市、榆林市。全省公安强制戒毒所 17 个（其中 5 个市级所），干警 500 多人，有 4270 张床位。截至 2022 年 2 月 23 日，在册强制戒毒人员 4771 人，其中有传染病的 600 人。公安戒毒所 2018 年收戒 6100 人，2021 年收戒 1100 人。

（三）抓捕、收戒与判决的情况

被公安机关抓获的涉毒犯罪嫌疑人中的青少年数量居高不下。据统计，2015年有3721人（未成年人2人，18—35岁1361人），2016年有4409人（未成年人0，18—35岁1572人），2017年有4224人（未成年人9人，18—35岁1528人）。

截至2022年2月23日，陕西省司法行政戒毒系统有强制隔离戒毒所13个，其中承担收戒任务的场所11个（省属所9个，市属所2个）、戒毒康复所1个，最大收戒床位数11200张。截至2018年8月底，当年收戒10072人，其中16—18岁5人（男性1人，女性4人），占收戒人员总数的0.05%，19—35岁3432人（男性3177人，女性255人），占收戒人员总数的34.07%。

以"毒品"为关键词，以陕西省为筛选区域，我们在"中国裁判文书网"上检索，发现全省各级人民法院审判的毒品犯罪案件数量基本稳定。2013年判决1030件、2014年判决2272件、2015年判决1201件、2016年判决2042件、2017年判决2403件。

三、吸毒青少年的基本特征

（一）吸毒青少年集中于经济发展好的地区

调研显示，经济发展好的地区，如西安市和榆林市，涉毒行为高发（涉毒青少年人数排全省第1位、第2位）。一般而言，经济发展较好的地区，其吸纳进城务工等流动人口相对较多，社会环境和文化也更为复杂、多元，在这种背景下，青少年更容易受到不良影响。

（二）吸毒青少年的经济状况较差

吸毒者吸毒前或初始吸毒时收入较高，吸毒成瘾后入不敷出，且因为吸毒影响正常工作甚至导致失业，收入会锐减。问卷调查显示，戒毒青少年有六成没有稳定工作且收入偏低。调查青少年进戒毒所之前的职业，无业失业的占60.7%（无业的占25.2%，失业的占35.5%），有正当职业的人中，做司机的占8.4%，做个体生意的占7.5%，做其他工作的占23.4%。

青少年进戒毒所之前收入大都较低，月税后收入3000元以下的占

49.6%，也有个别戒毒人员收入较高，月税后收入10000元以上的占8.0%。有58.2%的戒毒人员表示，其毒资主要依靠自己正当合法的收入，有28.0%的戒毒人员表示主要向父母等家庭成员要或借。

（三）吸毒青少年初始涉毒低龄化

73.8%的戒毒人员首次吸毒在25岁以下。国内同类研究也表明，约有80%的青少年第一次涉毒时不到25岁。所以，25岁以下是一个人形成三观的关键时期，也是预防青少年违法犯罪的重点时期，对于毒品预防教育而言，早期预防、干预至关重要。

（四）接受强制隔离戒毒的青少年的农村户籍比例较高

强制隔离戒毒所的问卷调查显示，陕西省户籍的占85.6%，农村户籍的占66.3%。其中，陕西城镇居民户口的占27.9%，陕西农村（农业）户口的占57.7%，外省城镇居民户口的占5.8%，外省农村（农业）户口的占8.6%。

这说明一方面农村青少年吸毒成瘾的比例可能高于城镇青少年，另一方面，农村户籍青少年可能更易被公安机关决定强制隔离戒毒，反之城镇户籍青少年被决定社区戒毒的比例更高。这个现象在全国其他地区都广泛存在，主要是因为根据《禁毒法》《戒毒条例》，社区戒毒由吸毒成瘾人员户籍所在地的基层政府实施，公安机关如果决定社区戒毒，通常需要把吸毒成瘾者移送到其户籍所在地基层政府，我国人户分离情况严重，执法成本较高，实施不方便。所以，公安机关往往偏向对户籍在本地的吸毒成瘾者决定社区戒毒，对外地吸毒成瘾者决定强制隔离戒毒。但强制隔离戒毒的严厉性高于社区戒毒，这就容易产生执法不平等的问题。

（五）吸毒青少年使用新型毒品比例相对较高

全省在册吸毒人员中滥用新型毒品的约占20%，其中，18—35岁的青少年有近四成，高于全省平均比例。这说明预防青少年吸毒，要重视、关注新型毒品、新精神活性物质滥用问题。

（六）吸毒青少年复吸率高、戒治难度较大

吸毒成瘾是一种慢性复发性脑病，表现为不可控制的、不顾后果的、强迫性的觅药和用药行为，以及对毒品持久而强烈的渴求感。戒毒、防止复吸是世界性的难题。据省戒毒管理局提供的数据，全省司法行政机关所属戒毒所中，收戒2次以上的戒毒人员占50%左右。陕西省榆林强制隔离戒毒所2015年收戒316人，其中116人初次吸毒，200人属于复吸，占63.29%。陕西省女强制隔离戒毒所2015年收戒498人（18岁以下2人，18—35岁258人），其中复吸者占到近三成。

四、预防青少年吸毒工作存在的问题

影响青少年涉毒违法犯罪的原因包括青少年自身因素和外部因素两个方面。前者主要是青少年辨别是非的能力、身心发育状况、人格养成情况、毒品知识掌握情况、抗拒毒品能力、行为习惯等因素。后者包含的内容相对复杂，有社会、学校、家庭各方面的因素，例如，家庭环境、父母的教育方式、朋辈关系、社区环境、所在地毒品形势、开展禁毒教育宣传情况、毒品违法犯罪打击力度等多方面。

从青少年主体方面来看，主要有两个重要原因：第一，缺乏判断力和自控力。青少年身心发育不成熟，易受周围不良因素影响。现实生活中，还有人将毒品伪装为巧克力、糖果、卡通贴纸等形式。人们在歌舞厅、酒吧、网吧、酒店等场所更容易接触到毒品。很多青少年因为追求刺激而使用毒品。访谈中了解到的宝鸡市李某，刚上高中15岁左右，和一些不良青少年来往，看到别人吸食毒品后不吃不睡觉得好奇，所以自己也尝试着吸食毒品从而染上毒瘾。有些吸毒者初次接触毒品是为了消除病痛、疲劳，提高学习或工作效率，或者误认为吸毒可以治病、减肥。有的吸毒者因不能正确处理个人情绪变化，试图通过毒品麻痹自己。第二，交友不慎。青少年渴望结交朋友，喜欢和与自己年龄相当、兴趣一致的人交往，但也更容易受身边"损友"影响。调研显示，有57.9%的青少年第一次吸毒是因为朋友引诱、怂恿。

（一）各地城乡之间资源分配不合理、发展水平不均衡

全省毒品预防教育的资源分配、发展水平既受各地经济发展水平影响，

也和地方党政领导的重视程度有关。相对来说，铜川、宝鸡等地的毒品预防教育开展得比较好。全省部分地区缺少专业禁毒社工队伍和专项毒品预防教育经费。从全省毒品预防教育投入的人财物资源来看，大都集中在城镇，乡村地区相对较少。其中，城乡之间差异较大，偏远、落后地区投入较少。"6·27"工程师资和校外辅导员主要分布在城镇。部分辍学在家和外出务工青少年等流动青少年属于高危人群，但是对其有针对性的预防教育工作不到位。关于毒品预防教育，中小学义务教育阶段做得比较好，而高等教育、继续教育、职业教育阶段的毒品预防工作未能做到全覆盖。

（二）宣传教育针对性、有效性不强

地区的毒品预防教育工作千篇一律，缺乏创新性。调研发现，公共场所禁毒宣传警示标语和网络宣传是群众认为最有效的方式，禁毒卡通、音乐会、参观戒毒所等的群众认可度不足50%。在戒毒所，问及35岁及以下涉毒青少年接受毒品预防教育的情况时发现，有58.2%的人表示，吸毒前没有接受过学校开展的毒品预防教育。

（三）预防教育体系存在短板

完善的毒品预防体系应该是三级预防（表2-3）。但从全国来看，90%的人财物资源投入到一级预防，二级、三级预防效果不佳，这个问题在陕西省也存在。调研发现，60.7%的青少年戒毒者表示因吸毒被他人发现过，93.8%的青少年吸戒毒表示从首次吸毒到被公安机关发现，有人制止、劝阻或帮助自己戒毒，但是收效甚微。

表 2-3　青少年毒品三级预防体系

类　型	策　略	目　标
一级预防（针对易染毒群体）	减少危险因素，增加保护因素	强化青少年对毒品的正确认知，拒绝毒品诱惑和危害
二级预防（针对吸毒但尚未成瘾者）	针对高危人群筛检，早期发现、介入或辅导	预防继续吸毒而成瘾
三级预防（针对吸毒成瘾者）	结合法律、医疗资源，协助戒毒	有效治疗、降低危害

（四）预防教育社会化水平不高

父母是孩子的第一任老师，良好的家庭环境有助于青少年健康成长。调研发现，只有很少部分（12.1%）青少年通过自己的家人了解到禁毒知识。这反映出家庭在参与禁毒工作方面存在严重缺位。戒毒工作中，关于如何发挥戒毒人员家庭的作用，还没有很好的模式和经验。

禁毒需要群专结合，必须充分发挥社会、社区的作用。当前，社会禁毒力量还比较薄弱，尚未形成成熟的禁毒志愿服务模式和经验。禁毒社会组织数量较少，力量较弱，政策、资金支持不够。个别地区的社区戒毒、社区康复工作未能很好地开展。社会力量共同参与禁毒的格局尚未形成。例如，社区戒毒、社区康复中如何引入医疗专业力量，还没有很好的机制。

五、完善青少年吸毒预防工作的建议

（一）发挥地方立法功能，提升禁毒法治化水平

《禁毒法》实施十多年来尚未修改，但是法律规范和瞬息万变的毒情以及执法实践、禁毒政策已经存在一些冲突和矛盾。陕西省和西安市在地方禁毒立法上起步较早，于1989年出台《陕西省禁止贩毒吸毒条例》，于1991年出台《西安市强制戒毒条例》。但是，这两部地方立法因和《禁毒法》相抵触，已经被废止。近年来，全国其他省、自治区、直辖市纷纷制定或修订了地方性禁毒立法，赋予一些实践做法以合法性。建议省政府尽快启动地方禁毒立法调研，由省政府向省人大提出立法建议，结合基层禁毒工作存在的困难，尽快将病残吸毒人员收戒、禁毒办实体化改革、禁毒委各成员单位综合治理的责任和权利、地方财政对禁毒的经费投入、社会戒毒医疗机构的政策性投入、预防涉毒青少年违法犯罪等问题，通过地方立法予以规范，形成制度保障。[2]

（二）加强政府的投入和保障

在禁毒资源分配方面，科学论证，充分考虑各地实际，加大对乡村和经

---

[2] 该建议已被《陕西省实施〈中华人民共和国禁毒法〉办法》采纳。

济发展落后地区的资源倾斜。在经费保障方面，为毒品预防教育工作设定最低投入比例，保证专款专用。加强毒品预防教育基础设施建设。设计科学合理的标准，加强对毒品预防教育工作的考核。确定科学评估方法，定期开展毒品预防教育第三方评估。充分支持、鼓励并调动社会资源投入毒品预防教育工作。通过宣传、奖励，推动社会力量、社会资本进入毒品预防教育领域。加大政府对禁毒师资队伍的培训力度，培养一支足够规模、足够专业的专兼结合的禁毒师资队伍。推动毒品预防教育的相关研究工作，完善禁毒智库建设和运行，引导各学校、教师针对不同教育对象开发毒品预防教育教材和课程。

（三）发挥学校与家庭的作用

学校和家庭是青少年成长的主要场所，必须重视毒品预防教育活动。学校要重视和加强青少年思想道德建设工作，营造文明健康、风清气正、积极向上的校园环境。由各基层禁毒部门与辖区学校学生管理部门共同牵头，针对不同年龄层次的青少年，研发有针对性的毒品教育教材体系和课程体系，提高毒品教育的针对性和连贯性。学校定期（至少1年2次）利用农闲和周末时间针对家长开办禁毒教育课程和讲座，提高家长的毒品预防教育能力，引导家庭合理有序参与禁毒，重点关注农村地区和留守青少年，及早发现、预防青少年涉毒。

（四）提高公众参与、社会协同的程度

形成社会多元主体共同参与的有效禁毒体系。加大对禁毒社会组织的培育力度，搭建平台，理顺机制，加强社会组织对禁毒工作的参与，规范、引导社会组织发挥作用。创新对社会戒毒医疗机构的管理。将自愿戒毒、医疗机构与社区戒毒、社区康复制度有机结合。同时有效提高医护人员的待遇，增强其职业荣誉感。凝聚和团结社会专业力量，加大对涉毒青少年的心理干预力度，指导戒毒者重建因其吸毒而被破坏的社会关系，降低复吸率。重视禁毒志愿者队伍建设，加强对禁毒志愿者的培训、引导和规范，积极探索禁毒志愿者服务模式，有效发挥志愿者作用。

（五）提升教育内容的针对性、有效性

毒品预防教育既要实现社会面全覆盖（包括流动青少年和社会闲散青少年），又要面对高危人群，有针对性地开展工作。利用大数据技术、网络资源开展毒品预防教育，探索"互联网+"禁毒新模式。有针对性地建设毒品预防教育网络课堂等平台，创新课程形式和内容。区分不同青少年群体的需求，实施有针对性的毒品预防教育。宣传手段要与时俱进，形式要丰富多样。保证青少年群体喜闻乐见、乐于接受。

第三章　青少年毒品预防教育体系调查*

青少年群体是我国目前毒品预防教育工作的重点。习近平总书记强调："要坚持关口前移、预防为先，重点针对青少年等群体，深入开展毒品预防宣传教育，在全社会形成自觉抵制毒品的浓厚氛围。"[1]习近平总书记的重要指示为深入开展青少年毒品预防教育工作指明了方向，提供了根本遵循。要求着力构建全覆盖的青少年毒品预防教育体系，切实筑牢"防火墙"，有效遏制毒品向青少年蔓延的势头。所谓"全覆盖"指针对青少年开展的毒品预防教育工作能够覆盖所有青少年群体，以及其生活成长的全方面和全过程。

禁毒是一项复杂的社会系统工程，是全社会的共同责任。重视毒品预防教育在整个禁毒工作中的基础性地位，从青少年抓起，从广大人民群众的教育和防范抓起，是禁毒工作的治本之策。广泛发动群众，最大限度减少毒品对青少年的危害。将毒品预防教育贯穿于青少年成长的全过程，从小学到大学，从校内到校外，不仅要让青少年学习了解毒品知识，还要分年龄、分阶段引导青少年掌握拒毒方法，形成禁毒法律意识，塑造健全人格，养成健康与良好的行为习惯，真正做到内化于心，外化于行。影响青少年涉毒的因素是多元的，所以需要多元共治、综合治理。2015年8月，国家禁毒办等14个部委联合颁布《全国青少年毒品预防教育规划（2016—2018）》，全面启动青少年毒品预防教育"6·27"工程。为准确掌握陕西省青少年毒品预防教育体系的实践与成效，明确下一步工作的重心和思路，我们通过问卷调查、走访、文献研究等方法进行了专题调研。

---

* 本章以2020年7—12月褚宸舸主持的陕西省禁毒办、共青团陕西省委委托课题"陕西省基层'全覆盖'毒品预防教育模式"的报告（张永林、褚宸舸执笔）为基础。

[1] 习近平：《走中国特色的毒品问题治理之路 坚决打赢新时代禁毒人民战争》，载《人民日报》2018年6月26日，第1版。

一、体系的构建

为有效遏制青少年涉毒问题滋生，陕西省各级禁毒委成员单位贯彻落实中央和省委省政府禁毒工作部署，统筹推进新时代毒品治理体系构建工作，多措并举努力构建全覆盖的青少年毒品预防教育体系，以实现青少年毒品预防教育与科学文化教育、思想道德教育、生命健康教育、法治教育的有机融合。

（一）建立"6·27"工程的配套制度机制

陕西省各级禁毒部门及各职能部门高度重视禁毒工作，始终把青少年毒品预防教育工作作为一项重要政治任务来抓。为完善毒品预防教育体系，深入实施青少年毒品预防教育工程，确保责任和措施落到实处，陕西省禁毒委下发《陕西省贯彻落实全国青少年毒品预防教育规划（2016—2018）的实施意见》；陕西省禁毒办联合省教育厅召开了全省学校毒品预防教育经验交流暨"6·27"工程推进会，层层签订了校园毒品预防教育工作责任书；陕西省各级禁毒委成员单位建立青少年毒品预防教育联席会议制度，研究出台了《青少年涉毒问题处置意见》《关于加强高校毒品预防教育工作的指导意见》。省禁毒委制定了《青少年毒品预防教育工作责任追究办法》《毒品问题严重地区量化评定标准（暂行）》，不断加强督导检查考评，逐步健全青少年毒品预防教育责任追究制度，主动提请各级人大、政协对各地、各有关部门工作情况开展视察督导，对领导不重视、措施不落实、造成严重后果的，特别对重点整治地区，因毒品滥用问题被国家禁毒办通报批评的，以及本县（区、市）在校学生、公职人员吸毒及娱乐场所涉毒等问题突出的，严格执行"一票否决"制度，严肃追究相关领导和责任人的责任。

（二）构建家庭、学校、社会一体化的预防教育网络

加强青少年毒品预防教育，需要家庭、学校、社会相互配合与合作。其中，学校是青少年毒品预防教育的重要阵地，由陕西省禁毒委员会统一安排和部署，陕西省教育厅积极会同禁毒、综治、共青团组织，加强对教育系统禁毒宣传教育工作的领导，逐步形成了由禁毒委统一组织协调、教育行政部门主抓、相关部门有力配合的禁毒教育工作机制，进一步落实了中小学禁毒

宣传教育工作责任。同时，要求各级教育行政部门和中小学将禁毒宣传教育工作与教育教学工作同安排、同检查、同考核、同奖惩，促进禁毒教育工作任务的落实。省教育厅将禁毒教育工作纳入省级"平安校园"评估指标体系，把毒品预防教育纳入省级"平安校园"建设工程，把"学生不吸毒，校园无毒品"作为考核"平安校园"的一项基本指标，将学校发生师生吸毒、贩毒等涉毒案件作为"平安校园"的"一票否决"内容，以此促进禁毒工作在全省中小学、中等职业学校的落实，确保在校师生无涉毒行为。此外，通过落实城市社区青少年毒品预防教育责任、关注农村留守儿童和外出务工青年毒品预防教育、将毒品预防教育列为就业青年职业培训内容等措施，不断拓展教育范围，实现各类青少年群体毒品预防教育全覆盖，形成学校引导学生、学生带动家长、家长联系社会的毒品预防教育格局。

（三）积极动员人民群众和各单位各部门参与

毒品具有极强的社会危害性，深入开展全民禁毒宣传教育，帮助全民增强识毒防毒拒毒的意识，离不开各个职能部门的共同参与。为了激发人民群众参与新时代禁毒人民战争的积极性和主动性，形成全方位、多角度、高频率、广覆盖的禁毒宣传声势，陕西省公安厅禁毒总队积极与省委网信办协调，印发《全民禁毒网络媒体宣传工作机制》，组织各级各类媒体开展禁毒宣传，努力形成网上网下、主流媒体与商业媒体、传统媒体与新兴媒体全方位参与禁毒的宣传格局；会同省教育厅，印发《关于做好2020年秋季开学在校学生毒品预防教育工作的通知》，不断健全省青少年毒品预防教育体系；会同省教育厅、团省委，印发《关于加强高校毒品预防教育工作的指导意见》，不断加强全省高等院校在校大学生的毒品预防教育工作。

（四）加强专业力量建设

第一，推动青少年毒品预防教育标准化。建立了中小学毒品预防教育"计划、教材、课程、师资、教学"5个规范，配备教师14759人、校外辅导员4478人，评选省级示范学校100所；大力推动全国青少年毒品预防教育数字化平台注册，全省学校接入率达100%、学生接入率达94%，积极完成一学年禁毒两课时学习内容。组织开展"青春灯塔"禁毒公益宣讲、向毒品说"不"等主题活动，依托"青年之声""青春驿站"等平台，采用戒毒人员现身说法、专业教师讲授等形式，对辍学和无业青少年、娱乐场所从业人员等易染毒人群，持续深化禁毒宣传教育。第二，推动青少年毒品预防教育专业化。省禁毒办联合团省委及其所联系的专业团队、专业力量，加强与重点青少年群体特别是农村留守儿童和外出务工青年人员接触，引导他们远离毒品，降低其受毒品诱惑侵害的风险。定期开展禁毒志愿者和社工培训，将各类青年列入禁毒职业培训范围。第三，推动青少年毒品预防教育精准化。2018年以来，由省禁毒办、团省委、省预防青少年犯罪研究会以及西北政法大学专家组成的专题调研组奔赴全省各地，通过问卷调查、实地走访、与戒毒人员面谈、调取相关数据等多种方式，掌握全省青少年涉毒违法犯罪工作第一手资料，更好地服务青少年毒品预防教育工作的决策。第四，培育壮大专业禁毒社工及志愿者队伍，构建全民参与体系。2020年，共青团陕西省委专门举办全省青少年禁毒社工暨骨干志愿者专题培训班，通过理论讲授、实务分享、实地观摩、交流讨论等形式，着力提升其专业素养和服务能力。动员指导35家青年社会组织申报团中央法治禁毒防艾项目，其中7个项目获经费资助；资助20支高校暑期"三下乡"禁毒专项实践团队，赴35个区县开展禁毒知识宣讲200余场，举办舞台剧、文化节目展演150余场，发放宣传手册10万份，制作微信H5、抖音视频、微电影、宣传片等公益文化产品20余个，撰写调研报告20篇，服务覆盖群众及青少年50余万人。同时，积极为相关社会组织和志愿者队伍引入专家资源、提供专业指导、畅通平台渠道、持续跟进服务，青少年禁毒宣传教育的专业性和实效性大大增强。

（五）加强网络宣传阵地建设

全省8323余所学校落实课堂教学，实现教材、课程、师资、教学、教育园地"五到位"。开展了"五个一"活动，800多万名学生接受了禁毒专题教育。建设禁毒教育基础设施和网络宣传平台，全省建设禁毒教育基地167个，园地47个，共214个。学校内均配备毒品预防教育橱窗、板报、图书角、展览室等场地；实现全省高校网上禁毒展览馆链接率100%，有校园网的中小学校链接率90%以上。利用重要节点集中开展活动。每年围绕"6·1"《禁毒法》实施纪念日、"6·3"虎门销烟纪念日、"6·26"国际禁毒日等重要时间节点，组织开展了"陕西青年向毒品说NO！""拒绝毒品你我同行""健康人生、绿色无毒""远离毒品以善养德"等主题宣传活动，举行了公开销毁毒品大会，首次进行绿色无害化销毁；邀请著名影视演员张嘉译等5人担任陕西省禁毒宣传形象大使，拍摄禁毒宣传公益片；开展了禁毒宣讲报告会、戒毒所开放日、自行车骑行、"健步跑"、"快闪"、"争创禁毒示范城市万人签名"、志愿者授旗宣誓、"偏远农村踏查铲毒"、纳凉晚会、陕北说书等各种形式的禁毒宣传活动，并举办3V3篮球赛、社区乒乓球联赛、搏击赛、微视频摄影比赛、禁毒知识竞赛、公益歌曲大赛等广大群众特别是青少年喜闻乐见、直观有趣的各类禁毒赛事宣传活动。把禁毒教育纳入法治宣传，开展"六进"活动。结合"七五"普法宣传，推动禁毒教育宣传进学校、进单位、进家庭、进场所、进社区、进农村，进一步提高全民识毒、防毒、拒毒意识。将毒品预防知识纳入农村（社区）党员干部教育，向全省所有村（居）委会干部、党员普及禁毒知识和禁毒法规。增强村（居）委会干部、党员的防毒意识和防毒能力。

二、体系的特点

近年来，陕西省各地各有关部门按照国家禁毒委、省禁毒委的统一部署，坚持关口前移、预防为先，突出青少年这一重点群体，整合社会资源，深入开展毒品预防宣传教育活动，创新毒品预防教育形式，基本上实现了青少年毒品预防教育体系的全覆盖。

（一）坚持关口前移、预防为先

陕西省坚持"关口前移、预防为先"的基本原则，不断加强省、市、县三级禁毒教育基地建设，建立了陕西省青少年涉毒问题日常监测制度、学生涉毒事件处置预案和涉毒青少年帮教保护等工作机制，全面加强禁毒宣传教育，宣传、普及毒品预防知识，切实提高全社会识毒防毒拒毒意识。针对青少年的心理特点和教育需求，陕西省大胆创新教育模式，深入研究加强学生毒品预防教育的措施，利用微信、微博、博客、播客、QQ、社交网站等网络媒体，积极打造优质教育品牌，全面推动"6·27"工程向纵深发展。

首先，构建全覆盖的青少年毒品预防教育体系，必须广泛深入地开展毒品预防宣传教育活动，强化禁毒宣传教育工作。为此，陕西省把禁毒宣传教育列入省委党校、行政学院教学计划，省禁毒办领导为市厅级和县处级干部进行禁毒知识辅导授课。其次，陕西省禁毒办积极对接融媒体大数据平台，着力打造"指尖上的陕西禁毒"。将禁毒宣传纳入"学习强国"陕西学习平台，不断推送个性化、靶向式禁毒教育内容。高度重视"全民禁毒宣传月"宣传工作。

青少年毒品预防教育工作涉及禁毒委、公安部门、教育行政部门、宣传部门、学校、共青团组织等多个责任主体，为确保禁毒委的组织、协调、指导职能能够充分发挥，需要更加重视协调配合机制建设，明确各个主体的具体任务，否则就会出现各自为政的现象，难以形成合力。同时，应及时根据青少年毒品预防教育工作需要，在各地设立专门的毒品预防教育机构。此外，毒品预防教育是一项长期性、系统性的工作，不可能仅凭一时的工作就可以达到实效，各地应当及时结合当地毒情形势的变化和青少年吸食毒品的特点研究相应的对策，科学合理地建立长效的青少年毒品预防教育工作机制和评估机制。

（二）发挥共青团组织力、引领力和服务力

共青团陕西省委作为联系和服务青少年群体的坚强堡垒，坚持品牌化牵引、板块化聚焦、体系化推进、协同化落实的工作思路，动员全省各级各类基层团组织在学校、企业、农村、社区等重点区域和高铁站、大型卖场等人流密集场所，策划开展禁毒快闪、文艺会演、辩论演讲、公益巡讲等形式多样的主题宣教活动。每年以青少年禁毒社会工作项目和预防宣传教育示范活动为依托，组织暑期"三下乡"禁毒专项实践团队赴各地开展禁毒知识宣讲、举办禁毒舞台剧、文化节目展演、发放禁毒知识宣传手册等活动，在青少年毒品预防宣传教育中发挥了重要作用。

近年来，共青团陕西省委无论是制订年度工作要点、预青工作要点、未保工作计划等文件，还是召开预青、未保等相关会议，均对青少年毒品预防宣传教育工作进行统筹考虑、科学安排、严格考核。在具体的青少年毒品预防教育过程中，共青团陕西省委坚持体系化推进，健全完善"六个一"青少年毒品预防宣传教育工作体系，积极打造"青"字号工作品牌。2020年，共青团陕西省委联合省禁毒办、省戒毒管理局组织开展"倾听禁毒声音共创绿色家园"主题禁毒宣传活动,策划推出《禁毒有你青春践行》工作宣传片和《美好青春,向毒品 SAY NO》预防宣教动漫宣传片,精心举办青少年禁毒社工及志愿者专题培训班和实地观摩活动,动员开展暑期青少年禁毒宣教专项社会实践活动,指导开展"禁毒青力量""青春灯塔"禁毒社会工作项目,宣传推广"秦小尉"[2]等青少年公益文创产品,突出针对性,将青少年群体由工作的主要对象变为工作的主体力量,发挥青少年的主动性和积极性;引入社会化模式,凝聚社会共识,聚合各方力量,优化各方资源,牵引工作取得更大成效,实现了青少年毒品预防宣传教育工作体系化推进。

做好青少年毒品预防教育工作,一定要将各类资源配置好、使用好。首先,在党委领导下,政府各职能部门应建立良好的沟通、协调、配合机制,同时动员社会力量,扩大宣传教育的覆盖面,实现禁毒宣传常态化和全覆盖。其次,优化禁毒经费分配,增加毒品预防教育经费投入。虽然目前国家投入了很多禁毒经费,但是各地的禁毒经费更多被用于缉毒执法和戒毒方面,在毒品预防教育方面投入较少,为充分保障毒品预防教育方面的经费,有必要明确投入比例。再次,加强青少年毒品预防教育师资队伍建设,建立专兼结合的青少年毒品预防教育师资库。一方面,从禁毒实务部门遴选一批能够满足青少年毒品预防教育需求的业务骨干到青少年毒品预防教育师资队伍当中;另一方面,在教师业务培训中增加毒品预防教育内容占比,开展系统全面的禁毒教育、专业培训与指导,提高教师开展毒品预防教育的能力。最后,各级禁毒部门积极建立自己的禁毒智库,加强对专业机构的培育,定期组织专家、学者研究毒品预防教育的形势与对策,不断开发内容新颖、符合各地青少年毒品预防教育特点的禁毒教材、课程体系和其他教育资料。

(三)创新预防教育的形式

近年来,陕西省高度重视毒品预防宣传教育工作,投入了大量的人力、

---

[2] 陕西省以秦俑为原型,设计了极具三秦特色的"秦小尉"陕西禁毒卡通形象,此外还配套设计了一系列主题鲜明、创意新颖、青少年接受度高的动漫视频、海报、IP 停车牌等"秦小尉"系列文创产品,面向全社会推广宣传。

物力和财力。例如，在每年6月通常会开展"全民禁毒宣传月"活动，集中开展形式多样、各具特色的禁毒宣传教育活动。考虑新时代青少年的认知特点和行为规律，创新青少年毒品预防教育形式。2020年，共青团陕西省委积极适应全媒体时代融合发展新形势，充分利用各级团组织宣传阵地，融合线上线下渠道，加大内容和形式创新力度。"线上"，利用各级团属网站、公众号、微博等新媒体矩阵，通过动漫、微电影、抖音等多种载体开展形式多样的宣传，提升趣味性、吸引力，扩大宣传的覆盖面。"线下"，依托各级"青春驿站"、青少年宫、"12355"等实体阵地，协调各方资源，围绕禁毒重大事件和重要活动联动宣传，集中传递禁毒声音，推动宣教渠道、主题内容、载体方式的共通共融。

调研发现，现在的青少年主要通过网络（包括微信朋友圈和公众号）、电视广播、学校、报刊、图书了解毒品知识，认为影视禁毒宣传短片、公共场所禁毒宣传警示标语、网络禁毒宣传、社区举办禁毒教育讲座活动是毒品预防教育最有效的途径。构建全覆盖的青少年毒品预防教育体系，必须结合青少年的成长规律和特点，创新全方位全时空的毒品预防教育宣传形式，保证青少年群体喜闻乐见、乐于接受。这就要求，开展青少年毒品预防教育工作不仅要加快建设禁毒教育基地、展览馆，组织在校学生、社区青少年、涉毒家庭参观，并配备禁毒流动宣传车将禁毒知识送到社区、学校，提升毒品预防教育工作效果，还必须要适应"互联网+"时代要求，更新观念、创新手段，积极开拓青少年毒品预防教育新路径，在青少年生活学习的各种场所全时空、全方位地运用微信、微视频、手机短信、微博、论坛、禁毒电脑游戏、戏剧、情景剧展演等新形式、新路径、新媒体，变被动灌输为主动交流互动，不断增强毒品预防教育宣传工作在青少年群体中的渗透力和影响力。

（四）实现预防教育的"全覆盖"

毒品预防教育是治理毒品问题的关键环节，毒品预防教育的覆盖范围越广，能够发挥的预防作用必然越大。实现全覆盖的青少年毒品预防教育体系，不仅要构建由相关部门齐抓共管、社会各界广泛参与的毒品预防教育工作格局，还要构筑全方位、无死角的毒品预防教育宣传体系，确保毒品预防教育宣传能够覆盖到每一个青少年。截至2021年年底，陕西省深入推进"6·27"工程，落实青少年毒品预防宣传教育"五个一"工程，建立省级禁毒教育基地1个，市级禁毒教育基地16个，区县级禁毒教育基地151个，禁毒教育园地47个，禁毒"关爱工程"社区、校园禁毒图书角30个，全部面向公众开放。禁毒教育基地、园地实现了全覆盖。同时，积极利用青少年毒品预防教育数字化平台开展禁毒宣传教育。截至2020年12月31日，陕西省中小学校在数字化平台的注册比例为100%；在校学生在数字化平台的注册比例为92.97%，均达到国家禁毒办要求的90%以上的标准，青少年毒品预防教育工作基本上覆盖了绝大多数青少年。

当然，有效的毒品预防教育建立在专业理念和科学知识的基础之上，从调研数据来看，中学生在识毒方面明显强于防毒和拒毒方面，即有一部分人明明知道什么是毒品，但并不认为它具有成瘾性。这反映出各地针对青少年的毒品预防教育内容以毒品的种类和危害为主，虽然具有一定的警示作用，但是缺乏对毒品防范能力、拒绝能力的培养，因而急需增强毒品预防教育内容的科学性和针对性。这就要求在开展青少年毒品预防教育过程中，一要充分考虑不同年龄青少年身心发育特征和认知水平，对毒品预防教育目标和内容进行系统设计，在不同学段和年龄段各有侧重地有序开展毒品预防教育，总体呈现循序渐进、螺旋上升的特点。二要利用大数据技术、互联网资源、新兴云计算等手段，区分不同群体青少年的需求，有针对性地建设毒品预防教育网络课堂等平台，针对不同年龄阶段的青少年提供不同的禁毒教育资源，开展符合其成长特点的禁毒宣传教育活动，并且分析青少年关注的毒品问题以及高危人群特征，据此开展精准式的毒品预防教育。三要运用符合青少年身心特点的禁毒法治教育方式，强调毒品的危害，加强禁毒法规宣传，注重对吸毒后果的宣传，特别是要加大吸毒对公民个人影响方面的宣传。

三、体系的成效

近年来，陕西省青少年毒品预防教育成效良好。据陕西省禁毒委统计，截至 2020 年 12 月底，陕西省在册吸毒人员 114222 人（同比增长 2.5%），其中，18—35 岁共 34933 人，占总数的 30.58%，同比下降了 2.84%，低于全国吸毒人员的青少年占比。通过这些数据可以发现，与在册吸毒人员总数增加的情况相比，青少年吸毒人数并未增加，反而有所下降，客观地反映了青少年毒品预防教育的良好成效。中学生正处于身心发展的重要时期，也是世界观、人生观、价值观形成的关键时期，最能反映青少年群体的认知特点。

为了进一步了解青少年特别是中学生毒品预防教育现状，我们通过"问卷星"问卷调查系统对陕西省中学生（初二、高二学生）进行抽样。截至问卷调查结束，收回初二学生填写的有效问卷 1531 份，收回高二学生填写的有效问卷 1070 份。填写问卷的初二学生中，男生占 52.58%，女生占 47.42%。其中，来自城市学校的占 82.63%，来自农村学校的占 17.37%。填写问卷的高二学生中，男生占 42.9%，女生占 57.1%。其中，来自城市学校的占 60.65%，来自农村学校的占 39.35%。总体而言，以中学生为代表的青少年群体的识毒、防毒、拒毒知识掌握情况都比较好，这从另一个角度反映出陕西省青少年毒品预防教育体系构建成效良好。

（一）关于青少年"识毒"的评估

（1）对毒品种类的认识。在所有问卷中，有 5.23% 的高中生、9.73% 的初中生认为香烟是毒品，有 4.39% 的高中生、6.79% 的初中生认为酒精是毒品，超过九成中学生对海洛因、鸦片、冰毒、摇头丸、大麻、可卡因等毒品的性质有准确认识。

（2）对毒品知识的了解程度。在高中生中，有 12.15% 的人非常了解毒品知识，有 82.05% 的人了解或一般了解，有 5.8% 的人不了解或者非常不了解（图 2-1）。在初中生中，有 16.07% 的人非常了解毒品知识，有 79.88% 的人了解或一般了解，有 4.05% 的人不了解或者非常不了解（图 2-2）。

了解程度	比例
非常了解	12.15%
了解	33.08%
一般	48.97%
不了解	4.21%
非常不了解	1.59%

图 2-1　高中生对毒品知识的了解程度

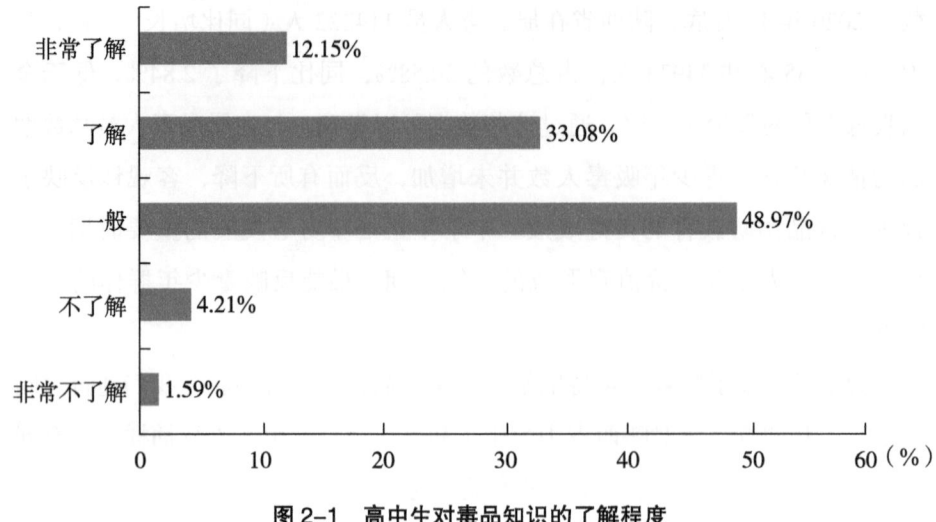

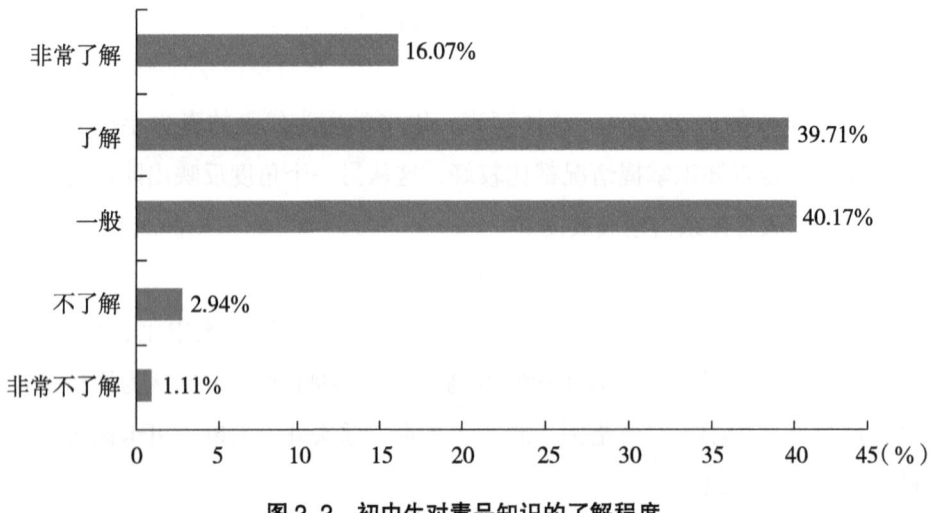

了解程度	比例
非常了解	16.07%
了解	39.71%
一般	40.17%
不了解	2.94%
非常不了解	1.11%

图 2-2　初中生对毒品知识的了解程度

（3）通过学校的毒品宣传教育活动了解到哪些毒品知识。高中生和初中生在回答通过学校的毒品宣传教育活动了解到哪些毒品知识方面，虽然具体比例有所区别，但是有着相同的规律。其中，了解到毒品危害的最多，了解到戒毒知识和国际国内禁毒斗争形势的相对较少（图 2-3、图 2-4）。

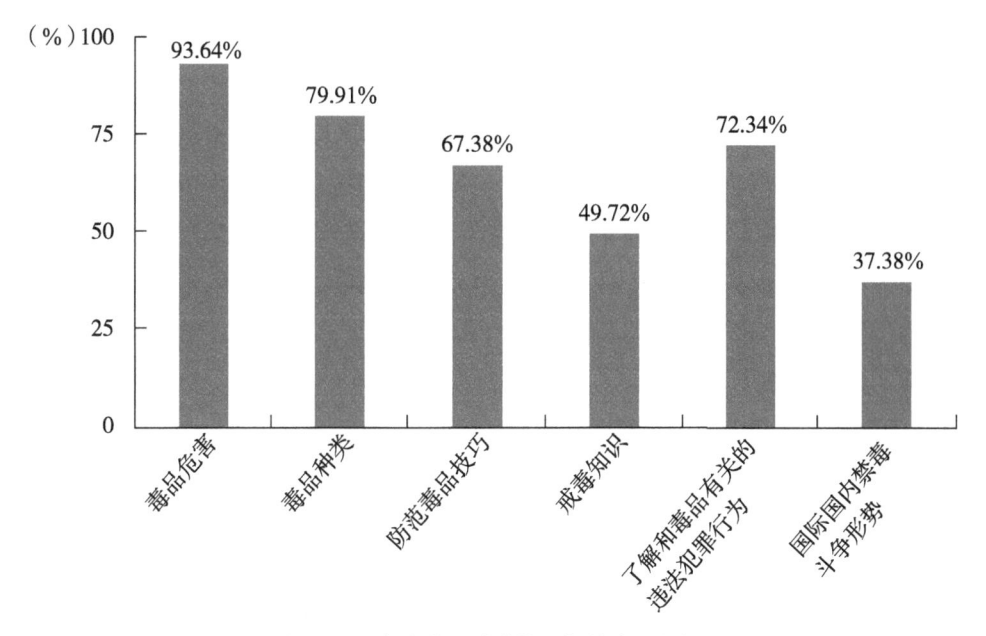

图 2-3　高中生通过学校了解的毒品知识

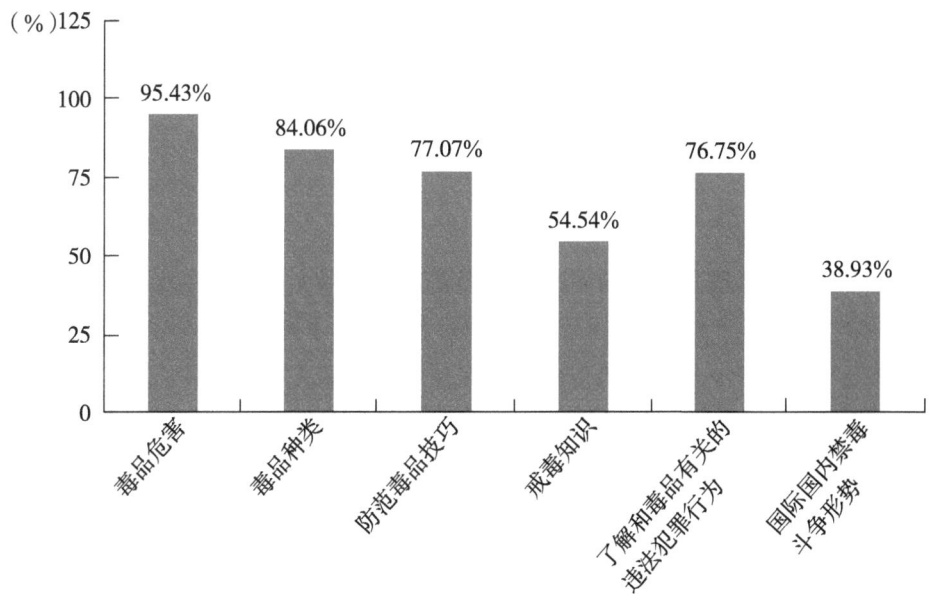

图 2-4　初中生通过学校了解的毒品知识

（4）中学生了解毒品知识的主要途径。在众多毒品知识宣传途径中，高中生和初中生的主要了解途径也具有一致性。其中，通过网络（包括微信朋友圈和公众号）和电视广播了解得最多，通过学校、报刊、同学和朋友、社区等途径了解的较少。

（5）开展毒品预防教育较为有效的途径。高中生和初中生对于开展毒品预防教育有效途径的认识具有一致性，熟悉程度从高到低依次为：影视禁毒宣传短片，公共场所禁毒宣传警示标语，网络禁毒宣传，社区举办禁毒教育讲座、活动，社会知名人士进行禁毒公益宣传，在人群密集的地方开展禁毒咨询、发放宣传资料等宣传活动，亲身参与禁毒志愿者活动，禁毒卡通、音乐会、参观戒毒所等。

（二）关于青少年"防毒"的评估

（1）对毒品成瘾性的认识。高中生中，有85.51%的人认为吸毒很容易成瘾，有1.77%的人认为吸毒不容易或者很不容易成瘾，有7.10%的人表示不清楚。初中生中，有86.41%的人认为吸毒很容易成瘾，有1.63%的人认为吸毒不容易或者很不容易成瘾，有6.66%的人表示不清楚。

（2）对吸毒行为性质的认识。96%以上的高中生和初中生都知道吸毒是国家禁止的违法行为，仅有少数学生不清楚吸毒行为的性质。

（3）对如何避免毒品侵蚀的认识。八成以上中学生都懂得通过提高警惕，避免去高危的娱乐场所，加强对禁毒知识的学习，慎交朋友，不与混迹社会的闲散人员交友，不接受来源不明的食物、饮料等方式来避免毒品侵蚀。

（三）关于青少年"拒毒"的评估

（1）对国家禁毒法律法规的了解程度。九成以上的中学生表示对国家禁毒法律法规有所了解，仅有不到一成的学生表示不了解。

（2）对身边吸毒人员的态度。如果知道身边的人吸毒，有七成以上的中学生会建议其戒毒；有六成以上的中学生表示会跟他们交谈，了解吸毒原因并劝他们寻求帮助；有六成左右的中学生选择报告警方或其所在单位；有五成左右的中学生选择与自己的父母倾谈或告知学校老师；仅有少数中学生选择装作不知道，与以前一样正常交往，或者好奇，想多了解一点。

第四章 青少年社会教育调查[*]

社会教育是指由政府、公共团体或私人所设立的社会教育机构对社会全体成员所进行的有目的、有系统、有组织、独立的教育活动。[1]和学校教育相比，社会教育具有开放性、多样性。和家庭教育相比，社会教育具有同辈性和广泛性。青少年的社会教育是聚焦青少年社会化的教育活动，以公共社会生活为基础，以青少年主动参与社会活动和经验性体验为特点，培养青少年亲社会的行为和思想情感、观念等，培养其作为社会成员的基本素质。

社会教育对象涵盖的范围非常广泛，可以说包括所有的社会成员。为了保证课题研究的有效性、可行性，我们把青少年，特别是重点青少年作为主要研究对象。青少年包括未成年人（18岁以下）和成年人（18—35岁）。我们主要针对预防青少年违法犯罪工作的重要对象人群——重点青少年进行调研。共青团权益工作一般把五类人群归为重点青少年，即不在学或无职业的闲散青少年、有不良行为或者严重不良行为的青少年、农村留守儿童、受救助的流浪乞讨青少年、服刑人员的未成年子女。本次调研的对象主要是处在身心发展中的13—24岁的青少年群体，鉴于青少年成长发展是一个动态过程，也有部分问卷涉及其他年龄段的青少年。

---

[*] 本章以2012年7—12月褚宸舸主持的共青团陕西省委委托课题"陕西省青少年社会教育和预防违法犯罪调查研究"的报告为基础，部分内容已发表。参见陕西省社会教育和预防青少年违法犯罪课题组（李豫琦、单舒平、崔梦社、褚宸舸、郝鹏涛）：《社会教育和预防青少年违法犯罪——基于陕西省重点青少年的实证研究》，载《预防青少年犯罪研究》2013年第3期；褚宸舸：《重点青少年社会教育的实证研究——以陕西省为例》，载《青少年犯罪问题》2013年第5期。

[1] 王雷：《社会教育概论》，光明日报出版社2007年版，第41页。

受时间、人员等所限，调研主要针对以下青少年：一是有不良行为或者严重不良行为的青少年。按照《预防未成年人犯罪法》关于不良行为、严重不良行为的法律界定，为确定具体样本，调研主要针对受过治安管理处罚、劳教或者犯罪的青少年。二是不在学或无职业的闲散青少年、受救助的流浪乞讨青少年、农村留守儿童。这两类是预防青少年违法犯罪工作的重点群体。

本章旨在通过对普通青少年和重点青少年接受社会教育情况的对比分析，探索青少年社会教育对预防青少年违法犯罪的作用，研究青少年社会教育和青少年群体身心发展的相关性，探索社会教育在预防青少年违法犯罪方面的机制。

一、调研过程

我们收集并研读了大量相关书籍、论文、文件，并在此基础上开展问卷调查和访谈。

（一）问卷调查

（1）问卷设计。我们在设计调查问卷之前研读了大量相关文献资料，根据试调查反馈的意见，我们专门在2012年9月24日召开小型研讨会，拟订、讨论、修改并最终完善调查所需的问卷。调查问卷由三部分构成：第一部分是样本基本情况，第二部分是青少年社会教育的一般情况，第三部分针对重点青少年教育矫治设计了部分题目。

（2）抽样、调查问卷录入。为了保证数据反映信息的全面性和可靠性，我们采用了先按照地区配额抽样（涵盖全省主要地区，包括陕北、陕南、宝鸡市、西安市），然后按照青少年类别来配额抽样，每一类中再随机抽样的抽样方法。问卷编码、数据录入和审核后，共计有效问卷756份，其中普通青少年的问卷256份（表2-4），重点青少年的问卷500份（表2-5）。

表2-4 普通青少年有效问卷的分布   单位：份

所属地	普通青少年类型	有效问卷份数
榆林市	榆阳区的中学生	30
	榆阳区的社区青年	20
	米脂县职业学校的学生	50
西安市	西安市第102中学的普通学生	23
	西安中学的学生	36
	西北政法大学的学生	50
商洛市洛南县	洛南中学的学生	48

表2-5 重点青少年有效问卷的分布   单位：份

所属地	重点青少年类型	有效问卷份数
西安市	陕西省戒毒劳教所[2]戒毒青少年	41
	陕西省戒毒劳教所劳教青少年	49
	陕西省女子劳教所[3]人员	41
	西安市第102中学的工读生	27
	陕西省未成年犯管教所青少年	98
商洛市洛南县	洛南县闲散青少年	46
宝鸡市	宝鸡市流浪儿童中心受救助的流浪乞讨青少年	28
	宝鸡市闲散青少年	50
	宝鸡市农村留守儿童	120

---

[2] 现更名为陕西省长安强制隔离戒毒所。
[3] 现更名为陕西省女强制隔离戒毒所。本调研开始时还未改名，故下文继续使用原名称。

（3）样本概况。调研样本的基本情况如表2-6所示：

表2-6 调研样本的基本情况

类别	选项	普通青少年 人数（人）	普通青少年 占比（%）	重点青少年 人数（人）	重点青少年 占比（%）
性别	男	131	51.2	351	70.2
	女	125	48.8	149	29.8
受教育程度	未上过学	0	0	11	2.2
	小学	3	1.2	103	20.6
	初中	69	27.0	320	64.0
	高中	115	44.9	58	11.6
	大专	6	2.3	6	1.2
	大学本科及以上	63	24.6	2	0.4
婚姻状况	未婚	239	93.4	427	85.4
	未婚同居	2	0.8	16	3.2
	已婚	14	5.5	39	7.8
	离异后未再婚	0	0	16	3.2
	离异后再婚	1	0.4	2	0.4
	丧偶后未再婚	0	0	0	0
	丧偶后再婚	0	0	0	0
主要居住地	西安市区	70	27.3	132	26.4
	西安市城乡接合部	11	4.3	38	7.6
	陕西省内其他城镇	111	43.4	226	45.2
	陕西省内乡村	50	19.5	87	17.4
	陕西省以外	14	5.5	17	3.4

(二) 访　谈

为了对调研所涉及的问题有具体、直观、深刻的了解，补充问卷调查的局限，2012年10月22日、10月23日、10月24日，我们相继到西安市第102中学、陕西省未成年犯管教所、陕西省女子劳教所进行了实地调研。我们和学校负责人、管教干部，以及西安市第102中学3名学生、陕西省未成年犯管教所5名服刑青少年、陕西省女子劳教所4名在教青少年进行了深度访谈。

二、青少年社会教育的机构、经费和存在的问题

(一) 公办的社会教育机构

按照政府主管部门的不同，公办的社会教育机构大体可分为文化和文博机构、救助和特殊教育矫治机构、其他等几类。

第一，文化和文博机构。陕西省是文博大省，博物馆的数量和规模都位居全国前列，但陕西基层文教从业人员数量不足且专业化程度低，大多数文化站只有两三位工作人员，有的文化站（尤其是乡镇文化站）只有1位工作人员兼任。

第二，救助和特殊教育矫治机构。一是救助机构。截至2011年年底，陕西省共有流浪儿童救助中心、救助站等救助管理机构95个，床位4000余张。同时，全面建立孤儿保障制度，将全省14113名孤残儿童全部纳入保障范围，并确定福利机构孤儿最低养育标准和社会散居孤儿最低养育标准。二是监狱机构。例如，位于西安市的陕西省监狱管理局管理的陕西省未成年犯管教所（长安监狱）和陕西省女子监狱。三是劳教和戒毒机构。此类机构有陕西省女子劳教所、陕西省眉县劳动教养管理所。四是工读教育机构。西安市第102中学是西安市教育局的直属单位。五是社区矫正机构。2012年5月，陕西省司法厅在全省范围内选择了300多家司法所进行先期试点，使社区矫正工作在陕西省全面展开。

第三，其他的社会教育机构。一是公办继续教育机构，其中仅部分机构还承担一定的社会教育职能。二是各爱国主义教育基地。这些基地分国家级、省级、市级和县级，分别由同级党委宣传部主管。截至2012年10月，全省

共有 11 处国家级爱国主义教育示范基地，39 处省级爱国主义教育基地。三是青少年校外活动场所，主要包括：大中城市的中心青少年宫、少年宫、儿童活动中心，社区和农村的校外活动场所，青少年学生活动中心，各类科技馆，等等。四是全省青少年法治教育基地、预防青少年违法犯罪教育基地和青少年服务台。

（二）民办的社会教育机构

民办社会教育机构以基础教育阶段民办非学历教育机构为主。2011 年，陕西省共有基础教育阶段民办非学历教育机构 1993 所，其中经教育部门和其他部门审批设立的培训机构 1236 所，未经任何部门审批擅自设立的培训机构 757 所。基础教育阶段民办非学历教育机构教师队伍构成较为复杂，主要有专职人员、公办学校离退休教师、大中专院校学生（毕业生和在校学生）、公办学校在职教师等，流动性大，存在无证上岗、素质不高等问题，监管压力大。

陕西省从事青少年工作的专业社工不多，大体可以分为志愿者和专业性的社会工作者两类。宝鸡市的"青春驿站"是陕西省共青团创立的一个社工品牌。宝鸡市政府成立了具有独立法人资格的宝鸡市青少年社会工作者协会（以下简称"青社协"）作为专业性、行业性社会团体全面承接青少年社会工作者试点工作。宝鸡市"青社协"的基层工作站统一命名为"青春驿站"。

（三）社会教育的经费投入

社会教育作用的隐形性、长效性，使各地方政府对社会教育缺乏应有的重视，整体投入不够。2012 年，陕西省人均文化事业费为 31.85 元，西安市、宝鸡市、渭南市、汉中市以及杨凌示范区人均不足 20 元，如此低的文化事业经费投入社会教育中，其效果更是微乎其微。

各地社会教育机构的经费投入不均。地处陕北的延安最多，西安和杨凌示范区最少，不到延安的一半。从人员费用占财政补助收入的比重看，财政补助收入的增长部分主要还是用于支付人员费用。除去必要的维持费用，真正能用于业务活动的经费仍然比较紧张。

截至 2012 年 10 月，全省团属青少年活动阵地全额事业单位 2 个，差额事业单位 4 个，自收自支企事业单位 8 个，全省年财政拨款总额 134.1 万元

（人员工资）。多年来，全省各青少年活动阵地均无专项拨款，资金不足的问题严重制约青少年活动阵地的发展。

调研发现，关于政府对教育文化设施的投入情况，大多数青少年持正面的评价（满意、比较满意、一般）。69.4%的普通青少年和58.7%的重点青少年对政府近年教育文化设施的投入情况持正面评价。17.2%的重点青少年对投入状况表示满意，远高于普通青少年4.7%的比例。但是，普通青少年中有8.6%，重点青少年中有25.4%的人不清楚政府近年在人财物方面对教育文化的投入情况。这说明政府在教育文化资金投入的信息公开方面还有待加强。

（四）社会教育管理存在的问题

第一，对社会教育难以有效考评，评价机制不健全。社会组织、团体或个人所开展的教育公信力较弱，群众很难在社会教育市场中选择较好的机构。因此，建立社会教育评价机制，并以之引导全行业的健康发展已经迫在眉睫。

第二，社会教育机构的审批、管理、执法问题突出。首先，审批及管理部门相互交叉，这易造成互相推诿，且缺乏明确执法主体，无法落实主管单位的责任。职责模糊、权限不明导致了"九龙治水"局面。例如，博物馆的建设由发改委审批，文物局主管，统计信息由文化部门共享。其次，执法难度大，缺乏有效的强制手段，政府职能未能充分体现。一是全省基础教育阶段民办非学历教育机构混乱。由于教育培训市场需求大，无证办学、违规办班的问题较为突出。很多办学者或利用自有住房或租用民居进行教育培训，无长远办学打算，也不愿通过合法渠道持证办学，遇到检查就停，检查过后又恢复。教育行政部门除"责令停办"外，缺乏有效的执法手段。二是在文化执法方面，"黑影院"、伪青少年活动中心、"黑网吧"、游戏厅，遍布城乡角落。各种"黑文化场所"时开时闭、逃避监管，难以有效管理。

三、青少年社会教育的基本内容及其功能

（一）青少年社会教育的基本内容

青少年社会教育主要有5个方面的内容：一是主流价值观的教育；二是社会角色定位的教育；三是个性与人格形成的教育；四是生存技能的教育；

五是科学素养的教育。限于问卷篇幅,我们主要从道德、法律知识、社会常识、谋生技能4个领域选取部分问题进行调研。

(1)道德教育。我们主要就爱国主义教育和预防黄赌毒教育进行了调研。爱国主义教育是青少年道德教育的重要组成部分。问卷调查发现,69.5%的普通青少年支持维护国家主权和领土完整的游行示威,但同时非常反对借游行之名行打砸抢之实。有40.6%的人表示虽然支持此类游行示威,但是自己不会参加。在对反日游行中出现的打砸日本品牌车辆、公私财物行为的评价上,45.3%的普通青少年表示非常反对,只有极少数的受访者(4.3%)表示非常支持。

和普通青少年一样,大多数重点青少年支持维护国家主权和领土完整的游行示威。稍有不同的是,"盲从者"即选择"持观望心理"和"会参加"的重点青少年超过普通青少年近两倍(4.6%)。同时,与普通青少年具有显著区别的是,较多重点青少年对借游行之名行打砸之实的行为表示支持,其中有16.6%表示非常支持,有21.8%表示支持,表示反对的则降至25.4%,表示强烈反对的锐减至16.4%。这是一个很值得关注的问题。

传媒和学校是青少年接受爱国主义教育的主要渠道。普通青少年接受爱国主义教育的途径排在前3位的是广播、电视(65.6%)、学校(64.8%)和新媒体(42.2%)。重点青少年群体接受爱国主义教育的途径与此相类似,排前3位的是广播、电视(58.6%)、学校(53.8%)和新媒体(36.0%)。在防治黄、赌、毒方面,有31.6%的受访者表示看过黄色、血腥、暴力的视频或图书。在重点青少年方面,接触黄色、血腥、暴力内容的比例有所上升,39.6%的人表示看过。

普通青少年获取禁毒或预防性病、艾滋病方面的知识,主要通过报刊、电影、电视等媒体(43.8%)或学校教育(31.3%)。只有1.6%的人选择"家人告知"。有40.2%重点青少年选择"报刊、电影、电视等媒体"这一主渠道,排在末位的也是"家人告知"。

(2)法律知识教育。第一,对我国未成年人权益保护相关法律法规的了解程度。74.2%的普通青少年选择了"一般",同时又有56.6%的人认为自己的合法权益受到保障的情况为"一般"。重点青少年中,28.4%的人选择了"不了解",较普通青少年上升了近1/5,有61.8%的人选择了"一般"。重点青少年对自己在法律上的权利与义务了解程度较低。11.6%的人认为"根本不了解",38.2%的人认为"大概知道但具体则不了解"。而普通青少年的上述比例只有1.6%和25.0%。

同时,重点青少年对党和政府出台的政策或法令的关注度也进一步下降,关注点分散。15.4%的人表示"一点都不关注",46.8%的人表示"偶尔会有所关注",选择"只关注与自己有关的"这一选项的比例为18.4%,只有19.4%的人选择"非常关注"。重点青少年的关注点较分散,没有出现像普通青少年中60.2%的人集中关注"与学习和教育有关的政策、法令"那样的情况。

第二,青少年了解法律知识的途径。普通青少年主要是看法治教育宣传片或新闻(35.9%)、听法治教育课或讲座(35.5%),即其主要途径是学校内的教育。而重点青少年了解法律的途径则相对多样和分散,最主要的途径是看法治教育宣传片或新闻(31.8%)和阅读相关书籍(20.8%)。普法教育两大主要渠道中的学校渠道在重点青少年群体中明显弱化(15.4%),甚至不及"单位、同事"(20.8%)的比例。

第三,青少年权益救济方式的教育。问及"当您的合法权益受到侵害时,您最先想到的求助对象是谁"时,绝大多数普通青少年选择了政法机关(61.3%),有59.0%的人选择了家人。重点青少年在其合法权益是否切实得到了相关法律法规的保护方面,出现了两极分化的趋势。选择"一般"的比例下降到41.8%,选择"是的"的比例上升至37.2%,选择"没有"的比例上升至21.0%。而在求助对象方面,最先想到的也是政法机关(60.4%)和家人(50.6%)。

第四,青少年预防行为失范或越轨的教育。问及"如果您自己或朋友有违法或犯罪行为,您认为主要原因是什么"时,普通青少年在列出的众多选项(家庭状况不好、学校教育失败、就业和事业上受挫、感情纠葛、交友不慎、对物质有更多需求、生活空虚、社会不公、自身原因)中较多选择交友不慎(43.4%)和家庭状况不好(35.2%),其次是自身原因(28.5%)和对物质有更多需求(23.0%)等。大多数人认为,父母的规劝是避免以后再犯类似行为最有效的方式,这一比例达到了66.0%。重点青少年认为,造成违法或犯罪的主要原因是交友不慎(41.8%)、自身原因(38.4%)、家庭状况不好

（34.8%）。与普通青少年类似，大多数重点青少年也认为父母的规劝是避免以后再犯类似行为最有效的方式，选择这一项的比例为 59.2%。这说明对于青少年而言，家庭教育是预防其行为失范或越轨最有效的方式。

（3）社会常识教育。本次调研发现，青少年性教育的主要途径是学校教育。34.4% 的普通青少年选择了"学校课堂"选项。通过报刊、电影、电视等媒体自学，以及和身边同学、朋友交流也是比较重要的性教育途径，选择的比例分别为 21.5% 和 16.0%。同时有 17.2% 的人表示从来没有接受过性教育。选择"家人告知"和"社会上民间组织的宣传普及"两项的均为 20%。重点青少年性教育的主要途径也是学校和媒体。26.8% 的人选择了"学校课堂"，但较普通青少年下降了 7.6%。28.2% 的人选择"通过报刊、电影、电视等媒体自学"。表示从来没有接受过性教育的比例为 10.2%，较普通青少年下降了 7%。选择"家人告知"一项的比例为 3.4%，排在末位。

2009 年以来，陕西省各级团组织和省未保委、省预防办各有关成员单位先后开展了"金色年华青春保护行动"、火灾地震撤离等防险避灾体验、暑期自护教育、青春期知识教育、网络素养教育等活动，帮助青少年提高自护意识。

本次问卷调查了当在生活中遇到困难时青少年通常的求助对象。87% 的普通青少年表示会向家人、亲戚求助，还有 72.7% 的人选择向朋友求助。除了政府机关（包括其设立的救助机构）有 10.5% 的人选择，其余诸多选项如邻居、同乡、社会上的热心人士、同伴间的帮派组织、民间公益组织、单位或老板、学校、居住地的村（居）委会、工青妇、宗教团体的比例均较低。74.2% 的重点青少年表示会向家人、亲戚求助，较普通青少年的比例有所下降。有 67.2% 的重点青少年选择向朋友求助。

（4）谋生技能教育。谋生技能为青少年提供了向上流动的可能性和通道，具有较大的社会需求。谋生技能是青少年的文化资本，是其获得相关社会资源的前提，也是在社会生活中与他人建立良好关系的基础。如果有一定的谋生技能，就会有更多就业机会，获得较高经济收入，成就感就会增强。同时，就业单位本身的纪律约束也会降低青少年实施越轨行为或违法犯罪的概率。因此，加强对青少年谋生技能的培训，帮助其向社会中上层流动，是社会教育最直接、最有效的促进青少年发展的途径。

调研发现，被问及"如果想通过教育或培训改变现状，您最希望将来可以实现什么目的"这个问题时，普通青少年排在前4位的目的分别是：可以从事自己感兴趣的工作（48.4%）、充分发挥自己的能力和特长（47.7%）、获得稳定有保障的工作（43.8%）、获得良好的人际关系（41.4%）。相对而言，较少的人（8.6%）接受教育或培训的目的是缓解目前的工作或生活压力。重点青少年排在前4位的目的与普通青少年相同，分别是：可以从事自己感兴趣的工作（43.8%）、充分发挥自己的能力和特长（40.6%）、获得稳定有保障的工作（39.8%）、获得良好的人际关系（31.8%）。但是有31.2%的人选择"赚更多的钱"，这说明重点青少年更为实际。

（二）社会教育是青少年全面发展的重要环节

（1）当代家庭教育的变化凸显社会教育的必要性。重点青少年家庭结构较普通青少年差，其与家庭成员的人际关系也远不如普通青少年和睦。针对受访者社会关系及其与家庭成员人际关系的状况，问卷设计了两个题目：一是"在家庭成员中，主要跟谁一起长大的"。大多数普通青少年（82.8%）选择了主要与亲生父母双方生活在一起。而重点青少年同亲生父母双方在一起生活的只有63.8%。同时，其属于单亲家庭或同父母一方生活的占18.0%，较普通青少年多。二是"近3年一起居住或生活的人中，跟谁关系最亲密"。大多数普通青少年选择了父母（75.4%），其次为同学或伙伴（30.9%）、兄弟或姐妹（28.9%）、祖父母或外祖父母（17.6%）。而反观重点青少年，其对父母的信任度明显低于普通青少年，只有50.4%，随之下降的还有对兄弟或姐妹、同学或伙伴的信任（前者下降至17.4%，后者下降至14.6%），同时选择"主要是独自一人"的较普通青少年上升3倍多。

我们同时也对青少年家庭成员是否有过违法犯罪行为进行了调查。11%的重点青少年家庭成员因违法或犯罪受过处罚，而普通青少年中，这一情况仅占3.9%。这说明重点青少年群体的家庭状况和家庭教育相比普通青少年较差。一个人的社会化始于家庭，基本技能的掌握、社会规范意识的养成、生活目标的确定、生活习惯的形成以及社会角色的定位，最初都是在家庭中形成的。然而随着社会变迁，家庭在结构和功能方面也发生了重大变化，这为社会教育的"出场"提供了广阔的舞台。

第一，家庭结构的变化使传统家庭教育的内容逐渐被"外包"给社会。改革开放以来，中国家庭结构发生了重大变化。首先，家庭规模缩小，独生子女剧增。其次，单亲家庭（父母离异、分居、抛弃对方或父母一方亡故）大量出现。据我们调研，重点青少年在亲生父母（双方）抚养下成长的比例较普通青少年低，在父母一方抚养下成长的比例则较普通青少年高。生长在这种家庭中的青少年往往表现出脆弱、傲慢、逆反、缺乏合作意识、不适应群体生活等特征。不少家长本身就是独生子女，缺乏家庭教育知识，往往以过去自己父母的教育模式管教自己的下一代。现代家庭教育的缺陷给我国社会教育的发展提供了可能性和必要性。

第二，外出务工人员增多和家庭教育方式不当使青少年社会教育取代了部分家庭教育的功能，青少年社会教育对青少年心理、行为进行干预成为必然。家庭教育方式不当主要体现为3类：溺爱、家长专制、家长疏于管教，造成青少年在家庭中或拥有"超主权"或权益受损。有些家庭的教育目标有失偏颇，如家长认为家庭教育要围绕提高孩子知识水平这一中心展开，而不注意子女的心理和行为。

西安市第102中学某校长曾对我们说："学生基本上都是独生子女。一些家长是有问题的，有的不管孩子，有的管孩子管得太严。"一位女工读学生，其父母年过40岁，父亲是个包工头，长年在外出差，母亲在某网吧工作，平时除了操持基本家务，并无时间和精力管教子女。因此，她经常整天在家上网，或经常与不良朋友厮混。她父亲有次专门请了长假在家严厉看管，但毕竟不是长远之策，于是将其从宝鸡送到西安的工读学校。

我们在未成年犯管教所访谈的犯故意伤害致人死亡罪的王某，其一直在西安上学，但户口在老家延安，为了高考回去插班读高三，结果在学校打篮球时和同学发生口角，回宿舍拿水果刀把同学捅死。其从小和妈妈姐姐在西安生活（父母有5个小孩，他是最小的，上面有3个哥哥和1个姐姐），父亲是搞水泥建材的商人，常年在外做生意，妈妈没工作，在家里做家务。

另一个犯抢劫罪的黄某，11岁时父亲因吸毒死亡，其一直跟着大10岁的姐姐生活。初一时他和同学打架，对方家长要求赔钱，他不想赔钱就主动辍学。辍学后在姐姐和姐夫开的台球厅帮过忙,但主要是在家上网,后来在电玩城、旱冰场等娱乐场所认识了一些城市混混儿,平时多次进出派出所,这次是作为从犯跟着带头大哥等6个人一起抢劫。

家庭教育的缺失造成部分青少年性格有缺陷、行为失范,一方面,加重了学校教育和社会教育的压力;另一方面,也使社会教育成为必要。家庭教育不当、缺失所带来的问题,在很大程度上要依靠社会教育来解决。

(2)当代学校教育的现状要求社会教育强化其功能。学校教育在促进青少年发展方面虽然处于主流,但是也存在种种问题。这些问题既给社会教育带来挑战,也给社会教育的发展带来机遇。第一,学校教育评价机制存在问题。在当前机制下,学校教育过分重视升学率,偏重共性培养,而忽视了青少年的个性。无论是学校的教育水平,还是学生的学习成绩,乃至思想品德、行为习惯都变成了量化的数字进入评价体系。这种评价体系必然导致工具价值取代本体价值,使人的价值被遮蔽。[4]第二,学校教育不能有效解决青少年成长中的诸多问题。青少年处于人生发展的关键时期,这既是其个性形成和人格初步发展的时期,也是普遍面临心理健康、早恋、越轨或犯罪、沉迷网络等诸多问题的敏感时期。当面对这些问题时,学校和家长扮演的往往是"警察"角色,而非"朋友"。学校介入的手段大多是管教或责罚,青少年往往处于被动地位,不利于类似问题的解决。学校教育在发挥功能时有其限度,如果认为学校教育什么都能做,也必然会导致学校教育什么都做不好。不仅学校教育应有的功能无法发挥,还会影响我国整体教育体系的运行。

(3)青少年成长发展对当代社会教育的现实需求。社会教育虽然目前在整个教育体系中处于辅助和补充地位,但其与家庭教育、学校教育相比,对青少年的发展也具有重要价值。当代社会教育可以满足青少年成长发展的现实需求,这是因为:第一,社会教育可以有效内化价值观念,传递社会文化,从而促进社会和谐。社会教育也是个人学习和掌握社会文化,适应社会竞争,避免行为失范的重要环节。第二,社会教育影响面广,可以对全社会产生积

---

[4] 龚孝华:《我国学校教育评价的困境与出路》,载《教育研究与实验》2009年第4期。

极作用。社会教育伴随一个人的一生，可谓终身教育。[5]这使之能更有效地促进社会成员发展，进而促进全社会的良性发展。第三，社会教育可以有效促进受教育者的社会化，使其形成遵守社会规范的意识。社会教育可以使受教育者的行为符合社会行为规范、准则，促进其社会化。因此，有学者明确指出："确立一个全新的社会教育体系是人的发展和社会发展的动态平衡，从而最终促进人的全面发展。"[6]

综上所述，社会教育主要从以下几个方面发挥着影响青少年成长发展的功能：一是引导青少年群体内化社会规范，学习必要的社会技能，提高他们对社会的适应能力以及为人处世、与人交往的能力；二是引导青少年理解社会主义核心价值体系，形成正确的思想意识和世界观、人生观、价值观；三是通过专业化手段，培养青少年的个人爱好，健全其人格，提高自身发展能力。

四、社会教育对重点青少年的影响

（一）重点青少年接受社会教育的特点

（1）对社会教育的认知与评价。第一，在对社会教育机构及其职能的认知方面，普通青少年好于重点青少年。绝大多数普通青少年对主要社会教育机构的情况有所了解：有45.7%的普通青少年对主要社会教育机构的名称"有点了解"；有32.1%的普通青少年对主要社会教育机构的职能"有点了解"，32.8%的普通青少年选择"一般"。而关于主要社会教育机构的名称，重点青少年选择"有点不了解"和"非常不了解"的共占42.6%，高于普通青少年近1倍。关于主要社会教育机构的职能，重点青少年选择"有点不了解"和"非常不了解"的共占43.8%，也高于普通青少年（图2-5、图2-6）。

---

[5] 龚超：《国外社会教育理论研究综述》，载《中国青年研究》2008年第2期。
[6] 陈爱梅、黄明明：《社会教育与人的全面发展》，载《辽宁教育行政学院学报》2008年第1期。

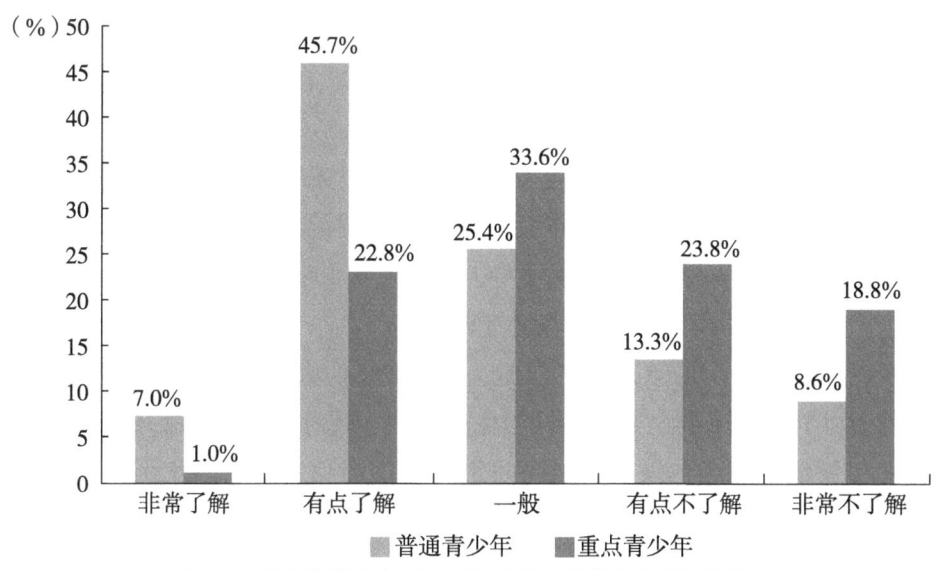

图 2-5 陕西省青少年对主要社会教育机构名称的了解程度

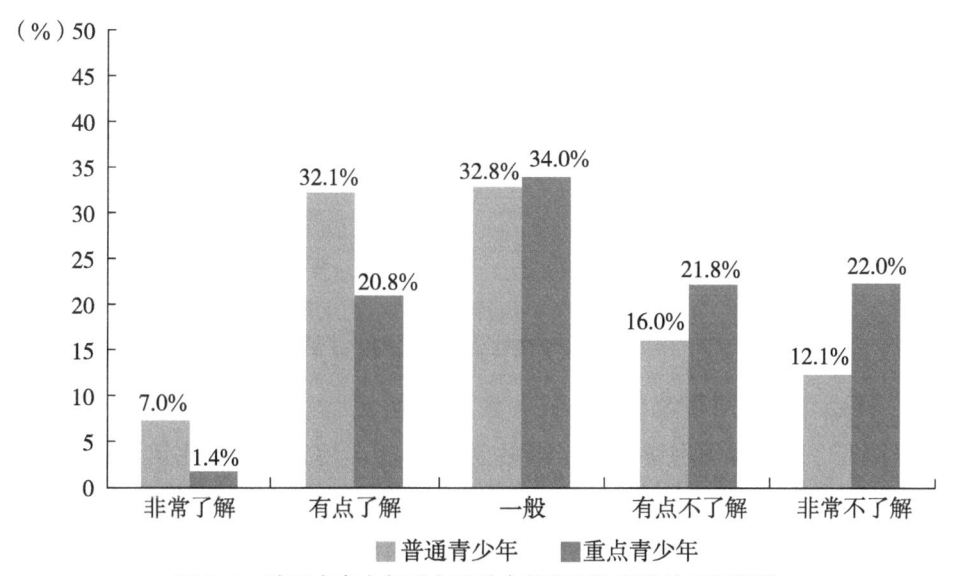

图 2-6 陕西省青少年对主要社会教育机构职能的了解程度

"培训"职能和"管教、监管"职能被认为是社会教育机构最重要的两项职能。对于"培训"职能,普通青少年在排序时将其分别放在第 1 位(27.3%)或第 2 位(23.0%)。对于"管教、监管"职能,有 22.3% 的人认为最重要,18.8% 的人则认为是次重要的。除此之外,"宣传""咨询""服务"

这 3 个职能按重要程度均排位靠后，且区别较小。重点青少年群体对此较之普通青少年差异不大：有 28.8% 的人将"培训"放在第 1 位，有 23.2% 的人将"管教、监管"放在第 2 位。

第二，重点青少年接受公办社会教育机构服务的比例偏低，频率不高。据调研，有 48.4% 的普通青少年没有参加过任何社会教育机构的培训，这说明在该年龄段，学校教育还是占主导。与普通青少年相比，有更多的重点青少年（61.0%）表示没有参加过任何培训。

在接受过培训的重点青少年中，有 24.2% 的人自己出钱参加过培训。参加过共青团、工会、妇联提供的免费培训、政府组织的免费培训、单位或雇主组织的培训，以及其他民间组织提供的免费培训的比例都非常低（图 2-7）。

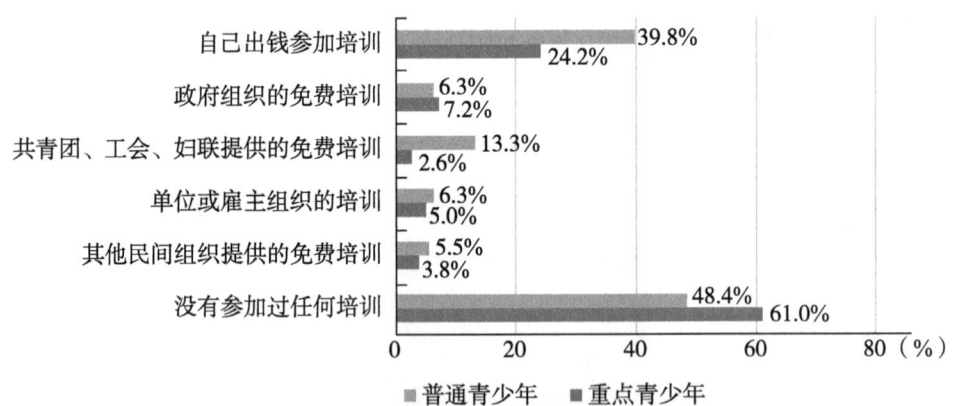

图 2-7 陕西省青少年在社会教育机构中接受培训的情况

重点青少年对传统的公办社会教育机构场所利用较少。从对以图书馆（包括省、市、县图书馆和社区图书室）、三馆（博物馆、文化馆、纪念馆）一宫（青少年宫）为代表的传统公办社会教育机构场所的利用情况来看，各机构场所区别较大。其中，图书馆利用情况稍好。只有 23% 的普通青少年从来不去图书馆，而不去三馆一宫的分别达到了 45.7% 和 79.7%。重点青少年中有 53.0% 的人从来不去图书馆，远远超过了普通青少年的比例。有 59.6% 的重点青少年从来不去三馆。在去图书馆的频率方面，普通青少年一至两周、半个月至一个月一次的比例共占 21.5%。但是，在去过图书馆的普通青少年中，仅 69% 的人对图书馆场馆设施满意。

我们运用 SPSS 软件，对问卷中普通青少年、重点青少年受教育程度和其利用公办社会教育机构场所的相关性进行了分析，发现普通青少年的受教育程度和其去青少年宫的频率相关度为 0.155，重点青少年受教育程度和其去图书馆的频率相关度为 0.130，均属于显著相关。

（2）对社会教育的需求。在需要的社会教育种类方面，普通青少年和重点青少年区别较大。虽然普通青少年在迫切需要的教育和培训种类上不尽相同，但主要集中于以下 3 项：提高个人文化和艺术修养（55.1%）、有关个人成才与发展的其他方面（47.3%）和人际关系、心理调适（38.3%）。较普通青少年，有更多的重点青少年认为自己迫切需要法律知识的培训，比普通青少年高近 10 个百分点排在第 2 位，这大概和其接受过相关的处罚或教育矫治有关。而且，排在首位（34.8%）的是迫切需要"人际关系、心理调适"方面的培训（图 2-8）。

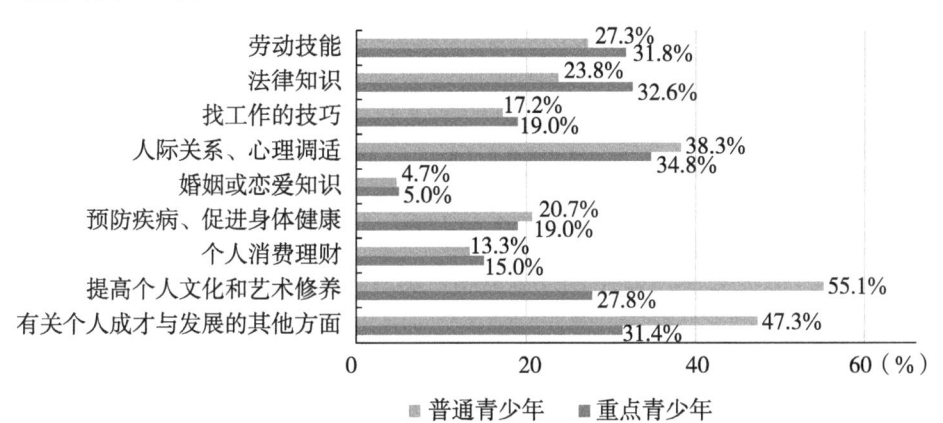

图 2-8 陕西省青少年迫切需要的社会教育种类

（3）参加社会实践的情况。绝大多数（88.3%）的普通青少年希望参加社会实践。在所有受访者中，61.3% 的人表示在校就读期间参加过夏令营等各种社会实践，有 34.4% 的人表示没参加过社会实践，有 4.3% 的人表示从未听说过社会实践。

第一，在参加社会实践方面，两类青少年有一定的区别。普通青少年接触到的校外社会组织，排在前 3 位的是：非学校组织的休闲、学习等兴趣团体（55.1%），老乡会、同学会（53.1%）和社会公益慈善类组织（39.1%）。维权性质的组织（7.4%）、五大宗教团体（6.3%）、除五大宗教外的宗教团体

（1.6%）、自发组织的帮派（2.3%）的活动均只有较少人参与。在闲暇时间，只有0.8%的普通青少年选择参加宗教活动，可见宗教组织对普通青少年的影响力较弱。与此相对，重点青少年接触到的校外社会组织，排在前3位的是：老乡会、同学会（48.2%）、非学校组织的休闲、学习等兴趣团体（42.6%）、社会公益慈善类组织（26.8%）。同时，重点青少年参加"自发组织的帮派"的比例超过普通青少年近4倍，其参加维权性质的组织、五大宗教团体、除五大宗教外的宗教团体的比例也都明显高于普通青少年。

第二，两类青少年在闲暇时间活动方面有共性，但也有较大差别。普通青少年的休闲活动主要是听音乐、看电影或电视、上网冲浪，选择比例分别为56.3%、51.6%、42.2%。而选择去图书馆、文化馆、博物馆、纪念馆的只占5.9%。普通青少年缓解压力的活动，排在前3位的是：听音乐（58.6%）、找朋友倾诉（47.3%）、看电影或电视（33.6%）。普通青少年并不十分信任心理咨询机构，有40.6%的人表示听说过心理咨询机构，但是不想去也没去过。

重点青少年休闲活动的整体情况与普通青少年类似，主要是听音乐（51.0%）、上网冲浪、看电影或电视。"上网冲浪"上升至第2位。这一现象应与音乐播放设备的普及和手机功能的升级有关。值得注意的是，其余选项的占比较之普通青少年都有不同程度的上升，显示其闲暇时间活动更趋多样化。例如，消费类休闲活动所占比重较普通青少年有所上升。"打牌或打麻将"上升至10.0%，"歌厅、舞厅、酒吧"上升至13.6%，"喝酒或下饭馆"上升至9.8%。

在缓解压力方面，重点青少年排在前3位的是"听音乐"（58.8%）、"找朋友倾诉"（31.4%）和"上网冲浪"（30.8%）。重点青少年对心理咨询机构的兴趣也不大，有31.6%的重点青少年选择了"没听说过"，还有37.2%的重点青少年表示虽然听说过心理咨询机构，但是不想去也没去过。当感到与他人沟通、交往困难时，60.0%的重点青少年认为主要原因在自己。重点青少年值得信任的知心好朋友的数量总体下降，42.0%的受访者表示只有1—2位，有12.6%的受访者表示没有值得信任的知心好朋友。

第三，重点青少年受网吧影响较大，在场所与他人发生冲突的比例高于普通青少年。普通青少年在休闲时首选体育场/馆及健身馆（35.5%），同时网吧（29.7%），KTV、迪厅、酒吧、茶楼（24.6%），以及文化宫、博物馆

（22.7%）也占较大比例。但是，有18.0%的普通青少年表示从未去过任何休闲场所或机构，包括青少年宫、宗教场所、麻将馆、录像厅、电影院、游戏厅、台球厅等。在去过上述场所的受访者中，绝大多数人（78.9%）表示从未与他人发生过冲突。与此相比，重点青少年对休闲场所的选择比较单一。有45.2%的重点青少年选择"网吧"，远远超过排在次位的"KTV、迪厅、酒吧、茶楼"。另外，重点青少年在这些场所与他人发生冲突的比例也显著上升，有38.1%的人表示偶尔与人发生冲突，还有8.8%的人表示经常与人发生冲突。

（4）新媒体的影响。我们对问卷中"看过黄色、血腥暴力的视频或图书"和"在娱乐场所与他人发生过争吵及肢体冲突"的相关性进行了分析，发现重点青少年在这两项上的相关性显著（0.335），而普通青少年不显著（0.005）。这说明对重点青少年而言，受到黄色、血腥暴力的视频或图书等不良文化的影响，与在现实社会中参与暴力活动具有关联。

我们还调查了青少年接受媒体特别是新媒体影响的状况，发现重点青少年利用新媒体的比例更高。对普通青少年而言，因为学校和家庭的管束，能长时间上网的机会较少。其中，26.2%的普通青少年几乎不上网，2.7%的普通青少年每天上网7—8小时，4.3%的普通青少年每天上网5—6小时。大多数普通青少年上网的时长为每天1小时以内（25.4%）和1—2小时（24.6%），只有3.5%的普通青少年每天上网8小时以上。重点青少年平均每天上网时间较长。除24.0%的重点青少年表示几乎不上网外，有9.2%的重点青少年每天上网8小时以上，较普通青少年多两倍以上，有6.4%的重点青少年每天上网7—8小时，有8%的重点青少年每天上网5—6小时，比例也都较普通青少年高。关于上网时最主要的活动，受访者表现出一致性。普通青少年主要以看视频（33.98%）、聊天（29.30%）为主。重点青少年中有46.2%的人选择了"聊天"，还有41.4%的人选择了"玩游戏"。

关于新媒体对重点青少年实施违法犯罪行为的影响，我们在对少管所少年犯的访谈中发现两者有一定关联性。汪某某，15岁入狱，因伙同3个同学抢劫被判了5年。其父亲是做出租车生意的，有自己的车队，母亲在家做家务。该案例中，未成年犯的犯罪方法就是在网络上查到的。另一个未成年犯杨某，19岁时因抢劫被判缓刑，缓刑期即将届满前，又犯强奸罪，数罪并罚被判了10年。该未成年犯的网瘾较大，其主要娱乐方式是上网，人际交往也通过网络进行。

（二）社会教育是预防青少年违法犯罪的重要手段

我国预防青少年违法犯罪工作的总体格局是党委统一领导、党政齐抓共管、综治部门组织协调、有关部门分工负责、社会力量共同参与。社会教育主要在"有关部门分工负责""社会力量共同参与"两个层面，通过一定的机制发挥其预防青少年违法犯罪的重要作用。但是，社会教育只是预防青少年违法犯罪的重要因素之一，但绝不是唯一因素。

（1）社会教育通过参与青少年的社会化过程预防青少年违法犯罪。青少年社会化是青少年形成较稳定的价值观念，获得生活所需的知识和技能，逐步成为社会成员的过程。社会教育是支撑青少年适应社会变迁的必要环节。只有通过社会教育获得一定的文化知识和生活技能，形成一定的价值观念，遵循一定的行为规范，才能在特定的社会环境中生存，才能适应社会的迅速发展与变迁。[7]

如前所述，社会教育至少可以在思想道德教育、知识技能培养、行为习惯养成、针对个体的特殊辅导等诸多方面，使青少年社会化程度加深。首先，社会教育可以改善青少年的价值观。青少年在多元价值观念并存和相互冲突的复杂环境中，通过社会教育，依据自己已有的经验，可以合理而准确地选择和认同某一社会价值观念体系。其次，社会教育可以提升青少年的就业技能，增加就业竞争力。无学历和无一技之长的青少年往往就业困难，承受着经济压力，但同时有大量的空闲时间。加强对闲散青少年的社会培训，提高其能力、技术，能够解决青少年的生存与发展问题。最后，通过社会教育可以促进青少年公民素质和规范意识的养成。据我们调研，重点青少年法律意识淡薄，缺乏基本的法律知识。调研问卷数据显示，其中有11.6%的违法犯罪青少年对自己的权利义务根本不了解，而这在普通青少年中的比例仅为1.6%。同时，违法犯罪青少年的文化水平较低。通过社会教育可以提高青少年的基本素质，增强其约束自己行为使之符合社会行为规范的能力。

（2）社会教育通过改善社会环境预防青少年违法犯罪。影响青少年违法

---

[7] 参见何爱霞：《社会化研究对终身教育、终身学习与学习化社会理念的理论支撑》，载《河北师范大学学报（教育科学版）》2008年第11期。

犯罪的重要因素是社会环境，通过社会教育为其营造良好的社会环境，可以有效预防青少年违法犯罪。

第一，社会教育通过改善青少年文化环境来预防青少年违法犯罪。文化潜移默化地影响着青少年的生活。但他们在接受文化影响时也不是被动的、漫无目的的，而是会自觉学习、感悟。文化对青少年的影响具有双重性，先进健康的文化能丰富人的精神世界，促进人的全面发展，落后、腐朽的文化则会阻碍人的全面发展。青少年通过接受良好的社会教育，一方面，身心可以得到健康发展，对自己和外界社会也能作出客观正确的评价，进而能够较好地把握自己，能够较好地适应各种复杂的社会环境和人际关系；另一方面，能自觉抵制色情、迷信、凶杀暴力等消极颓废文化，在文化习得过程中，培养自己的社会良知和社会责任感，从而遏制自己人性中低俗的一面。

第二，社会教育通过改善青少年法治环境来预防青少年违法犯罪。社会教育不仅可以提升青少年的法律意识，还可以提高政府各级领导及全社会对青少年法治建设的了解和重视，促进党和政府出台相关政策，这为青少年成长营造了良好的制度环境。

第三，社会教育通过改善家庭环境、学校环境来有效预防青少年违法犯罪。家庭教育、学校教育、社会教育职能之间的界限越来越模糊。如前所述，社会教育不仅可承担起部分家庭、学校的教育职能，而且可以直接作用于家庭、学校，通过社会教育改变家长、老师以及全社会陈腐、错误的观念与认识，使先进科学的教育理念深入人心。社会教育不仅作用于学生，还可以使家长、老师受益，逐步改善青少年成长发展的家庭和学校环境。

青少年违法犯罪的原因非常复杂，既有青少年自身方面的原因，也有家庭教育、学校教育方面的原因。大量青少年犯罪学论著表明，家庭结构缺陷是青少年违法犯罪的"催化剂"，家庭教育方式不当可以诱发青少年违法犯罪。学校教育也对预防青少年违法犯罪起到至关重要的作用。学校如果不注意对学生进行引导，容易使学生产生厌恶学习、学校的情绪，甚至作出旷课、打架等行为。在现行应试教育体制影响下，有可能出现"教书不育人"的情况，老师可能对一些所谓的"学困生"置之不理，导致"学困生"缺乏应有的自信，产生抵触情绪和逆反心理。

第四，在社会教育的过程中，青少年可以交到良好的朋友，受到同伴群体的良性影响。朋友对青少年的行为有着直接影响。据研究，青少年共同犯罪现象比较普遍，在未成年人犯罪案件中占有相当大比例。据不完全统计，自2003年以来，共同犯罪一般占未成年人犯罪总数的70%，个别地区甚至达到了80%以上。一些地方已经出现了未成年人模仿"黑社会"帮会建立未成年人帮会的情况。[8]我们调研发现，重点青少年有着强烈的"义气"。如果其朋友有吸毒或卖淫嫖娼行为，超过20%的重点青少年会选择继续交往，而这在普通青少年中的比例仅为5.9%。在上述案例中，杨某两次犯罪都是从犯，是朋友拉他参与的。当问及"你两次被判刑，你恨你的那些朋友吗？"时，杨某答："我不恨，我家人很恨。"他认为两次犯罪的主要原因还是在于自己没管住自己。

总之，社会教育使青少年在接受社会教育的过程中不断地扩大社会交往，充分发展其兴趣、爱好和个性，广泛培养其特殊才能，使其掌握一技之长，培养其正确的世界观、人生观、价值观，从而在最大范围、最大程度上预防青少年违法犯罪。

---

[8] 参见操学诚等：《我国未成年犯抽样调查分析报告》，载《青少年犯罪问题》2010年第4期。

第三编

陕西青少年经济社会文化和政治权利实证研究

第一章　新生代农民工的文化生活和文化权利调查[*]

新生代农民工，是指1980年及之后出生的，来到城市从事非农业工作，暂居半年以上且未取得工作地城市户籍或居住证的农村户籍的公民。2009年，全国农民工总数2.3亿人，新生代农民工占一半以上。陕西省2009年农民工总数为642.9万人，其中新生代农民工超过390万人，占60.66%。省会西安是陕西新生代农民工最集中的地区。截至2011年3月，西安市农民工总数约为103万人，其中新生代农民工占一半以上。新生代农民工的市民化和全社会的和谐、稳定、发展关系紧密。文化是新生代农民工融入城市的桥梁，对增强其归属感、尊严感和幸福感具有重要作用。

一、新生代农民工的精神文化生活

农民工在城市的消费以生存性消费为主导，以低水平的日常消费为主，拓展性消费比较缺乏。

（一）文化生活的消费

第一，多数人对文化娱乐无消费或低消费。有24%的受访者每月平均

---

[*] 本章以2011年7—12月褚宸舸主持的共青团陕西省委委托课题"陕西省新生代农民工精神文化生活、文化需要和文化权利"的报告为基础。参见褚宸舸、李豫琦：《陕西新生代农民工精神文化状况》，载《改革内参（综合版）》2012年第12期；褚宸舸、李豫琦：《农民工行使文化权利的困境》，载《改革内参（综合版）》2012年第12期。本章的主体部分曾以《陕西省新生代农民工精神文化生活亟待关注》为题，载团省委《青年工作重要情况送阅》（总第205期），2012年1月5日获得陕西省省长批示。研究报告后扩充为学术论文，参见褚宸舸：《陕西新生代农民工精神文化需要和文化权利的社会实证研究》，载《厦门大学法律评论》（2012年卷，总第20辑），厦门大学出版社2012年版，第184—215页。

用于文化娱乐的消费为 0 元，如果加上消费 30 元以下（18%）和 31—50 元（19%）的受访者，共计有近 2/3 的新生代农民工在文化娱乐方面零消费或者消费较低。

第二，主要消费是手机话费、上网和购买书报杂志。新生代农民工远离层次较高的文化消费和奢侈消费。在各种文化消费项目中，支出最多的 3 项依次为：手机话费（37%）、上网（29.6%）、购买书报杂志（24.4%）。80% 的受访者主要用手机打电话、发短信，而通过手机上网（查询信息、聊天）的受访者在 7% 以下。有 60% 的受访者经常（每周至少 3 次或者每次超过 2 小时）上网，西安市区的新生代农民工该项比例达到 80%，这与大城市网络文化发达有关。使用互联网的诸多用途中，最主要有 3 类：阅读新闻消息（35.2%）、与熟人聊天（29.3%）和看电影电视（26.5%）。在书报杂志消费中，新生代农民工主要购买报纸和杂志，购买图书的占比极低。每年购买图书的支出在 50 元以下的占 68%，其中有 18% 为 0 元。

（二）文化生活的形式

第一，看电影电视、上网和听音乐是主要形式。新生代农民工闲暇时间主要的 3 项文化娱乐活动是看电影电视（54.8%）、上网（47.7%）和听音乐（36.5%）。这和珠三角的一般农民工稍有不同，后者闲暇时主要是看电视（57.5%）、睡觉（53%）、读书看报（43.8%）、逛街逛公园（40.2%）。新生代农民工的文化活动同其职业也有相关性。餐饮店的员工在 14—16 点主要是在店内打牌和聊天，在闹市区工作的员工主要选择逛街，而建筑工人则主要是打牌和睡觉。

第二，网络是文化活动的主要载体。新生代农民工最常去的休闲场所是网吧（44%），其次是影剧院（27%）和图书馆（16%）。西安市区的新生代农民工也把网吧作为首选（43%），图书馆（20%）和公园（20%）次之。这和城市在图书馆和园林方面的设施较多且大多免费有很大关系。

第三，最喜欢的个人、集体文化活动分别是看电影电视和节庆活动。在个人文化活动中，近半数的新生代农民工最喜欢看电视、电影、戏剧，最喜闻乐见的城市集体文化活动则是节庆活动（27%）。

二、新生代农民工的精神文化需要

(一) 精神慰藉和情感交流

文化水平影响新生代农民工的心理素质，较低的文化水平造成其心理适应能力和情绪控制能力不强，自信心和信任感缺乏。另外，生存环境使新生代农民工承受较重的精神负担，加之交际圈狭小（只局限在同事或老乡之间），易产生恐惧、消沉、急躁、自责等负面情绪，对未来生活缺乏热情和信心。有农民工反映，其平时经常感到身心疲惫、难以入眠、烦躁易怒、前途渺茫和生活艰难。这时若再碰到困难或遭受不公正对待，极易产生孤独、压抑和怨恨的情绪。

关于手机话费大量支出的数据间接证明，新生代农民工对沟通和倾诉的渴求。表示"远离家人没有朋友感到孤独"和"感觉被人看不起"的受访者分别占21.6%和13.9%。"感觉被人看不起"反映出农民工在城市中因缺乏公民或市民身份而产生了被排斥感和被剥夺感。"远离家人没有朋友感到孤独"反映出新生代农民工对情感沟通、交流的需求很强烈。但是，由于工作、生活空间与城市居民相对隔离，交往对象具有局限性。特别是，因为背井离乡，不能经常与家人、亲朋见面，其缺乏情感宣泄的机会和对象。因此，"回家探亲"和"与朋友聊天"成为新生代农民工节假日主要做的事情，分别占63.9%和33.1%。

已婚新生代农民工还经常面临两地分居的困惑。能否和子女在一起生活是衡量其亲子关系以及家庭关系融洽度的重要指标。对"是否至少有一个子女随同您目前在一起生活"这个问题，全省已生育的新生代农民工有67%作出肯定回答，西安市区却只有34%的受访者作出肯定回答，约占全省的一半。这说明大城市的新生代农民工特别缺乏与子女的亲情互动。父母周末能否照顾陪伴子女是反映亲子关系的另一个重要指标。在全省与子女共同生活的新生代农民工中，有23%没有时间照顾陪伴子女。在西安市区新生代农民工中，该比例为16%。农民工受外出务工制约缺少必要的与其子女的亲情互动，极易造成亲子关系紧张，引发一些家庭矛盾。如2011年11月，陕西省咸阳市某农民工13岁的儿子投河自尽事件，其根源就在于亲子关系恶化。

（二）参加文化娱乐活动和接受教育培训的需要

第一，通过文化娱乐活动缓解心理压力。听音乐（52.1%）和找朋友倾诉（34.3%）是新生代农民工缓解心理压力的主要方法，看电影电视、上网聊天、户外活动等也是重要方法。这说明文化娱乐活动可使新生代农民工的心理压力有所缓解。

第二，接受教育培训的需要。绝大多数新生代农民工有接受教育培训的需要，表示不需要和很不需要的仅有11%。南京师范大学2009年江苏省新生代农民工价值观调研也能证明此点。25.8%的新生代农民工对自己接受教育的状况表示"满意，所学知识能胜任工作"，53.0%的表示"不满意，还需要继续学习"，21.2%表示无所谓。但是，政府和社会提供的教育培训机会、条件十分有限，远不能满足需要。

三、新生代农民工行使文化权利的困境

公民文化权利的行使要求政府积极有效地创造条件保障其实现，要建立公共文化服务体系，具体包括制定文化政策、配备文化设施、提供并保障文化资金、培养文化人才、进行文化监督和评估等。

（一）政府等主体履行义务程度不高

第一，城市公共文化设施不足。城市公共文化设施的现状和人民需要之间还有较大的差距，特别是城市公共文化设施存在严重的不均衡现象，全省主要的文化资源和设施集中在省会西安等大城市。西安的公共文化设施则主要集中在南郊和老城区交通便利的繁华地带，在农民工较多的城东、城西以及一些新兴工业园区，公共文化设施还相当匮乏。

36%的受访者对自己的文化生活状况不满意或很不满意。近1/3的受访者对所在城市文化娱乐设施给予否定性评价，半数受访者对城市文化娱乐设施评价一般，作出肯定性评价（满意或很满意）的仅占18%。

第二，单位在文化活动环节非常薄弱。首先，近半数的单位未开展过文化活动。对单位的文化活动，70%以上受访者给予负面评价。46%的受访者表示单位没有任何文化、娱乐活动，24%的受访者认为单位的文化活动内容单一，不能满足其需要。其次，单位文化活动的参与度需提高，形式需改进。

虽然作为经营实体，单位不可能经常组织文化活动，但也有 1/4 左右的单位每月可以组织 1 次活动。可是，参与单位文化活动的新生代农民工不多，1/4 的受访者表示没参与过，超过半数的受访者表示每年仅参与 1—2 次。单位的共青团、工会和同乡会有时也会组织一些活动。但在建有团组织的单位中，分别有 11% 和 39% 的受访者表示共青团从未组织和偶尔组织文化活动。

（二）民生问题是行使文化权利的主要障碍

工作不稳定收入无保障（54.9%）、生活成本太高（50.9%）、住房困难（48%）是困扰新生代农民工在城市生活的三大民生问题。也有 34.4% 的受访者将缺少文化娱乐活动作为其在城市生活的困扰。另外，认为父母子女无人照顾、子女就学困难的分别有 21.3% 和 17.7%，认为看病难（患病无钱医治、出了工伤事故无法医治）的有 19.9%。

第一，较大经济压力对文化权利的限制。收入是影响新生代农民工精神生活的决定性因素。经济状况使其将开支主要用于生存消费，而在文化生活方面的支出微乎其微。同时，经济状况不佳还会引起文化娱乐、居住状况、子女受教育方面的诸多问题。

第二，缺乏参加文化娱乐活动和教育培训的时间。新生代农民工除工作时间和睡眠时间，每天可自由支配的闲暇时间在 2 小时以下的占半数以上，其中 23% 的受访者表示没有闲暇时间，根本谈不上参加文化娱乐活动和教育培训。

闲暇时间过少也间接证明新生代农民工加班普遍、工作时间较长、劳动强度较大。陕西省社会科学界联合会调研数据显示，西安市农民工平均每周工作 6.4 天，每天工作 10 个小时左右，有时长达 15—17 小时，有 20% 的受访者表示企业 1 个月休假 1 天，采用双休制的企业不到 5%。37% 的受访者表示，每天没有时间参加文化娱乐活动。在西安市区，有 44% 的受访者表示，每天没有时间参加文化娱乐活动。

第三，较差的居住环境对文化权利的制约。陕西省新生代农民工居住的房屋主要是单位或雇主提供的职工宿舍、合租房屋、独立房屋，自购房的比例只有 10%。有 8% 的受访者直接居住在生产经营场所。建筑施工单位主要是在施工现场搭建宿舍，条件好的项目部搭建彩钢活动房，无法搭建足够宿舍的则以施工队为单位集体租住民房。餐饮单位一般都提供集体宿舍，条件较好的单位在营业场所内设置宿舍区，规模较小或营业面积较小的单位则会租用单元房或招待所供员工住宿。市政施工单位一般也会为工人提供集体宿舍，在工程较小用工较少的情况下，会安排工作车接送工人。当工程较大工期较长时，一般会在施工现场搭建宿舍。洗浴单位通常在店内为员工提供住宿。商贸单位普遍不为员工提供住宿。各类单位提供的宿舍只针对单身职工，双职工或已婚职工仍须自行解决住宿。租住民房的新生代农民工大多没有购置电视，工作之余主要是找老乡聊天或是到附近闲逛，由于生活单调，再加上多为分散居住难以管理，很容易引发事端。

居住状况亟待改善是农民工面临的普遍问题。空间的局促对新生代农民工的精神文化生活影响较大：不仅没有参与文化活动的必要场地，也很难接受城市文化的辐射。

（三）新生代农民工文化权利的实现需要社会支持

近半数新生代农民工遇到困难时最主要的倾诉者是亲友或老乡，这说明其解决心理困惑的途径还比较单一，遵循着乡土社会的差序格局。选择自己去解决和默默忍受的分别占 25.1% 和 4.8%，表明其主要向自己寻求心理支持，而非向外部求助。如何将新生代农民工社会支持网络的差序格局转变为一种多元化、多样化的模式，是社会管理创新的重点。5.53% 的受访者会求助网友或在网上发帖求助，但是求助党（3.86%）、政府（1.14%）、共青团（3.75%）、工会（1.77%）的比例很小。

第一，国家政策和制度。农民工文化生活改善涉及体制内一些根本制度的改革。解决农民工文化权利问题必须有一套系统的方案。首先，要健全和完善政府公共文化管理体系，以保证农民工平等享有文化权利。其次，逐步改革户籍制度，保证农民工获得体制和社会的认同，享有法律上的平等。再次，政府相关职能部门和社会团体要办好公共文化事业，并鼓励、扶持企业或农民工自己组织文化活动，实现农民工文化活动的多样化。最后，切实提高新生代农民工的收入水平和福利待遇。

第二，社会工作者队伍。陕西省急需一批对新生代农民工有爱心、工作责任心强的基层社会工作者。同时，建立一套行之有效的模式和工作机制，应重视民办公助、社会参与、长效运转。按照国际标准，每千人中应有2—2.5名社会工作者。但针对本省生源，2011年开设社会工作专业的陕西高校只有6所，招收学生280人。而且，由于陕西专业社工组织还处在萌芽阶段，专业学生在本地获得对口就业机会较困难。由于岗位不稳定、薪酬水平低、职业价值难以体现等原因，社会工作专业大学生毕业后从事本专业的不足10%。由于待遇、岗位编制等原因，专业社工往往留不住，而社区又急需这些人才。因此，地方政府需要把培育文化方面的社会工作者组织、民间社团提上日程。

第三，自组织和宗教组织。新生代农民工最常参加的活动是老乡会、同学会，这说明其乡土观念比较重，人际关系主要是地缘性的。但是，较多人参加文化休闲爱好兴趣团体和社会公益慈善类组织，说明都市民间组织已经开始影响新生代农民工，并且在其精神文化生活中发挥重要作用。

陕西省是宗教大省，五大宗教信众至少有160余万人。新生代农民工参与宗教组织活动的达到受访总人数的13%，正式加入宗教组织的占8.87%。这说明宗教组织在农民工精神文化生活方面发挥了不容忽视的作用。有关部门应当正确引导、帮助新生代农民工正确认识我国有关宗教信仰自由的法律和政策，使其依法参加各类宗教活动。

第四，单位。单位是加强新生代农民工文化建设的增长点。在市场化环境下，政府如何激励、督促、引导企业重视新生代农民工文化建设，是值得研究的问题。

第五，群团组织和公益性文化单位。工会、青年团、妇联等群团组织以及公益性文化单位本应是新生代农民工的重要社会支持力量。但是，群团组织并未发挥应有的作用，尚有提升空间。而且，我国文化体制和事业单位改革也正在进行中，公益性文化单位将来为农民工服务的机制和方式方法，还需要进一步探索总结。

第六，社区。移民如何融入社会是一个复杂的课题。大多数新生代农民工的社交圈子在其群体内部，所谓和"城市中的老乡"形成"城市中的村庄"。他们虽然居住在城市，但和市民却难以互动。能够经常参加社区文化活动的陕西新生代农民工只有9%，有31%的新生代农民工根本不知道社区还组织文化活动，有27%的受访者知道社区组织文化活动，但没有参加过。这说明城市社区对农民工精神文化生活的支持是不够的，社会管理创新重在社区，因此还需要加强社区文化建设。

第二章 "不升学不就业"青年调查 *

在我国进入老龄化社会,青年人口红利逐渐消退,经济进入中低速发展时期的背景下,一方面,青年就业面临各种严峻的挑战,各级党政群团都在创造条件鼓励青年创业;另一方面,青年中却出现了"宅"或"佛系"的文化,典型表现为有些青年有劳动能力但自愿选择不就业。团中央权益部选定全国5个省市进行"不升学不就业"青年抽样调查,陕西省是其中唯一的西部省份(其他被调查省市分别为上海市、浙江省、广东省、湖北省)。因为国内相关学术文献非常有限,其中研究陕西省"NEET(Not in Education, Employment or Training)族"的文献并没有,故本次调查属于陕西省的首次调查,具有填补空白的实践意义和学术意义。

本章研究社会转型过程中一个特殊群体——"NEET族",中文直译为"非教育、就业或培训族",音译为"尼特族"。"NEET"一词最早出现于1999年,是英国政府的社会排斥办公室(UK's Social Exclusion Unit,负责给各部提出政策建议)创造的一个术语。"NEET族"在美国被称为"归巢小孩",在日本被称为"尼特族",在中国被称为"啃老族"或"死宅族"。"不升学不就业"青年,不同于自由职业或非典型就业青年,也不同于过去共青团权益工作对象之一"不升学未就业"的闲散青少年。

根据研究委托单位的统一要求,对调研对象做如下限定:第一,出生于1984年5月20日—2003年5月20日。第二,有劳动能力但自愿处于失业

---

* 本章以2019年5—6月褚宸舸主持的团中央权益部、共青团陕西省委委托课题"陕西省不升学不就业青年调查"的报告为基础。参加问卷调查和入户访谈的人员还有共青团陕西省委干部郝鹏涛、宋文科,西北政法大学干部李君,博士研究生张永林、硕士研究生柯德鑫、王桥波、张熠鸿、马慧婷、乔潇雅等。

状态，即主观上不愿意在短期内继续升学或就业。不包括因客观情况不能就业的群体。第三，暂时处于未就业不升学的状态，或本次调查前持续未就业1年以上（2018年5月20日以来未就业）。第四，调查地本地户籍人口，不包括外来务工人员等流动人口。

一、调研过程

2019年5月5日，共青团陕西省委权益部收到团中央权益部的通知。5月13日早上，褚宸舸和郝鹏涛在北京参加由团中央权益部召开的座谈会和调查培训会。本次调查抽取的区县位于陕西省东西南北4个地域，具有一定的代表性。西安市位于陕西省关中中东部，是陕西省的省会，新城区是西安市中心城区之一，总面积30.13平方公里。榆林市位于陕西省最北部，资源丰富，经济条件好，榆阳区位于榆林市中部，总面积7053平方公里，是榆林市的城区。宝鸡市地处陕西省关中西部，渭滨区是宝鸡市的主城区，也是宝鸡市的经济、文化中心，总面积728平方公里。商洛市位于陕西省东南部，柞水县位于商洛市西部，总面积2332平方公里，属于山区县，也是国家级贫困县。2019年5月20日下午，共青团陕西省委权益部在西安召开调查人员培训会，由褚宸舸对参加调查工作的区县团干和高校师生进行辅导培训。培训会之后正式启动调查，至6月5日下午结束，各区县自6月6日开始陆续上报数据。6月7—9日，由褚宸舸撰写报告，6月10日报送团中央权益部。

我们采取自上而下数据摸底和自下而上入户调查同时进行的方式，充分利用已有工作力量和已有数据。工作分工是：第一，区县团委团干是工作的枢纽，负责联系区县统计、教育、公安部门以获得数据，审核、汇总信息采集表，联系街道办事处、村（居）委员找到调查对象，协助入户。第二，乡镇街道办事处、村（居）委员干部负责找调查对象，填写信息采集表，协助入户。第三，西北政法大学的师生负责完成问卷调查、入户访谈（半结构化访谈），完成全省数据汇总、上报，撰写调查报告。第四，共青团陕西省委权益部负责领导调查，接受基层咨询，控制时间进度，提供后勤、财务保障。市级团委负责督促、协调。

本次调查的目标是：第一，收集数据、人口摸底。采集的相关数据包括：首先，从公安户政部门调取的本区县及我们所抽取的乡镇街办户籍在册的总人数，以及年龄在16—35周岁的人口数（截至2018年年底）。其次，教育行政部门提供的2016—2018年本区县中考、高考的升学率以及辍学人数。最后，人社部门提供的2016—2018年本区县的就业人数、失业人数。以上数据也可以通过统计局来查询调取。信息采集表（团中央权益部提供的制式表格）的主要内容有：被调查人的姓名、性别、出生年月、最高学历、毕业时间、是否有工作经历、未就业原因、时长、联系电话等。

第二，问卷调查、入户访谈。团中央提供经费、问卷和访谈提纲。共青团陕西省委权益部抽取3个市辖区和1个县开展摸底调查，每个区县抽取30%以上的街道乡镇（因为摸底到的人数较少，具体开展工作时，有些区县在其所有街道乡镇取样），完成调查问卷和入户访谈。

经过摸底，各区县"不升学不就业"青年共235人，其中西安市新城区63人、宝鸡市渭滨区122人、榆林市榆阳区24人、商洛市柞水县26人。调查问卷实际完成216份。入户访谈实际完成28场。各区县情况分别如下：

西安市新城区全区9个街道办事处（西一路街道、长乐西路街道、韩森寨街道、自强路街道、太华路街道、胡家庙街道、长乐中路街道、解放门街道、中山门街道），户籍人口528293人，其中16—35周岁青年户籍人口128896人（24.39%）。2016—2018年，全区中考升学率分别为48%、55%、59%，高考升学率分别为88%、94%、91%。全区失业人数3280人，其中16—35岁青年失业人数为743人（22.65%）。经过摸排，"不升学不就业"青年共63人，占青年户籍人数的0.04%，占青年失业人数的8.47%。

宝鸡市渭滨区户籍人口44.5万人，辖5镇5个街办，本次抽取2个街办1个镇（桥南街办、清姜街办和神农镇），户籍人口152403人，其中16—35周岁青年户籍人口30033人（19.70%）。2016—2018年，全区中考升学率分别为96%、97%、97%，高考升学率分别为90%、90%、90%。经过摸排，"不升学不就业"青年共122人，占青年户籍人数的0.40%。

榆林市榆阳区辖19个乡镇、12个街道，调查抽样3个街道2个镇1个乡（航宇路街道、崇文路街道、新明楼街道、金鸡滩镇、镇川镇、红石桥乡）。全区户籍总人口57.96万人，抽样地区户籍人口98267人，其中16—35周岁青年户籍人口18181人（18.50%）。全区失业人数1222人。经过摸排，该区

"不升学不就业"青年共 24 人，占青年户籍人数的 0.13%。

商洛市柞水县辖 9 个镇办，户籍人口 161839 人，其中 16—35 周岁青年户籍人口 45959 人（28.39%）。所抽取柞水县 1 个街办 2 个镇（乾佑街办、下梁镇、营盘镇）的户籍人口 58051 人，根据青年占全县人口比例测算 16—35 周岁青年户籍人口 16480 人。经过摸排，"不升学不就业"青年共 26 人，占青年户籍人数的 0.15%。

综上所述，4 个区县青年户籍人数 223069 人，摸排出的"不升学不就业"青年共 235 人，"不升学不就业"青年占所在区县青年户籍人口的比例并不高，仅 0.10%。

二、"不升学不就业"青年的特征

根据 216 份调查问卷所反映的情况，陕西省"不升学不就业"青年的基本情况是：第一，女性居多。样本中男性 96 人，占 44.44%，女性 120 人，占 55.56%。第二，受教育程度不高。初中、专科所占比例总计近六成，两者分别占 30.09%、28.24%（图 3-1）。

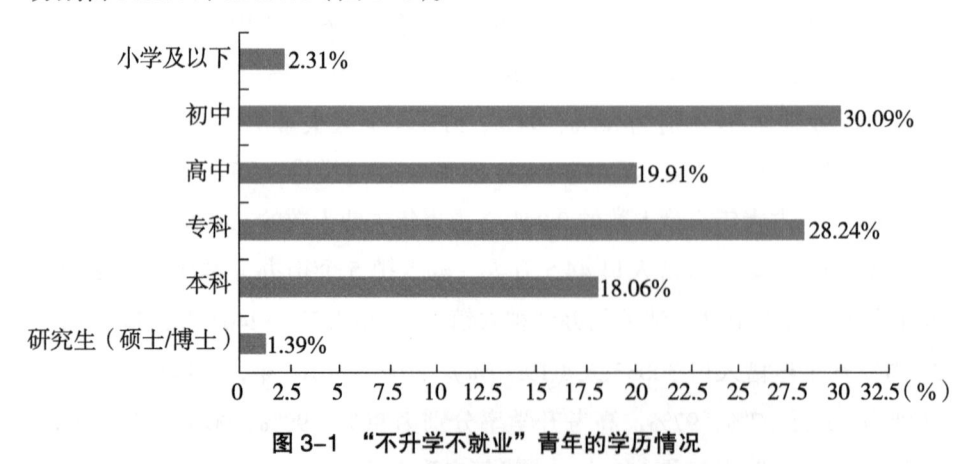

- 小学及以下 2.31%
- 初中 30.09%
- 高中 19.91%
- 专科 28.24%
- 本科 18.06%
- 研究生（硕士/博士）1.39%

图 3-1 "不升学不就业"青年的学历情况

第三，世界观、人生观、价值观基本正常。我们调查发现，"不升学不就业"青年的世界观、人生观、价值观和同龄一般青年差别不大，属于正常范畴，不存在明显的"负性"因素，不宜给其贴上"问题青年"的标签，更不宜对其"妖魔化"。首先，绝大多数"不升学不就业"青年认可"奋斗"。80.56% 的人认为假如衣食无忧，还需要奋斗。其次，"不升学不就业"青年认为人生最重要的事情排前 5 位的分别是健康、亲情、财富、自由、事业/学业（图 3-2）。

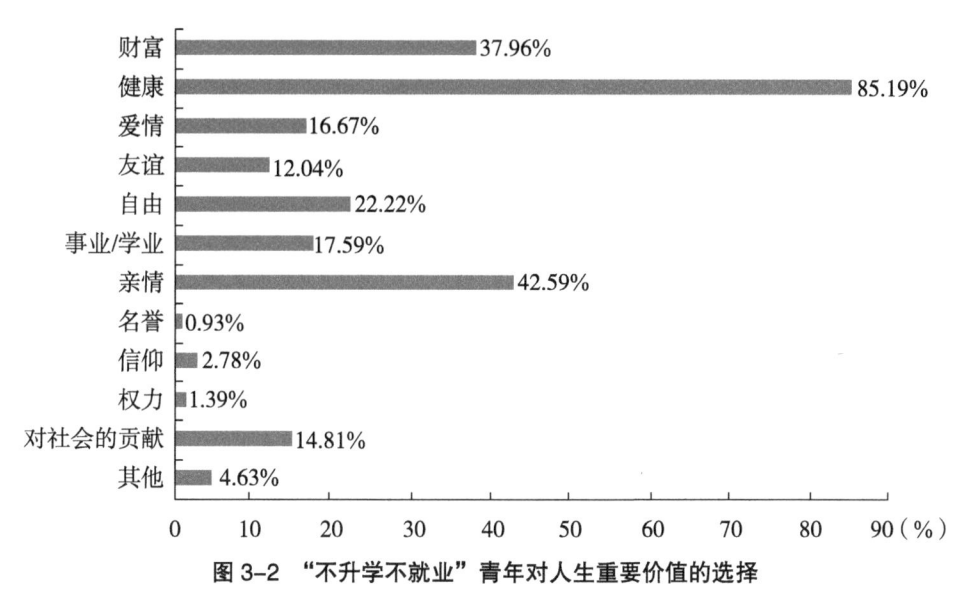

图 3-2 "不升学不就业"青年对人生重要价值的选择

选项	比例
财富	37.96%
健康	85.19%
爱情	16.67%
友谊	12.04%
自由	22.22%
事业/学业	17.59%
亲情	42.59%
名誉	0.93%
信仰	2.78%
权力	1.39%
对社会的贡献	14.81%
其他	4.63%

第四，不工作的原因有主客观之分。对工作不满意（45.76%）和家庭原因（生育孩子 25.42%、照料家庭 30.51%）占比较高。部分文献批评的好逸恶劳的"不升学不就业"青年其实占比较低。例如，嫌工作太累（6.78%）、工作没意思（5.08%）、家里不需要我工作（3.39%）、觉得跟人打交道太累（3.39%）（图 3-3）。

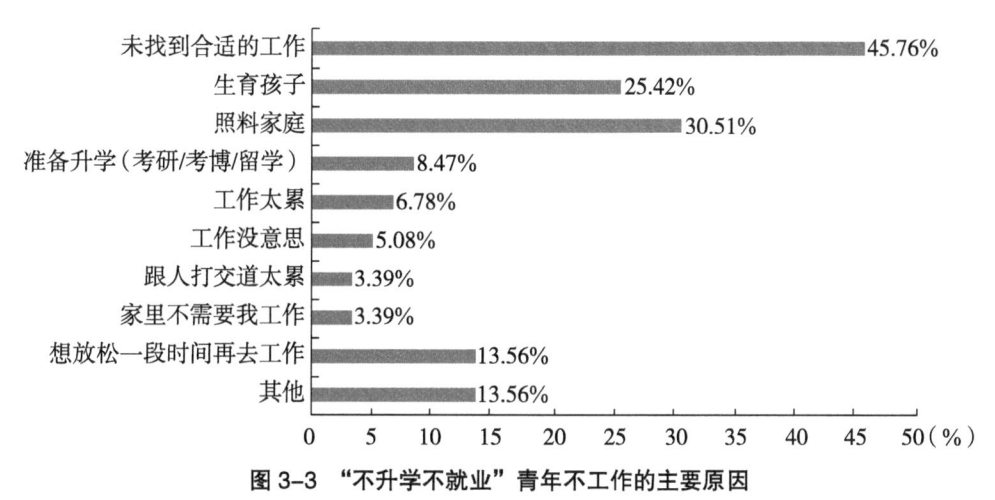

图 3-3 "不升学不就业"青年不工作的主要原因

选项	比例
未找到合适的工作	45.76%
生育孩子	25.42%
照料家庭	30.51%
准备升学（考研/考博/留学）	8.47%
工作太累	6.78%
工作没意思	5.08%
跟人打交道太累	3.39%
家里不需要我工作	3.39%
想放松一段时间再去工作	13.56%
其他	13.56%

第五，认为生存不全靠工作，主要靠家人和积蓄。首先，18.06%的人不认为工作是生存的唯一手段，34.72%的人表示不好说，47.22%的人认为工作是生存的唯一手段。其次，样本没有稳定的生活来源的占56.48%，有稳定的生活来源的占43.52%，其中生活来源主要是家人的工资收入（62.77%）和积蓄（17.02%）（图3-4）。某些青年认为"等靠要"是天经地义的事情。据中国老龄科学研究中心公布的数据，我国有65%以上的家庭存在"老养小"的现象，30%左右的成年人基本靠父母供养。

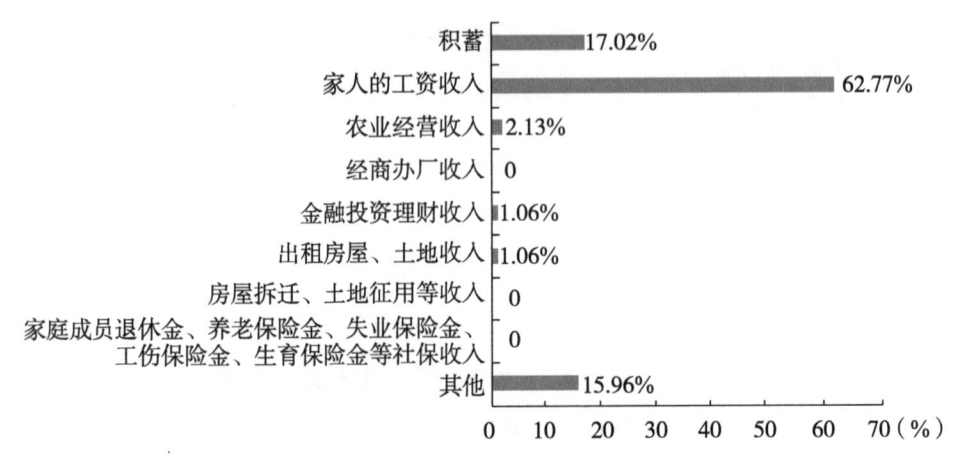

生活来源	比例
积蓄	17.02%
家人的工资收入	62.77%
农业经营收入	2.13%
经商办厂收入	0
金融投资理财收入	1.06%
出租房屋、土地收入	1.06%
房屋拆迁、土地征用等收入	0
家庭成员退休金、养老保险金、失业保险金、工伤保险金、生育保险金等社保收入	0
其他	15.96%

图3-4 "不升学不就业"青年的生活来源

第六，部分人对谋生态度消极，行动力不足。不寻求工作和不愿意工作不同，并非所有"不升学不就业"青年都不愿意工作。我们发现"不升学不就业"青年中有相当一批人愿意工作，但却不寻求工作，这说明其就业的行动力不足。调查发现，表示"过一天算一天"的占6.56%，没考虑寻找稳定生活来源的占7.38%，想其他办法的占20.49%。当问及"如果没有稳定的生活来源，打算如何"，多数人（65.57%）有找工作的打算，但是未来一年内会找工作的人只有近一半（49.15%）。有33.14%的人暂时没有从事有收入的工作（含灵活就业）。

有27.31%的人主观上并不想改变。很满意现在的生活，认为这就是理想生活的占5.09%。比较满意现在的生活，暂时不想改变的占22.22%。很不满意现在的生活，有点焦虑的占14.35%。不满意现在的生活，想改变生活方式的占58.34%。

第七，未就业、不升学状态持续的时间较长。83.16%在1年及以上，其中6年及以上的占15.84%（图3-5）。

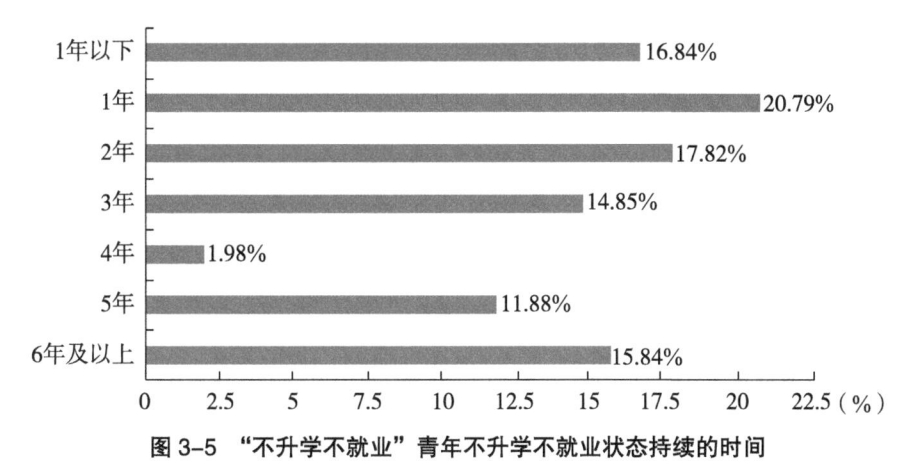

区间	百分比
1年以下	16.84%
1年	20.79%
2年	17.82%
3年	14.85%
4年	1.98%
5年	11.88%
6年及以上	15.84%

图3-5 "不升学不就业"青年不升学不就业状态持续的时间

第八，离开学校的时间较长。超过5年（不含5年）的占63.89%，3—5年（不含3年）的占13.43%，1—3年（不含1年）的占13.88%，1年以内（不含1年）的占8.8%。也就是说，这些人的知识大部分比较陈旧，如果就业的话，通常需要更新知识或重新接受培训。

第九，大多数人换工作的频率较高。有些人对就业过于挑剔，总找不到满意的工作，有些人虽有就业愿望，但没有目标，也缺乏真才实学，总是不成功又不愿当个打工者。频频跳槽，跳来跳去最后"漂"到无事可做。有79.63%的人有过工作经历，其中有过2—3次换工作经历的占55.82%，有5次及以上换工作经历的占9.88%（图3-6）。有29.65%的人工作持续时间在1年及以下（图3-7）。

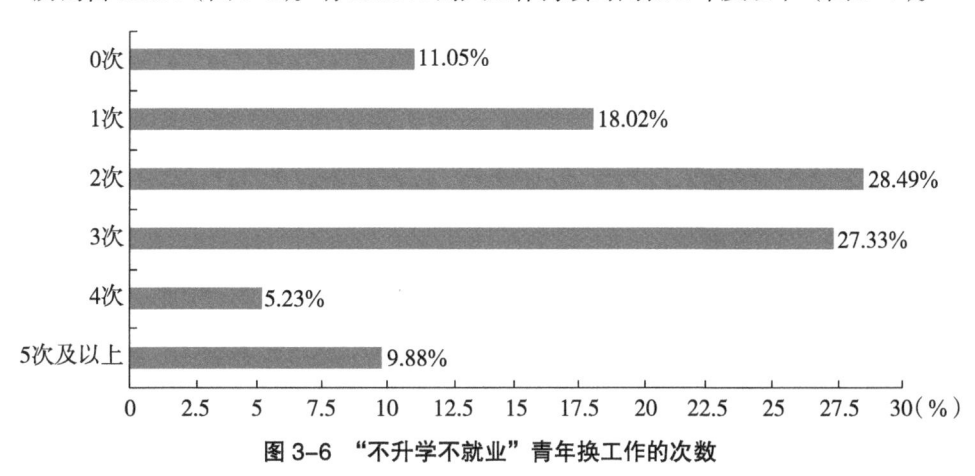

次数	百分比
0次	11.05%
1次	18.02%
2次	28.49%
3次	27.33%
4次	5.23%
5次及以上	9.88%

图3-6 "不升学不就业"青年换工作的次数

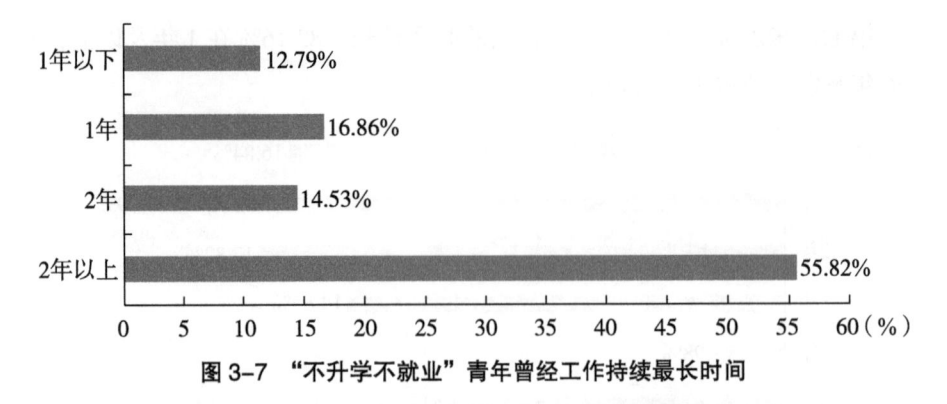

工作持续时间	百分比
1年以下	12.79%
1年	16.86%
2年	14.53%
2年以上	55.82%

图3-7 "不升学不就业"青年曾经工作持续最长时间

第十，家庭的年收入偏低。根据《陕西省人力资源和社会保障厅、陕西省统计局关于公布2018年度全省全口径城镇单位就业人员平均工资的函》，全省2018年度全口径城镇单位就业人员平均工资为62412元，对于一个三口之家而言，家庭平均年收入应该在18万元以上。但调查问卷显示，家庭年收入100001元及以上的总计只占8.8%，50000元及以下的占64.35%，50001—100000元的占26.85%（图3-8）。过去一些中外文献认为，"不升学不就业"青年是因为家庭经济好才选择做"NEET族"的，但这个推论并不符合陕西省的实际情况。

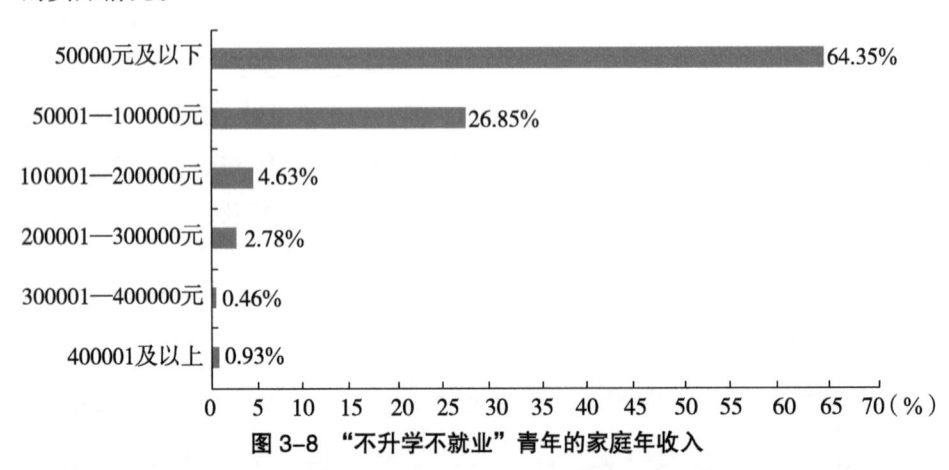

家庭年收入	百分比
50000元及以下	64.35%
50001—100000元	26.85%
100001—200000元	4.63%
200001—300000元	2.78%
300001—400000元	0.46%
400001及以上	0.93%

图3-8 "不升学不就业"青年的家庭年收入

第十一，需要工作和社会保障。首先，需求多样。其中占比较高的是：有固定劳动合约的就业岗位（36.57%）、丰富的就业信息（13.43%）、人脉资源（12.5%）、医疗等社会保障（10.19%）（图3-9）。

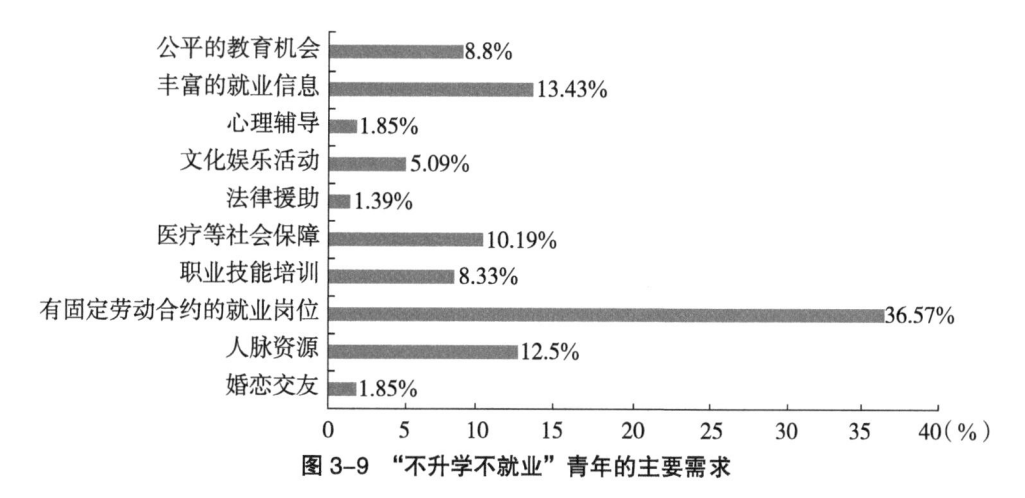

图 3-9 "不升学不就业"青年的主要需求

需求	比例
公平的教育机会	8.8%
丰富的就业信息	13.43%
心理辅导	1.85%
文化娱乐活动	5.09%
法律援助	1.39%
医疗等社会保障	10.19%
职业技能培训	8.33%
有固定劳动合约的就业岗位	36.57%
人脉资源	12.5%
婚恋交友	1.85%

其次,社会保障制度尚未全覆盖。14.35%的"不升学不就业"青年没有获得政府提供的任何社会保障。有城乡居民社会养老保险的只占18.52%(图3-10)。

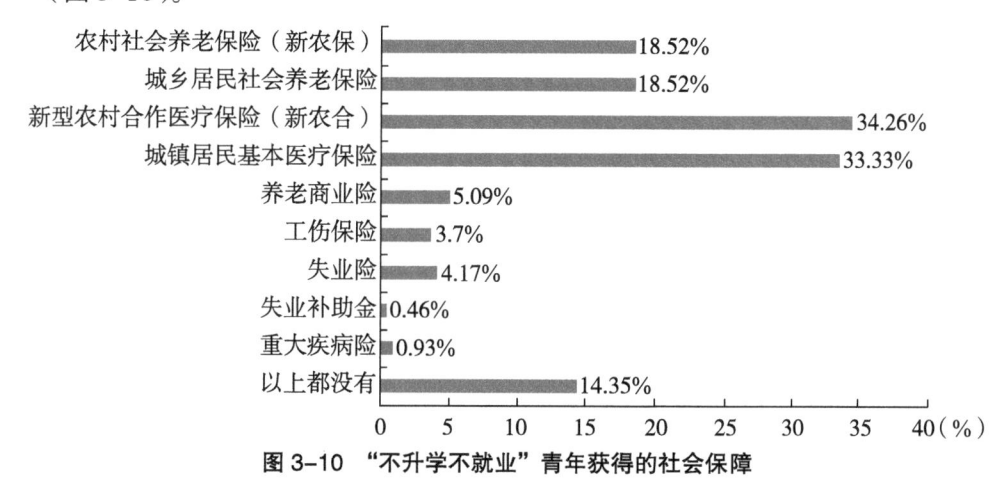

图 3-10 "不升学不就业"青年获得的社会保障

社会保障	比例
农村社会养老保险（新农保）	18.52%
城乡居民社会养老保险	18.52%
新型农村合作医疗保险（新农合）	34.26%
城镇居民基本医疗保险	33.33%
养老商业险	5.09%
工伤保险	3.7%
失业险	4.17%
失业补助金	0.46%
重大疾病险	0.93%
以上都没有	14.35%

综上所述,陕西省"不升学不就业"青年的特征可以概括为:女性居多,受教育程度不高,世界观、人生观、价值观基本正常,早已毕业或离开学校,频繁跳槽,"不升学不就业"持续时间长,生存主要靠家人和积蓄,不工作有主客观原因,谋生态度消极、找工作行动力不足,家庭收入偏低,社会保障比较差。

三、影响"不升学不就业"的因素

"不升学不就业"反映了青年面临的就业困境,其影响因素很多,至少涉及社会两大制度（就业培训制度和教育制度）和两大政策（教育政策和劳动力市场政策）。参考中外相关文献，并根据我们的调查，以下因素是和"不升学不就业"相关的。

第一，劳动就业市场。经济衰退导致劳动力市场的结构发生变化，从而影响青年就业。造成"不升学不就业"青年激增的不利因素有：经济发展前景的不确定性增加，社会就业形势严峻，岗位总体减少；就业环境不公平，竞争无序化。

第二，用人单位的招聘实践。首先，用人单位更倾向于非固定的用工和短期合同。这种做法的好处是雇主用工具有更高灵活性，成本更低，但是给就业者带来了不安全感和不确定性。其次，用人单位更喜欢寻求并招募高素质的员工，不切实际地抬高招聘的"门槛"，从而将适合的青年排除在外。

第三，青年的受教育水平。受教育程度不高是导致青年不能正常就业的一个主要因素。我们调研也发现，"不升学不就业"青年的受教育水平通常较低。一些青年文化水平低、技能差，就只能在中低端劳动力市场上找苦脏累的工作，所以有些人索性待在家中。

第四，青年的价值观和工作态度。我国一些文献表明，"不升学不就业"青年往往自我定位不准，期望过高，心理不成熟，存在消极的就业观。因此，可以通过加强思想政治教育的方法，从改变其观念入手，做好思想工作，培养其独立、自强意识，亦可以采取心理危机干预的方法。但是，也有国外文献表明，动机和价值观的变化并没有改变"不升学不就业"青年对就业和寻找工作的态度。

第五，青年及其家庭的个体性事件。解决"不升学不就业"青年的实际困难对于促进其就业至关重要。这些困难包括但不限于：首先，青年女性怀孕、生产及承担的育儿责任。低文化水平的已婚育龄女性是易"不升学不就业"的高危人群。其次，较早辍学，例如初中毕业后就进入社会，没有继续上学。再次，健康原因。从次，就业方面的挫折，例如经历一次失业后一蹶不振。最后，家庭原因，例如父母双方或一方瘫痪卧床，需要照料。

综上所述，通过收集数据、人口摸底、问卷调查、入户访谈等方法，对西安市新城区、宝鸡市渭滨区、榆林市榆阳区、商洛市柞水县四区县的"不升学不就业"青年进行了抽样调查，获得235条摸底信息，28份访谈记录，

216 份调查问卷。调查结果和我们预先的判断有一定差距：因为特别典型的"不升学不就业"青年并不多，所以排查寻找的难度比较大。大多数"不升学不就业"青年不是不想工作而是不寻工作，至于为何不寻工作，多少有些客观原因。其世界观、人生观、价值观基本正常。原先预想其家庭经济情况比较好，实际是比较差，需要社会给予保障。经调查发现："不升学不就业"青年占所在区县青年户籍人数的平均比例为 0.10%。"NEET 族"的出现反映了青年在社会转型过程中所面临的就业困境，影响"NEET 族"的相关因素包括劳动就业市场、用人单位的招聘实践、青年的受教育水平、青年的价值观和工作态度、青年及其家庭的个体性事件等。

四、减少"不升学不就业"青年的建议

减少"不升学不就业"青年的策略包括两个层面，一是预防青年"不升学不就业"，二是促进已经成为"不升学不就业"者就业。如果要实现减少"不升学不就业"青年的目标，就必须有针对性地采取以下政策和措施。

（一）通过积极的政策促进青年就业

第一，通过经济和劳动力市场政策创造更多就业岗位是治本之策。具体而言，包括改革青年就业制度、创造良好的就业环境、拓宽就业渠道、完善保障制度。第二，在有条件的地区实行 12 年制义务教育，使青年人能接受高中阶段教育，提高高考升学率，从而确保青年能够获得接受高等教育的基础并具有进入劳动力市场所需的职业技能。第三，采取措施，激励用人单位合理用工，依法签约，使用人单位雇用更多一般资质和教育水平的青年，增加青年的就业保留率和劳动合同履约率。

（二）采取必要的公共政策和措施使"不升学不就业"青年返岗

国家提高对育龄青年的财政补贴，加大对儿童保育服务的投资，通过增加公共儿童保育服务设施，为 3 岁及以下儿童的父母提供更多的公共儿童保育社会服务，以减轻育龄青年特别是妇女的育儿责任，降低年轻妇女的"不升学不就业"率。这样的公共政策不仅可以帮助处于"不升学不就业"状态的年轻父母协调工作或减轻家庭教育责任，而且能对就业率产生积极影响。扩大医疗、养老保障的覆盖面，给患有疾病的青年及其家庭提供更多支持和帮助。

（三）其他措施

第一，努力提高青年自身的素质，改变其不适应社会发展的就业观念。第二，增强青年的就业能力。对已经失业的青年进行职业培训，缩短其失业期，帮助他们尽快实现就业。第三，提供针对性的社会支持，解决青年所面临的实际困难。

总之，建议通过积极的经济、劳动、教育政策增加岗位以促进青年就业，采取必要的公共政策和措施使"不升学不就业"青年重返工作岗位。

第三章　快递从业青年生存发展权益调查*

快递业属于劳动密集型产业，吸纳了较多劳动人口，快递从业青年（"快递小哥"）服务的对象又是广大市民，与群众的生产生活息息相关，所以保障快递从业青年长期稳定工作，既涉及国家和社会的和谐稳定，又关系广大群众的民生。近年来，中央对快递行业的发展成效予以充分肯定，对快递行业的未来发展寄予殷切期望。2015年10月23日，国务院印发我国首部全面指导快递业发展的纲领性文件《国务院关于促进快递业发展的若干意见》。2018年5月1日，我国首部专门规范快递行业的行政法规《快递暂行条例》正式施行。本章旨在摸清陕西省快递从业青年的基本生活、工作情况，重点分析快递从业青年群体的特点和其生存发展面临的困境，并提出服务关爱快递从业青年的建议，以期为相关部门推进和落实相关工作提供参考。

一、快递从业青年的基本概况

据陕西省统计局2016年8月15日的数据，2016年上半年全省快递服务企业业务量发展继续呈现高速增长态势，完成14637.96万件，同比增长77.8%，为上年同期增速的1.9倍。全省快递服务企业业务收入19.09亿元，同比增长65.7%，为上年同期增速的1.6倍。其中，同城业务收入4.83亿元，同比增长107.8%。[1]

---

* 本章以2018年7—12月褚宸舸主持的共青团陕西省委委托课题"陕西快递从业青年生存发展权益调查"的报告为基础，由褚宸舸、王桥波和柯德鑫执笔，部分内容已公开发表。参见褚宸舸：《快递从业青年生存发展权益研究报告——以陕西省为例》，载《国家治理》2019年第6期；褚宸舸：《3万人，四亿件，53亿元揭秘"快递小哥"》，载《当代陕西》2019年第9期；褚宸舸、王桥波、柯德鑫：《快递从业青年发展困境及法治突破——以陕西省为例》，载《民主与法制时报》2019年2月14日，第7版。

[1]《陕西上半年快递业务量同比增长77.8% 增速达去年1.9倍》，载前瞻产业研究院网站，https://bg.qianzhan.com/report/detail/459/160818-0ec325d0.html，最后访问日期：2023年11月1日。

截至2018年10月底,陕西省快递从业人员约3万人,快递业务量累计4.46亿件,同比增长24.26%。快递业务收入累计53.98亿元,同比增长21.01%。全省有快递品牌近90个(其中自主快递品牌有56个),独立法人企业486家,分支机构2076个,末端网点5840个。快递公司主要有两种管理模式,一是直营式,二是加盟式。

2019年1月7日,共青团陕西省委权益部召开了座谈会,并邀请顺丰、圆通、京东、黄马甲、德邦等多家快递公司的管理人员、快递员参加。座谈会前后,我们设计了问卷,并以网络问卷的形式,借助快递公司的工作群,邀请、发动快递从业青年填写问卷,最终收回有效问卷582份。我们还通过电话访谈了3名"快递小哥"。

(一)样本特征

通过问卷调查,我们发现快递从业青年有"男性、青年、本地人、已婚、文化程度低、专职"六方面的特征(表3-1)。第一,男性居多。问卷中男性占比高达94.5%。这主要是因为该行业常常涉及搬卸货物等操作,属于重体力劳动。行业中的个别女性,主要从事配送报纸、牛奶或行政等二线工作。第二,青年居多。问卷中年龄在21—34岁的占81.1%,35岁及以上的只有18.7%。快递行业对身体素质要求较高,青年人年轻力壮、思维敏捷、反应迅速,在熟悉路线、骑车派件、搬卸货物等方面相较中老年人更有优势。第三,本地人居多。问卷中户籍是陕西省的快递从业青年占91.6%,这说明快递行业吸纳了大量本地劳动力。第四,已婚者居多。已婚者占74.9%,这说明快递从业青年大都要承担养家糊口、教育子女等家庭责任。第五,文化程度较低。问卷显示,本科及以上学历的只占7.2%,绝大多数是高中、专科(76.1%)学历,还有部分(16.7%)是高中以下学历。这反映出陕西省快递行业从业人员的文化素质普遍不高。第六,专门以送快递为业。问卷显示,专职的占绝大多数(97.6%),只有极少数(2.4%)为兼职。这说明快递行业更倾向于招全日制用工,对工作强度和工作持续性的要求较高。

表 3-1 陕西省快递从业青年的基本概况

项目	类别	人数（人）	占比（%）
性别	男	550	94.5
	女	32	5.5
年龄	20 岁及以下	1	0.2
	21—34 岁	472	81.1
	35 岁及以上	109	18.7
婚姻状况	未婚	146	25.1
	已婚	436	74.9
户籍所在省份	陕西省	533	91.6
	陕西省以外	49	8.4
学历	高中以下	97	16.7
	高中、专科	443	76.1
	本科及以上	42	7.2
工作方式	专职	568	97.6
	兼职	14	2.4

（二）快递从业青年的生存发展现状

（1）工作量大、工作时间长且休息少。快递从业青年每日派件数量多。除"双十一"之类的电商活动外，日常情况下，每日派 50 件及以下的占 19.76%，派 51—100 件的占 38.15%，派 101—150 件的占 22.16%，派 151—200 件的占 12.37%，派 201 件及以上的占 7.56%。

快递从业青年的日工作时间普遍超过法定工作时间。问卷显示，每天工作不到 8 小时的占 11.68%，超过 8 小时（含 8 小时）的占 88.32%，其中工作 8—10 小时（含 8 小时，不含 10 小时）的占 31.79%，工作 10—12 小时（含 10 小时，不含 12 小时）的占 27.66%，工作 12 小时及以上的占 28.87%。

快递从业青年的休息时间普遍少。休息少和工作量大、工作持续时间长密切相关。从图 3-11 可知，94.84% 的人每月休息时间不超过 4 天，每月一天都没有休息过的占 25.09%。很多快递从业青年抱怨"别人有法定节假日，我们一天假都没有"。

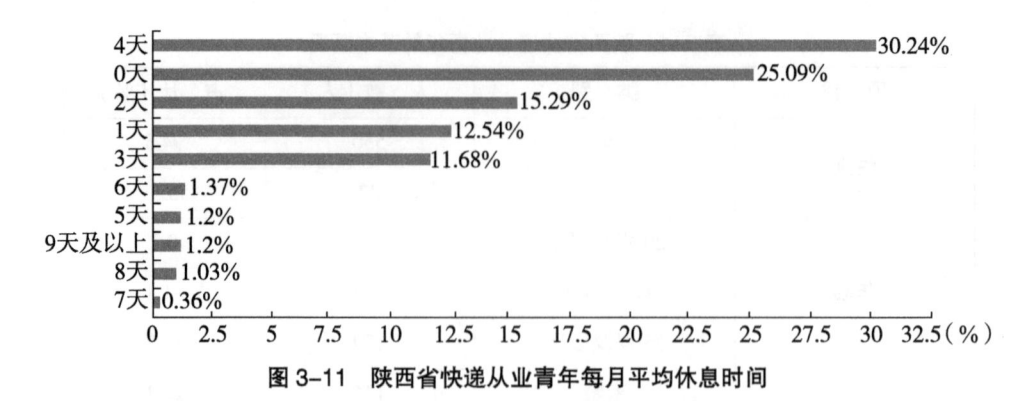

```
4天     ████████████████████████████ 30.24%
0天     ███████████████████████ 25.09%
2天     ██████████████ 15.29%
1天     ███████████ 12.54%
3天     ██████████ 11.68%
6天     █ 1.37%
5天     █ 1.2%
9天及以上 █ 1.2%
8天     █ 1.03%
7天     ▏0.36%
       0   2.5   5  7.5  10  12.5  15  17.5  20  22.5  25  27.5  30  32.5(%)
```

图 3-11　陕西省快递从业青年每月平均休息时间

（2）对收入、福利、居住状况的期望和实际之间存在较大差距。有快递公司反映，70% 的从业人员来自农村，进城务工的快递从业青年和普通农民工一样，都面临住房、子女教育、养老等诸多压力。快递从业青年的薪资和福利主要取决于其从业年限与业务量两个因素。

首先，快递从业青年对收入的满意度不高。快递从业青年每月平均收入 3000 元及以下的占 12.54%，月均收入 3001—5000 元的占 53.10%，月均收入 5001—7000 元的占 29.04%，月均收入 7001—9000 元的占 3.95%，月均收入 9001 元及以上的占 1.37%。根据陕西省人社厅于 2017 年 6 月公布的数据，2016 年度全省在岗职工月平均工资为 5135.5 元（由年平均工资 61626 元计算得出）。[2] 由此可见，快递从业青年的收入在陕西省已经属于中等水平。但是，由图 3-12 可以看出，48.80% 的快递从业青年对其收入不满意。快递从业青年普遍反映"工资太低了""我们很累，能不能把工资给我们涨一点"。访谈、座谈会中，很多快递从业青年强烈要求薪资待遇和劳动时长成正比。

其次，快递从业青年对居住状况不满意。租房者占 64.95%，单位提供住宿的仅占 2.06%，没有买房（或建房）的比例高达 72.34%。关于居住状态，超过一半（53.44%）的快递从业青年对自己的居住状态不满意。近年来，陕西省特别是西安市的房价不断上升，这对快递从业人员来说，无疑增加了生活成本和压力，想买房却买不起，使得解决住房问题成为"梦想"。

---

[2]《陕西公布 2016 年度工资统计年报》，载陕西省人民政府网站，http://www.shaanxi.gov.cn/xw/sxyw/201706/t20170602_1562465.html，最后访问日期：2023 年 11 月 1 日。

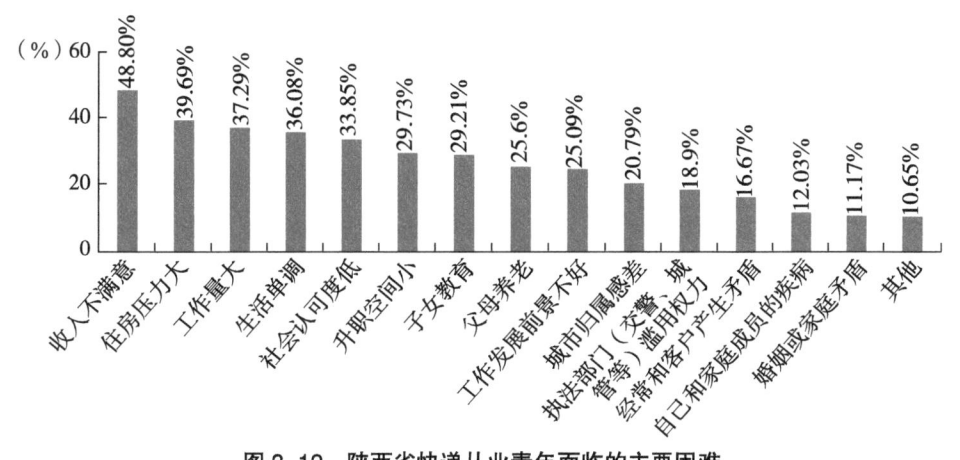

图 3-12 陕西省快递从业青年面临的主要困难

最后，较少公司提供补贴等福利。只有三成左右的快递从业青年能获得话费补贴（30.07%）、高温补贴（30.07%）、节假日加班补贴（29.04%）。只有近两成的快递从业青年能获得冬季取暖补贴（19.4%）和吃饭补贴（19.59%）。而能得到住房补贴、交通补贴的都在一成以下，分别占 7.56%、7.39%。值得关注的是，选择"其他"的比例高达 47.08%。据我们了解，选择"其他"的快递从业青年普遍反映"啥补贴都没有"。有些快递小哥反映，"只有双 11 发一点补贴"或者"话费和车费都是自己出的"。

（3）对所从事职业的自我认可度高。调查问卷显示，53.95% 的快递从业青年认为其用自己的辛勤劳动来赚钱很光荣（图 3-13）。快递从业青年与同事的人际关系大都比较和谐，认为关系非常好和好的占 84.88%，认为关系一般的占 14.43%，认为关系差和非常差的只占 0.69%，这反映出陕西省快递从业青年普遍对自己的人际沟通能力很自信，与同事工作配合较好。

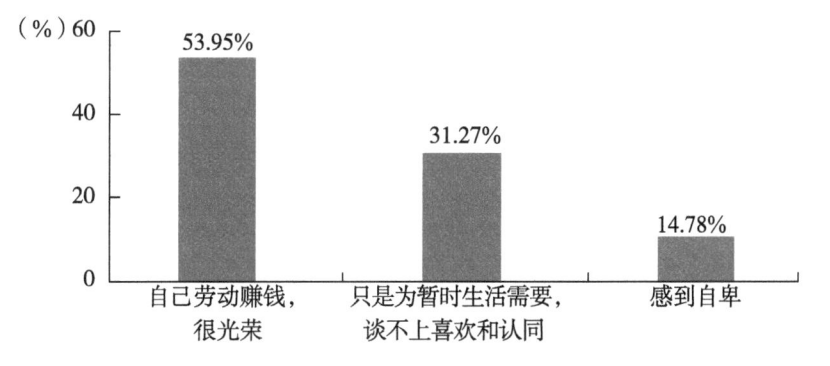

图 3-13 陕西省快递从业青年对自己工作的评价

（4）对行业政策、法律制度有较多关注。81.79%的快递从业青年关注快递行业政策、法律制度，其中29.73%的人很了解，超过一半（52.06%）的人比较了解。完全不了解快递行业政策、法律制度的人仅占6.87%。陕西省快递从业青年的文化程度整体不高，但了解国家快递法律法规的程度却比较高，这也说明其关注快递行业政策、法律制度的积极性较高，比较期待相关政策、法律制度能够发挥应有的调整、规范作用。但是，通过访谈得知，绝大多数快递从业青年遇到客户刁难或者发生其他工作方面的矛盾纠纷，都没有选择通过法律渠道解决，实际适用法律来维权的人更是屈指可数，有快递小哥表示"能私了就私了，有纠纷打官司太麻烦了"。

二、快递从业青年生存发展面临的困境

（一）社会关爱氛围尚未形成

第一，对快递从业青年的正面宣传不够。陕西省快递行业协会于2013年成立，该协会自2014年以来，虽然多次在全省快递企业中开展"优秀快递员"和"快递服务优秀网点"评选活动，但官方性的表彰从2018年才开始。2018年1月25日，西安市建设交通工会召开2017年劳动和技能竞赛总结表彰大会的时候，表彰首届"十佳快递员"。目前，各级政府和共青团对优秀快递从业青年的表彰非常少。

部分媒体更倾向于对快递从业青年进行负面报道，例如"中通快递员性侵女客户"事件就一度在各大媒体炒得沸沸扬扬，产生所谓的"好事不出门，坏事传千里"效应。这在一定程度上降低了群众对快递从业青年的评价，加剧了群众对快递从业青年的不满。

第二，社会对快递从业青年的尊重度、认可度和职业支持度不高。20.79%的快递从业青年感觉自己的城市归属感差。访谈中，快递公司普遍反映大众对快递从业青年的认可度不高，很多人对快递行业青年不够尊重、理解与认可。有些地方，甚至存在无良客户辱骂、欺凌、敲诈快递从业人员的问题。

第三，家庭对快递从业青年的理解和支持不够。从图3-14可知，家庭持"支持"和"非常支持"态度的不足半数（41.58%）。访谈中，有快递小哥反

映:"休息不成,没办法回家陪媳妇和娃,老是闹矛盾。"有快递小哥心酸地说:"对象听到我是送快递的,拔腿就跑了。"

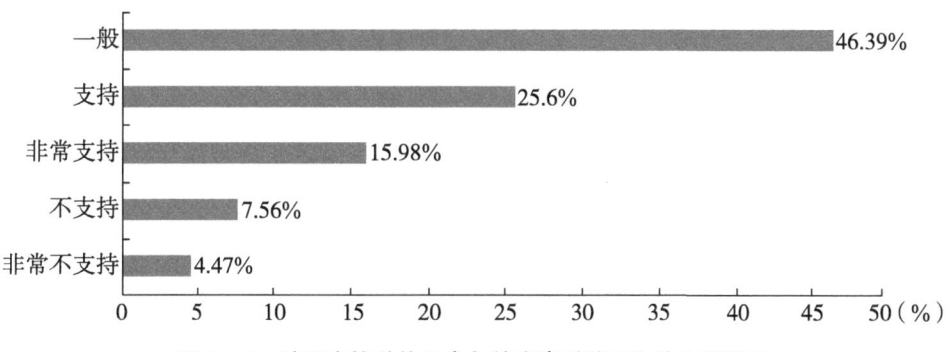

支持程度	百分比
一般	46.39%
支持	25.6%
非常支持	15.98%
不支持	7.56%
非常不支持	4.47%

图3-14 陕西省快递从业青年的家庭对其工作的支持程度

(二)行政性的限制规定较多且标准不明确

第一,城市车辆限行规定的限制。快递运输车辆在城市车辆限行之列,这会对公司当日乃至1周的派送数量、送货效率、运输成本产生巨大影响,有些公司购置车辆的成本会增加1倍。快递从业青年主要靠业务量提成来赚钱,限行规定影响了业务量,也连带影响了他们的收入。

第二,城市停车管理规定的限制。城市停车管理规定中关于各街道、商场、小巷等人员密集或偏僻地点的快递车辆停靠区域的划分尚不明确。在电商活动、商品大促期间,因为"爆仓",存在很多短时间内因派件、等候客户而停靠不到位,进而被扣车、罚款的现象。

第三,对快递三轮车性质的认定不清晰。三轮车属于机动车还是非机动车,目前没有统一的规定。由于在三轮车性质认定方面没有明确标准,导致城管、交警在执法过程中出现乱罚、错罚的问题。

第四,车辆通行证办理程序烦琐。快递运输车辆必须有"通行证"才能上路,但快递公司每个季度只能集中申请办理1次,程序烦琐且冗长,从申请车辆"通行证"到拿到"通行证"至少需要3个月,行政效能不高。

(三)劳动与社会保障制度不完善

第一,用工制度不规范,劳动合同签订率不高。没有与单位签订劳动合同的人占24.74%,反映出快递行业仍然存在用工制度不规范的情况。根据调研问卷开放性题目中的文字信息,有部分人反映,快递公司为了规避劳动法、节约成本,招小时工、学生工,不愿意担责,从而不与员工签订劳动合同。

第二，工作稳定性差，劳动合同签订期较短，"跳槽"率高。60.7%的人每次与公司签订劳动合同的期限为1年，签2年的占8.0%，签3年的占28.5%，这反映出快递行业的人员流动性高，合同期普遍较短。另外，快递从业青年入行的时间短，工作经验不足。40.0%的人从事快递工作不超过1年，工作2—3年的占28.6%，工作3年以上的熟练工仅占19.4%。27.15%的快递从业青年表示春节后不愿意在本单位继续工作，这说明该行业"跳槽"率比较高，工作队伍的稳定性有待进一步提高。

快递行业的末端网点居多，而只有各末端网点稳定才能保证整个快递行业的顺利运行，快递公司的人员流失率较大，尤其是末端网点，缺人手就无法保障快递的时效性，如果换新手又无法保障快递的服务质量。所以，提升快递从业青年工作的稳定性非常重要。

第三，社会保障不足，各种保险缴纳率低。接近一半的单位没有为员工缴纳社会保险。一方面快递公司因为员工的流动性较高，就不给短期员工办理社保，这是不符合法律规定的，另一方面反映出快递员工自身的法律保护意识不强。

在单位为员工购买保险的前提下，单位为员工缴纳生育保险的比例最低，占31.74%，同时医疗、养老、工伤、人身意外险缴纳比例较高，分别占74.74%、70.31%、69.97%、60.41%（图3-15）。而陕西省快递从业人员多为已婚男青年，一般正处于生儿育女的阶段，生育保险缴纳率不高，这对于他们来说也存在较大压力。

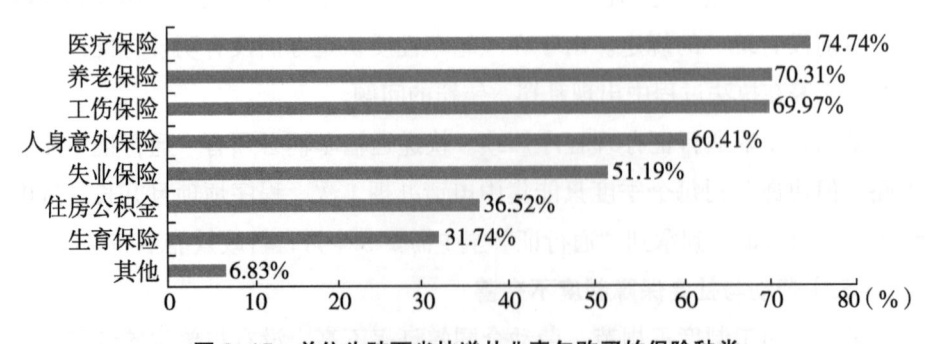

保险种类	比例
医疗保险	74.74%
养老保险	70.31%
工伤保险	69.97%
人身意外保险	60.41%
失业保险	51.19%
住房公积金	36.52%
生育保险	31.74%
其他	6.83%

图3-15 单位为陕西省快递从业青年购买的保险种类

（四）矛盾纠纷解决机制不顺畅

"送货难""丢货后取证难""客户刁难"的纠纷比较普遍。客户投诉大多数是因为沟通不畅,少部分是因为缺乏合理可行的纠纷解决办法。

第一,特殊区域派件效率低。有些客户的收货地点在商场、街道小巷,由于商场人流量大、小巷住户密集,这些场所往往没有固定的代收点,导致快递员难以快速找到客户,派件比较慢,这些不仅影响快递派送的时效性,而且容易引起客户不满。

第二,当客户权益和快递从业人员权益发生冲突时,电商平台和快递公司更注重保护前者。例如,一旦丢失商品,快递公司通常不具体分析是客户的责任还是快递员的责任,直接扣除员工的薪资,这缺乏法律依据。此外,还会出现客户"扣锅"现象。有快递小哥反映:"有次我给客户送花瓶(瓷器),我确保送到客户手里的花瓶是完好的,随后客户跟我说花瓶碎了,但我发现花瓶的确是客户自己不小心打碎的。客户要求我赔偿,说是我在派件过程中损坏的,对我进行投诉。我跳进黄河也洗不清,虽然没有证据能证明是我把花瓶打碎的,但是客户说也没有证据证明是他打碎的呀。在这种情况下,公司和电商平台的人都提出让我自行赔偿,客户就趁机抬高商品价值,那一次我赔了好几千元,一个月都白干了,可是我只能硬着头皮掏钱,因为不赔钱我可能饭碗都没了。"

第三,实践中存在大量代收现象。因为大多数客户的收货地点是小区,有些物业对快递小哥不放行,有时是门卫代收,有时是其他人代收,快递员无法证明自己把货送给客户本人。有快递小哥反映:"公司要求必须把商品送到客户手里,如果实际签收名字和面单收件人名字不一致,也视为没送到货,这就不符合要求,但实际上达到这个要求太难,也不现实。"有快递小哥反映:"(丢货)这种事你没有任何证据,对客户也拿不出证据。按照规定客户取货要签字,但是这个货因为不是本人签收,就没有任何证据来证明客户实际收到货,有些小区没有监控,没办法证明你把货送到客户手里了。"

总之,由于矛盾纠纷解决机制不顺畅,快递员经常"背锅"。对于矛盾纠纷应该有一套规范可行的实施细则和具体流程。例如,出现丢件、损坏件等纠纷,如何迅速确定责任归属,避免客户有"收不到件或者收到损坏件全是快递小哥的问题"的惯性思维才是重点。

(五)行业协会的作用发挥不足

政府和快递行业协会的联系不够紧密,行业协会发挥的建言献策作用比较有限。39.86% 的快递从业青年认为快递行业协会发挥的作用"一般",约 32.99% 的人认为其作用"比较小"或"非常小"(图 3-16)。

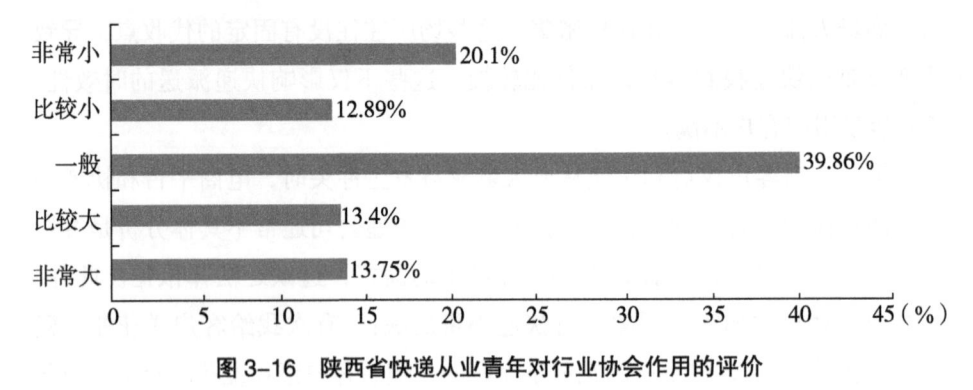

评价	比例
非常小	20.1%
比较小	12.89%
一般	39.86%
比较大	13.4%
非常大	13.75%

图 3-16 陕西省快递从业青年对行业协会作用的评价

三、服务关爱快递从业青年的建议

(一)营造尊重关爱快递从业青年的浓厚氛围

党和政府可以借鉴近年来对待"环卫工人"的方式,加强正面宣传引导,呼吁全社会尊重和理解快递从业青年。动员新闻媒体大力挖掘快递从业青年的典型事迹,借助各种途径以不同的形式加以宣传。党和政府以及共青团和工会等群团组织对优秀快递从业青年进行大力表彰,在青年中树立典型,形成全社会尊重快递从业青年的新风尚。各级党政领导带头,切实改善快递从业青年的工作条件和劳动环境,利用各种节假日,对快递从业青年表达关心、关爱,引导社会各界对快递从业青年多一分理解、尊重、认可和接纳,提升市民对快递从业青年的认可度、包容度、接纳度。

(二)推进政策制度设计

第一,推进快递行业的政策制度设计。整合相关政策和资源,统筹规划,加强行业规范和引导,落实国家相关法律法规及行业标准,促进快递行业的持续健康发展,为本省快递行业发展提供制度保障。例如,陕西省邮政管理局结合本省实际情况,推动省人大或省政府通过文件或地方性法规、规章等形式,进一步落实《快递暂行条例》《国务院关于促进快递业发展的若干意见》。健全和完善地方交通法规条例、治安管理处罚法,真正让快递的发展常态化、规范化和法治化。

第二，建立快递公司人力资源供给机制。缺乏快递员是制约快递公司发展的重要因素。政府人力资源和社会保障部门应当创新思路，既帮助广大青年尽快找到合适企业就业，又解决快递公司招工难的问题。首先，结合国家精准扶贫重大战略，引导部分贫困人口进入快递行业就业，政府应当搭建将贫困地区丰富劳动力资源输送到城市快递公司的"桥梁"和平台。其次，政府相关部门应协同快递公司经常性地举办快递人员的专场招聘会。加强快递行业人才库的建立，为快递公司提供人才支撑。

第三，开展快递从业青年文化素质提升计划。快递从业青年属于快递行业末端的服务人员，其技术含量和从业门槛相对较低，随着高科技的发展，这类群体将会面临被取代的风险。党和政府、企业、全社会应当帮助快递从业青年积极掌握相应的技能，提升其核心竞争力，提升其抗风险的能力，使其不仅能提升业务素质，还能及时掌握有关物流配送方面的新技术。例如，加强对快递从业青年的文化教育和职业技能培训，提升其文化素质和业务素质。加强对快递从业青年的法律服务，使其在遭受不公正对待时能通过正当途径维护合法权益，避免成为"背锅侠"。帮助快递从业青年树立服务意识，使其努力学习与客户的沟通交流技巧，通过真实案例培训，提升其在工作中解决问题的能力，帮助其树立职业信心和尊严，激励其奋发向上。

（三）规范执法提高行政效能

交通管理、城市管理执法部门应加强服务意识建设，提升服务质量和效率，真正为快递公司与快递从业青年创造优良的发展及工作环境。第一，对违反交通、城市管理的行政执法裁量标准予以明确。明确对快递从业青年使用的运输车辆——"三轮车"的性质认定，让执法真正透明而合理，防止肆意专断随意处罚或权力寻租导致的腐败问题。第二，为未取得三轮车驾驶证的快递从业青年开辟绿色通道。降低快递从业青年获取三轮车驾驶证的时间成本。第三，简化快递运输车辆"通行证"的审批手续，缩短"通行证"的审批时间。第四，尽可能减少对快递运输车辆不必要的限制，提升配送效率。

（四）加强劳动社会保障制度建设

第一，鼓励企业建立和其利润增长相适应的薪酬福利制度。在企业利润增长的同时，鼓励其增加相应的补贴，适度提高快递从业青年的工资及福利水平。提升快递从业青年的职业满足感，重视对快递从业青年的劳动保护，定期组织体检。鼓励企业积极承担相应的社会责任，更好地为员工谋福利。

第二，加强监管，促进企业规范用工。加强劳动保障监察，对违反国家《劳动法》的快递公司给予相应处罚。保障快递从业青年休息休假的权利。强制快递公司与员工签订劳动合同，并及时发放员工工资。要求快递公司为快递从业青年购买相应的社会保险，保证社会保险全覆盖，提高快递从业青年的职业地位。

第三，逐步改善快递从业青年的居住状况。为快递从业青年提供必要的政策关爱，在城市公租房、廉租房、经济适用房分配方面，回应其合理诉求，进一步提高其居住水平和城市融入度。

第四，鼓励公司健全管理机制，营造愉快、充实、人性化的工作氛围。促进公司管理民主化、科学化，为员工的正常晋升创造合理的渠道，制定明确的薪资激励制度，制定相对合理的员工考核标准，制定合理的员工职级评定制度。转变经营理念，加强企业文化建设。构建常态化、长效化的行业文化，充分尊重劳动者，增强人文关怀，适当满足员工更高层次的需求，增强快递从业青年对企业的归属感和认同感，创建融洽的内部劳动关系。

（五）建立多元的矛盾纠纷化解机制

党和政府要多管齐下，创新权益救济途径和纠纷解决机制，避免让快递从业青年"背锅"，处理好用户的恶意投诉，切实保障快递从业青年在遭受不公正对待时能通过正当途径维护其合法权益。

第一，建立权利救济和矛盾纠纷解决机制。快递员每天都会接触大量不同群体的人，不可避免地会产生一定的摩擦，建立多元的矛盾纠纷化解机制是"平安建设"的关键，有利于社会和谐稳定，促进社会长治久安。

第二，矛盾纠纷的多元化解机制强调，只有极少数矛盾纠纷最终通过司法途径解决，而大部分矛盾纠纷应该通过调解、仲裁或者行业、企业内部自治的方式予以化解。推动政府法律援助工作关注并覆盖快递从业青年。鼓励和支持群团组织、社会公益组织为快递从业青年提供法律、心理等方面的专业免费咨询服务。

（六）支持和鼓励行业协会主动作为

鼓励和支持行业协会充分发挥其与政府、企业的桥梁纽带作用，积极作为，切实保障和维护快递从业青年的合法权益。第一，借鉴"枫桥经验"，支持快递行业协会建立行业性、专业性的调解组织，调解企业内部的劳资矛盾、快递员和客户之间的纠纷矛盾。第二，鼓励行业协会密切与各方联系，上传下达，及时反映快递从业青年的利益诉求。

第四章　大学生"校园贷"调查*

2014年以来，随着各大银行退出大学生信用卡市场，为满足大学生对贷款服务的需求，一种专门为学生群体提供分期购物和提现等服务的互联网金融消费平台——"校园贷"应运而生。"校园贷"的放贷单位大致可分为两类：一是大学生购物分期平台，部分平台也提供小额的提现服务；二是P2P网络借贷平台，为大学生上学和创业提供信贷服务。因"校园贷"借贷门槛低、放款速度快、程序便捷，学生趋之若鹜。"校园贷"的存在既有需求又有市场。对放贷公司而言，针对学生放贷周期短、风险小、利润高。对学生而言，网上贷款程序简单，凭学生证、身份证、联络人手机号码等基本信息就可以迅速得到贷款。所以，大学生市场逐渐成为互联网金融领域新的"吸金地"。据《2015年大学生理财报告》统计，全国超过35%的在校大学生尝试过"校园贷"。但是，无序发展的"校园贷"也容易助长青少年不良的消费观念，会直接影响校园和谐。近年来，在陕西高校中"校园贷"的危害已经出现，西安某高校学生就因无力偿还"校园贷"而自缢身亡。

2017年6月中下旬，我们针对在陕高校大学生群体设计、发放调查问卷，调查了部分在陕高校大学生。调查内容涉及学生群体对"校园贷"的认知状

---

* 本章以褚宸舸主持的共青团陕西省委委托课题"大学生校园贷调查"的报告为基础，部分内容已发表。参见共青团陕西省课题组（褚宸舸、张永林、郝鹏涛、张忠辉、宋文科、任荣荣）：《"校园贷"问题产生的原因及防范建议——陕西大学生"校园贷"调查报告》，载《预防青少年犯罪研究》2018年第4期；共青团陕西省委课题组（褚宸舸、张永林、郝鹏涛、梁渊、史凯强、刘敏、张忠辉、宋文科、任荣荣）：《陕西大学生"校园贷"问卷调查报告》，载任宗哲等主编：《陕西蓝皮书：陕西社会发展报告（2018）》，社会科学文献出版社2018年版，第186—199页。

况、选择"校园贷"的原因、对法律风险及后果的认知等方面。我们在各校学生社团和任课教师的帮助下，通过线下渠道和问卷星线上平台随机发放问卷，并收回 566 份有效问卷。其中，纸质问卷 289 份，网络问卷 277 份。相关数据录入后进行统计分析。在此基础上，召开内部研讨会，结合数据、文献，形成以下报告。

一、大学生对"校园贷"的使用与认知

（一）大学生的消费状况

第一，总体消费水平较高。只有 28% 的学生每月生活费保持在 1000 元以内，59% 的学生每月所需生活费为 1000—2000 元，有 13% 的学生每月所需生活费超过 2000 元，其中有少数（2%）学生月均花费超过 3000 元。

第二，生活费主要由家庭提供。90% 的学生其生活费都由父母提供，只有 1% 的学生表示通过"校园贷"解决生活费，其余是通过奖学金（5%）和勤工俭学（4%）的方式解决。

第三，生活费主要用于吃、穿、娱乐。88.3%、46.6%、42.2% 的学生将生活费分别用于吃饭及购买零食、娱乐消费、购买服饰化妆品。14.8% 的学生将生活费主要用来旅游。31.1% 的学生用来支付培训费和购买学习用品，16.0% 的学生用来购买电子产品（图 3-17）。

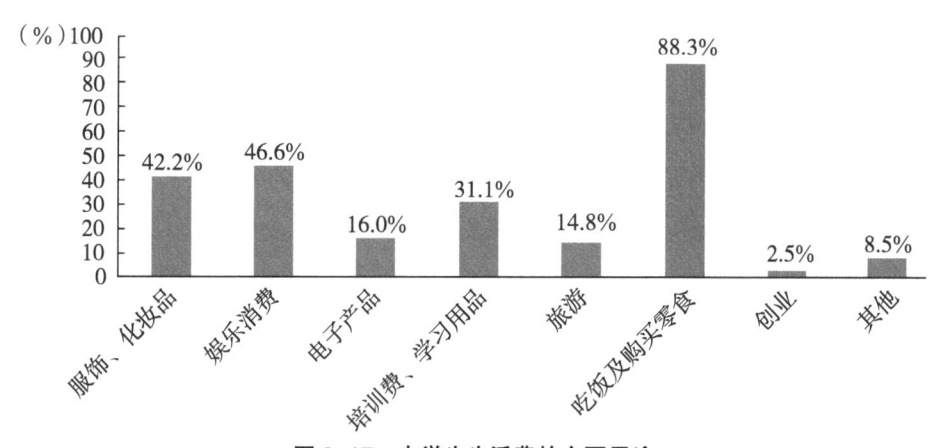

图 3-17 大学生生活费的主要用途

（二）大学生使用"校园贷"的情况

第一，使用者实际数量难以统计。调查发现，6.1% 的学生表示因急需资

金已经使用或正在使用"校园贷"。但这一调查结果并不能排除有部分学生隐瞒自己正在使用"校园贷"的实际情况。有40.9%的学生认为身边有同学在使用"校园贷"（图3-18）。所以，我们推测6.1%的学生实际使用"校园贷"只是下限。这说明"校园贷"的使用者存在显性和隐性两类，有大量学生虽然使用"校园贷"却因各种原因讳言。大量隐性使用者的存在，给外界干预带来较大困难。

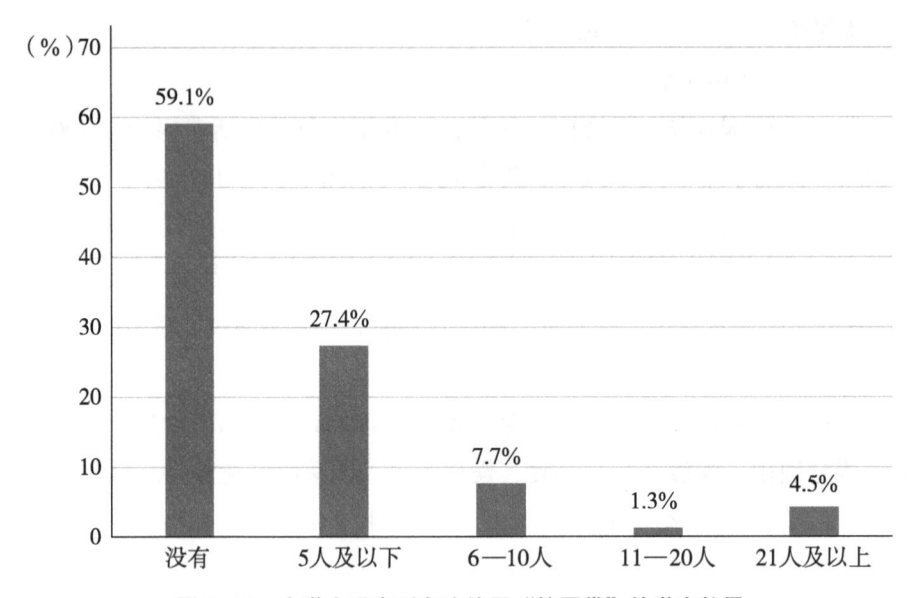

图3-18 大学生观察到身边使用"校园贷"的学生数量

类别	没有	5人及以下	6—10人	11—20人	21人及以上
比例	59.1%	27.4%	7.7%	1.3%	4.5%

第二，女生是使用"校园贷"的重点群体。虽然问卷调查中男女比例基本相当，但在已经使用或正在使用"校园贷"的人群中，只有0.9%是男生，其他的使用人群都是女生。女生使用"校园贷"的人数要比男生多，且13.2%的男生认为可靠，20.5%的女生认为可靠。

第三，"校园贷"并未用于解决学生之急需，而是用于高消费。学生选择"校园贷"是不是因为其急需资金时没有其他解决办法？调查发现，在急需资金时，仅有3.6%的学生表示会使用"校园贷"解决资金难题。大部分学生在急需资金时能够通过其他途径解决。例如，部分学生自主能力比较差，主要依靠家庭解决资金需求，只有13.7%的学生会通过兼职获得资金（图3-19）。

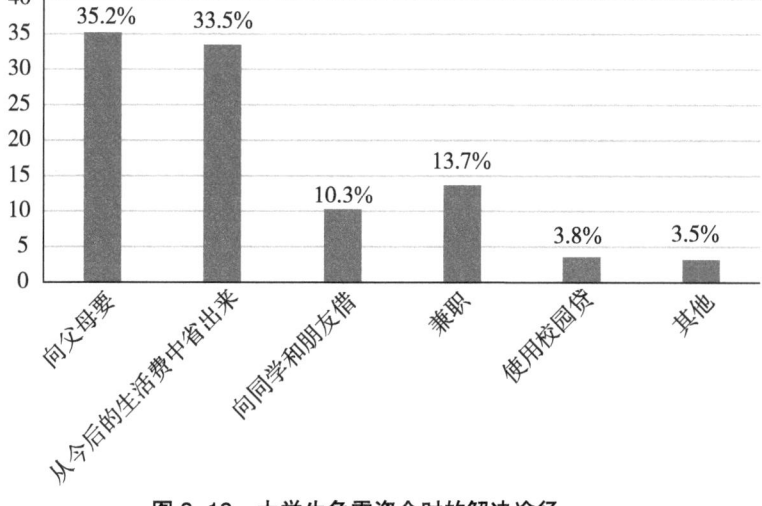

图 3-19　大学生急需资金时的解决途径

我们调查正在使用"校园贷"的 6.1% 的学生的生活费用途，发现 88% 的学生都将贷款用于娱乐消费。其中，47% 的学生用来购买电子产品，33% 的学生用来购买服饰和化妆品，29% 的学生用来吃饭及购买零食，仅 35% 的学生表示主要用于支付培训费和购买学习用品（图 3-20）。这表明，大部分使用"校园贷"的学生都是为了高消费，真正需要"校园贷"来维持生活的学生比较少。所以，"校园贷"在某种程度上纵容了学生的超前和无节制消费，助长了校园攀比奢靡之风。

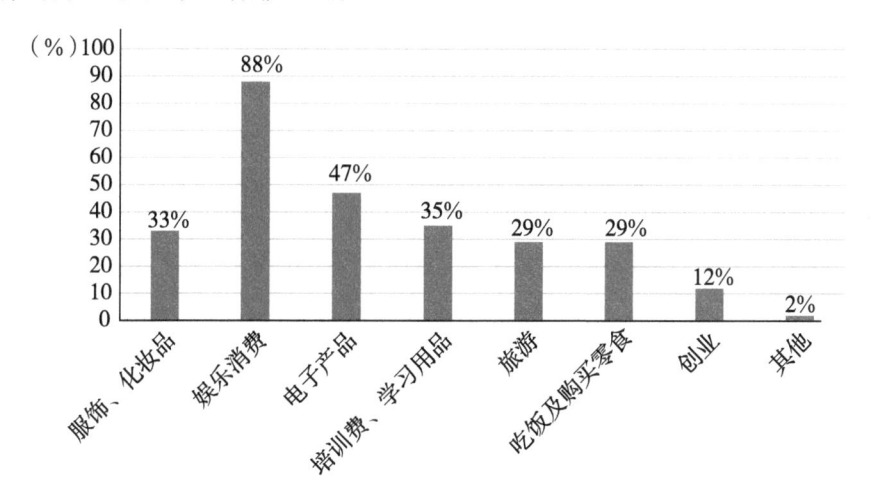

图 3-20　使用"校园贷"大学生生活费的主要用途

（三）大学生对"校园贷"的认知

第一，大多数学生对"校园贷"持理性态度。74.9%的学生表示在经济紧张的时候从来没有考虑过"校园贷"，19.1%的学生表示偶尔考虑过。17.9%的学生表示认可"校园贷"但自己不会用，77.3%的学生表示不认可"校园贷"，只有4.8%的学生表示认可"校园贷"并且会使用。

第二，大多数学生对"校园贷"的危害有所了解。调查发现，大部分学生听说过大学生因无力偿还巨额贷款自杀的事件，其中有50%的学生了解并关注过此类新闻。很多人都能够认识到使用"校园贷"会使自己陷入数额不停增长的债务旋涡（49.9%），不利于引导大学生形成正常的消费观（34.0%），有可能遭到资金供应方采用不法手段追偿债务（29.9%），可能留下不良的征信记录（25.1%），容易形成攀比氛围（21.8%），容易造成大学生信用危机（17.9%），拖累家庭（17.9%）（图3-21）。

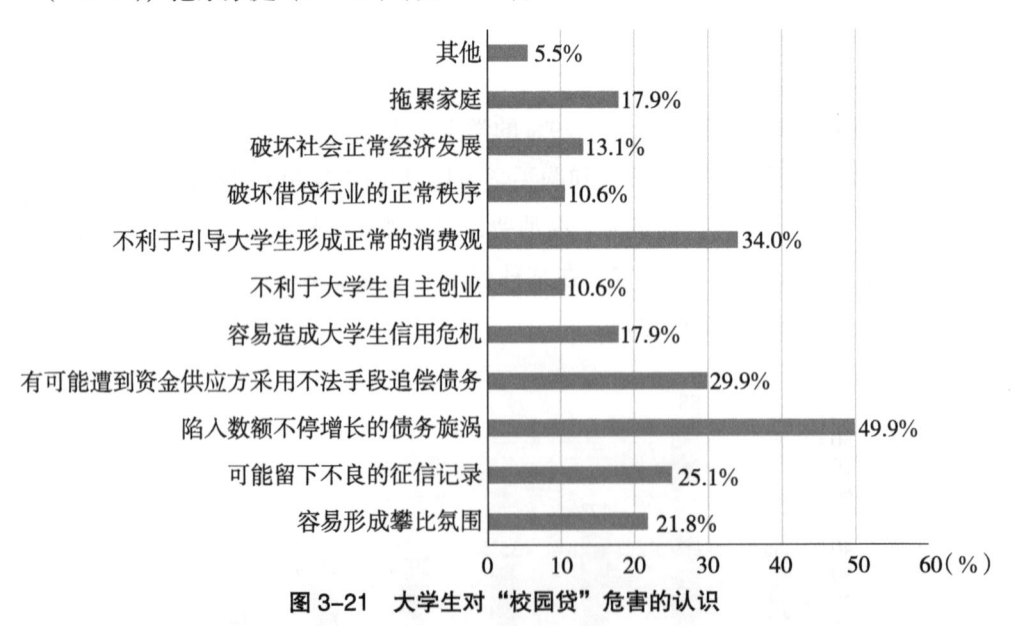

项目	比例
其他	5.5%
拖累家庭	17.9%
破坏社会正常经济发展	13.1%
破坏借贷行业的正常秩序	10.6%
不利于引导大学生形成正常的消费观	34.0%
不利于大学生自主创业	10.6%
容易造成大学生信用危机	17.9%
有可能遭到资金供应方采用不法手段追偿债务	29.9%
陷入数额不停增长的债务旋涡	49.9%
可能留下不良的征信记录	25.1%
容易形成攀比氛围	21.8%

图3-21 大学生对"校园贷"危害的认识

第三，大多数学生对"校园贷"的风险缺乏足够认识。虽然大部分大学生对"校园贷"的危害有所了解，但更多人只看到了它的便利，却对其潜在的风险缺乏充分认识。调查发现，仅有10%的学生表示十分了解"校园贷"，38.8%的学生表示基本了解"校园贷"，51.2%的学生表示不了解"校园贷"。调查还发现，77%的学生不了解关于资金借贷涉及的法律知识。46.0%的学生表示不用一次性还清贷款、边消费边解决资金问题，15.6% 的学生认为借助金融平台可以养成现代消费的习惯。

二、"校园贷"问题产生的主要原因

"校园贷"是一把双刃剑，用得好能够满足部分学生消费、创业、培训等方面合理的需求，用不好则贻害无穷，助长、纵容学生超前消费和无节制消费。媒体已经报道的"裸贷"现象、学生失踪甚至自杀事件，无不显示其弊端：不仅不利于大学生良好消费习惯的养成，也不利于良好校园环境、社会风气的形成。"校园贷"问题产生的原因是多方面的，既有来自学生、家庭的内因，也有来自学校、政府的外因。

（一）法律制度不完善

政府在应对策略方面赶不上"校园贷"发展的脚步。从制度上来看，"校园贷"失序的主要原因为：第一，国家缺乏专门规范"校园贷"的政策、规定。第二，正规金融机构缺少专门针对大学生消费需求的产品。第三，相关部门对网络借贷公司没有设定统一严格的市场准入标准。第四，专门针对大学生的征信体系平台尚未建立，无法统一对大学生借贷行为进行监管。

从法律上来看，大学生作为没有独立经济来源的民事主体，多数不具有还款能力，签订"校园贷"这样的高息贷款合同，一旦不能按时还款，极易出现借贷公司非法讨债或暴力讨债的现象。大学生的借款行为和借款合同效力应依照《合同法》进行处理。至于约定的利息，根据最高人民法院 2015 年 6 月 23 日通过的《最高人民法院关于审理民间借贷案件适用法律若干问题的规定》，年利率没有超过 24% 的，受法律保护；超过 36% 的，超过部分的利息约定不受法律保护。[1]

（二）高校缺乏必要的"财商"教育和引导

"校园贷"能够在校园肆虐，集中反映了高校在教育、引导过程中存在以下不足：第一，部分学校对大学生在校学习、生活的基本情况了解不够全面、细致，缺乏对大学生日常消费行为的监管。第二，高校在应对"校园贷"时，

---

[1] 该规定已于 2020 年被修正，修正后的《最高人民法院关于审理民间借贷案件适用法律若干问题的规定》第 26 条第 1 款规定："出借人请求借款人按照合同约定利率支付利息的，人民法院应予支持，但是双方约定的利率超过合同成立时一年期贷款市场报价利率四倍的除外。"

往往消极被动，忽视预防工作，必要的防范、宣传明显不足。校园监管的缺失使得一些"校园贷"平台有机会在校园里大量发展线下代理，诱导同学贷款消费。第三，高校人才培养过程中忽视"财商"教育。除了金融专业与法律专业的学生，大多数学生缺少对金融基本知识的了解，容易受到"校园贷"的诱惑。第四，校园资助体系不完善。

（三）学生未形成良好的消费习惯和观念

受消费主义价值观的影响，大学生的消费观念及行为容易产生偏差、扭曲甚至异化，出现炫耀性消费、超前消费、符号消费、冲动消费等情况。大学生群体消费欲望强、消费欠理性、自制力弱，消费观念易受外界环境影响，不能正视自己的消费能力与经济能力。"校园贷"大都利用学生这些特殊消费心理，满足其消费需求。因为每月固定的生活费已经难以满足大学生旺盛的消费需求，特别是对美容时装、高档商品及娱乐消费的欲望。

大学生异化的消费习惯和观念是其选择使用"校园贷"的根本原因。家庭对学生消费观念的形成和消费习惯的养成具有重要影响。一方面，我国家庭教育大都缺少理财相关内容，不够重视对孩子消费观念的引导；另一方面，当学生进入大学后，大部分人会脱离家庭独立生活，导致家庭对其消费的监管力度降低。

如前所述，大学生使用"校园贷"并非由于日常生活费不能满足其基本需要，也并非受资金所迫，主要是缺乏正确的消费观念。关于所需生活费较高的学生是否会更易使用"校园贷"这一问题，我们专门对每月所需生活费超过2000元的学生和急需资金时会使用"校园贷"的学生进行数据交叉分析。经研究发现，每月所需生活费超过2000元的学生中，只有10.3%的学生表示在急需资金时会使用"校园贷"，绝大部分有较高消费需求的学生表示会通过非"校园贷"途径获取资金。这说明消费需求的高低与学生是否会选择使用"校园贷"之间没有直接关联性，使用"校园贷"和学生的不良消费习惯、观念有关。

三、防范"校园贷"危害引导大学生树立良好消费观的建议

（一）疏堵结合健全制度

2016年8月，针对"校园贷"频频引发极端或诈骗案件的问题，银监会

等部门发布了《网络借贷信息中介机构业务活动管理暂行办法》，提出"校园贷"平台"停、移、整、教、引"五字治理方针。2017年5月，《中国银监会 教育部 人力资源社会保障部关于进一步加强校园贷规范管理工作的通知》出台，强调一律暂停"校园贷"机构开展在校大学生网贷业务，为满足大学生在消费、创业、培训等方面合理的需求，国家允许商业银行和政策性银行在风险可控的前提下，可以有针对性地开发高校助学、培训、消费、创业等金融产品，向大学生提供定制化、规范化的金融服务，合理设置信贷额度和利率。

我们建议：第一，在设计"堵"的政策体系时，要加强对大学生网贷行为的监测、预警与处理，加强银监部门、金融机构、工商管理部门、公安部门和学校的联系机制，严厉打击非法"校园贷"。共同探索健全大学生信用体系，推进信用教育和信用档案建设，构建失信违约机制，约束大学生违约行为，督促其养成良好的信用习惯。

第二，在设计"疏"的政策体系时，除完善"校园贷"企业市场准入资格外，还应建立健全"校园贷"监管机制，推动金融部门信息共享，对大学生建立统一的征信平台，由正规金融机构合理设置信贷额度和利率，统一设定借贷限额，避免多头借贷，确保风险可控。要探索多种金融服务方式助力困难大学生顺利完成学业，健全多种形式的信贷助学制度。加强正规金融机构与高校之间的合作，提供规范化的金融服务，满足大学生多样化的消费需求。2017年5月以来，在网贷机构离场的同时，面对高校助学、培训、消费、创业等需求，传统银行"跑步进场"。5月，建设银行发布针对在校大学生的"金蜜蜂校园快贷"，中国银行推出"中银E贷校园贷"。6月底，招商银行推出"大学生闪电贷"产品。工商银行与互金企业乐信集团旗下分期乐商城合作推出了"工银分期乐联名卡"，广发银行则开发了大学生专享信用卡"摆范儿卡"。针对高校学生的借贷产品，银行都打出了"低息"牌。在业务模式上，中国银行采用深度合作模式，由高校和银行共同审核学生的借贷需求。

第三，在设计预防体系时，政府要制定制度净化行业环境，营造一种健康的消费理念。积极引导开展"校园贷"业务的正规金融机构制定一套完善的校园信贷风险管理制度，对"校园贷"进行理性引导，规范其运行模式，保证开展"校园贷"的企业或金融机构在健康发展的同时助力学生成长，坚决抵制消费主义、享乐主义等思潮。正规银行开发的"校园贷"产品，其自助申请、循环出借、全额提现等特征，与过去校园信用卡业务十分相似，同样存在着过度消费、违规使用、无力偿还等风险。多年前，因为很多缺乏自控能力的大学生沦为"卡奴"，过度透支信用卡、家长被迫还债事件频发，增加了银行发卡风险，也引发学生家长不满。最终，监管部门不得不加强对校园信用卡业务的管理，各商业银行也相继叫停了大学生信用卡业务。"校园贷"如何能不重蹈当年校园信用卡的覆辙，也成为对银行风险把控能力的一种考验。

（二）高校主动作为积极引导

高校是防范"校园贷"产生危害的主要阵地。这需要辅导员、学生工作部门、宣传部门、学生资助部门等主体共同努力。

第一，辅导员在日常工作中要充分发挥信息联络员与班干部的作用。要摸清学生的经济情况，了解学生的需求，关注学生的消费情况，积极进行有针对性的引导。必要时及时与学生家长联系，进行反馈和沟通。

第二，学生工作部门应加强大学生"财商"教育。在学生大一时就开始进行"校园贷"防范宣传，特别关注"校园贷"重点群体。在各专业人才培养方案中设置金融知识与消费观之类的课程，向学生普及金融知识。举办"校园贷"风险防范知识专题讲座，或者在形势与政策课中设置专门的主题，增强学生对高息"校园贷"甄别、抵制的能力，提高学生的网络金融安全意识和自我保护意识。

第三，各级宣传部门、团组织拓展宣传途径，多渠道进行宣传，及时向学生告知使用"校园贷"的风险。有些高校在教室里张贴"校园贷风险告知书"，这对提醒学生避免过度消费陷入"校园贷"危机，营造理性消费氛围，产生了很好的效果。建议各部门在宣传教育时，可以考虑多利用"互联网+"的形式或者同伴教育的方式。因为调查发现，大部分学生是通过浏览互联网、与同学或朋友讨论时了解到"校园贷"的。

第四，健全困难大学生资助体系，拓宽资助渠道，探索多种资助方式。高校可以争取各类社会资源对困难大学生予以帮扶，如设立各类社会奖助学金，完善学业奖励制度，在学费、生活费方面，做好对困难大学生的帮扶。也可以借鉴一些高校的做法，利用数字平台对学生的经济情况进行监测，合理设置条件，科学识别困难大学生，对其进行重点资助，尤其是做好隐性资助工作。

（三）家庭发挥重要作用

学生消费观念的养成是个长期的过程，直接受其家庭消费方式、理念的影响。引导大学生形成正确的消费观念，防范"校园贷"可能带来的危害后果，除让学生自己能够认识到应以学业为主，不应在最该努力学习的时候进行透支消费，背负超过个人承受力的债务，还需要依靠家庭的参与。因为对家庭而言，在现有的"校园贷"企业运行模式中，家庭与学生能否顺利借贷往往并不会产生直接关系，只有在学生无法按时还贷时才成为被动的"买单者"。

家庭是大学生获取资金的主要渠道，父母有必要在大学生学习、生活之余或在家期间，及时了解其消费需求和消费方式，加强日常引导。具体而言，首先，父母要加强与子女之间的联系，及时了解其在校学习、生活期间的各项需求，在力所能及的情况下，尽力保证子女在校的基本资金需求。其次，及时掌握子女在校期间的各种消费轨迹和动向，了解子女的日常消费习惯，对其合理使用资金提出要求。再次，注意与学校、辅导员之间的联系和沟通，及时获取来自学校方面的反馈，在子女出现高消费等情形时及时干预或制止。最后，密切与子女之间的感情联系，加强对子女消费观念的日常引导，使其形成量入为出的理性消费习惯。

第五章　新媒体和社会组织青年政治参与调查[*]

政治参与是指公民通过宪法、法律规定的方式和途径，参加政治生活，行使参与权，并影响政治体系运行、规则和政策制定过程的行为。党和国家长期关注、支持青年群体的政治参与。党的十七大报告就提出："从各个层次、各个领域扩大公民有序政治参与。"[1]党的十九大报告则指出要"打造共建共治共享的社会治理格局"[2]。社会协同与公众参与的题中应有之义就是发挥青年群体作为国家经济社会发展生力军和中坚力量的作用，积极推动青年的政治参与。2017年4月，中共中央、国务院印发《中长期青年发展规划（2016—2025年）》（以下简称《规划》）具体指出："引领青年有序参与政治生活和社会公共事务。支持共青团、青联代表和带领青年积极参与人大、政府、政协、司法机关、社会有关方面各类协商，就涉及青年成长发展的重大问题协商探讨、提出意见、凝聚共识，充分发挥政治参与职能。探索建立有关人大代表、政协委员青少年事务联系机制，为青年参与畅通渠道、搭建平台。鼓励青年参与城乡基层群众自治，推动完善民主恳谈、民主议事制度，在实践中提高青年政治参与能力。推荐优秀青年代表担任人民陪审员、人民监督员、人民调解员等，依法履行相关职责。"关心青年的政治诉求，引导、扩大青年有序地参与国家政治和社会生活是亟待解决的紧迫问题。这既是新时代健全社会主义民主政治的需要，也是当前社会阶层和社会群体表达

---

[*] 本章以2017年7—12月褚宸舸主持的共青团陕西省委委托课题"陕西新兴青年群体政治参与问题调研"的报告（褚宸舸、柯德鑫、王鹏、刘敏执笔）的部分内容为基础修改而成。
[1] 《胡锦涛在中共第十七次全国代表大会上的报告全文》，载中央人民政府网站，https://www.gov.cn/ldhd/2007-10/24/content_785431_5.htm，最后访问日期：2023年6月20日。
[2] 本书编写组编著：《党的十九大报告辅导读本》，人民出版社2017年版，第48页。

自己利益诉求的现实要求。《规划》要求："增进新生代农民工、青年企业家、青年社会组织骨干、青年新媒体从业人员、高校青年教师、归国留学青年等群体的政治认同和社会参与。"所以新媒体与社会组织从业人员属于共青团和青年工作研究领域所谓的新兴青年群体。下文重点调查新媒体和社会组织[3]从业人员中青年的政治参与现状与问题，通过研究提出完善相关工作的建议。

一、调研过程

我们主要采用文献研究、问卷调查及专家座谈等方法。2017年9月初—11月底，我们对陕西省两类新兴青年群体的政治参与状况进行实证调研。具体过程和方法如下：第一，开展全省范围的问卷调查。首先，设计了两份调查问卷；其次，研究采用非概率抽样方式选取的调查样本，在此过程中采用网页调查的方式获取原始数据。在事先联系相关单位工作人员的基础上，通过网络对两类群体进行问卷调查。调查历时半个月，样本规模相对较小。截至2017年11月15日，填写"陕西省青年新媒体从业人员政治参与调查问卷"的新媒体从业人员77人，填写"陕西省青年社会组织从业人员政治参与调查问卷"的社会组织从业人员225人。由专家把相关数据导入SPSS统计软件进行分析。第二，文献研究。我们主要梳理了2008—2017年中国知网和中国皮书网收录的所有涉及政治参与特别是青年政治参与的论文、报告，并参考共青团陕西省委近年来组编的出版物[4]刊载的数据。

---

[3] 新媒体是相对于传统媒体而言的，是在报刊、广播、电视等传统媒体之后发展起来的新的媒体形态，是利用数字技术、网络技术，通过互联网、无线通信网、卫星等渠道，以及电脑、手机、数字电视机等终端，向用户提供信息和娱乐服务的传播形态。社会组织过去在我国被称为民间组织，在国外被称为非营利组织、非政府组织或"第三部门"等。党的十六届六中全会后，相关法律法规和文件逐渐使用"社会组织"这个概念。社会组织从业人员，主要指在各级民政部门正式登记注册的社会团体、民办非企业单位（社会服务机构）中工作的专兼职人员。

[4] 共青团陕西省委一直在探索运用新媒体引导、培育青年的新途径与新方法，特别关注针对青年新媒体从业人员的政策调研，已取得一些成果。这些出版物主要是：李豫琦、张小平、白敏主编：《陕西新媒体与青年发展蓝皮书》，红旗出版社2012年版；共青团陕西省委组编：《陕西社会组织与青年发展蓝皮书》，红旗出版社2015年版；共青团陕西省委会、零点研究咨询集团组编：《陕西青少年社会抽样调查蓝皮书》，中国社会科学出版社2017年版。其中《陕西新媒体与青年发展蓝皮书》对新媒体环境下陕西青年学习、工作、就业、生活等方面的状况进行了全景式的分析。《陕西青少年社会抽样调查蓝皮书》中专设"新媒体从业青年群体研究报告"一章，对陕西新媒体从业人员进行研究。

二、样本特征

从总体上看，两类青年呈现出文化素质较高、视野开阔，思想解放、具有较强的现代意识，热爱生活、乐于接受新事物，崇尚现代文明生活方式，愿意积极投身社会公共事务、关心国家的前途命运，具有较强社会责任感，追求个人价值与社会价值相统一的特点。

第一，普遍接受过良好的高等教育。青年新媒体从业人员中本科及以上学历的占 79.8%。青年社会组织从业人员获得本科（含双学位）学历的有 59.9%，获得硕士研究生学历的有 10.6%，1.1% 的受访者具有博士研究生学历。

第二，本地户籍者多，城镇户籍者占一半以上。具有陕西户籍的青年新媒体从业人员占 90.6%，其中具有陕西城镇户籍的占总数的 54.1%。具有陕西户籍的青年社会组织从业人员占 92%，其中具有陕西城镇户籍的有 55.3%。

第三，青年群体因为年轻，往往缺乏政治参与经验。青年社会组织从业人员的平均年龄大于青年新媒体从业人员。青年社会组织从业人员的平均年龄为 28 岁，30 岁以下的占受访者总数的 74.3%。青年新媒体从业人员的平均年龄为 25 岁，相比其他群体更年轻。

第四，工作年限短，收入水平不高。工作年限主要和阅历有关。大多数受访者的工作年限在 4 年及以下。新媒体从业人员有 50% 其工作年限在 4 年及以下。青年社会组织从业人员的工作年限在 4 年及以下的占 61.8%，工作年限在 10 年及以上的仅占 13.3%。

2016 年，全国城镇居民人均可支配收入 33616 元。大多数受访者的收入在这个平均值左右。43.7% 的青年新媒体从业人员平均年纯收入为 4 万元及以下，这与 2016 年全国新媒体行业年平均收入 4.8 万元相比稍低。青年社会组织从业人员整体收入水平在两类群体中最低，其年纯收入在 4 万元及以下的占 73.0%，10 万元及以上的只有 12.4%。

第五，中共党员、团员比例高。被访的两类人群中，青年社会组织从业人员的中共党员比例是 48.4%，民主党派占 0.5%；青年新媒体从业人员的中共党员比例是 39.2%，民主党派占 2.7%。青年新媒体从业人员的共青团员比例最高（39.2%）。上述政治面貌的构成，有利于中国共产党和共青团组织动员党员或团员参与政治活动。

三、新媒体和社会组织青年政治参与的基本概况

（一）推动政治参与的相关工作

第一，关于青年新媒体从业人员的政治参与。2015 年 8 月 14 日，陕西省召开统战工作会议，将新媒体从业人员纳入工作视野，建立联系渠道和工作机制。同年 12 月 9 日，陕西省新媒体联合会成立，这是全国首家新媒体行业组织，也是陕西新媒体从业人员政治参与的重要平台之一。2016 年 4 月 8 日，中共陕西省委统一战线工作部召开新的社会阶层人士统战工作座谈会，对新媒体从业人员的总体特征、地位作用、目标任务、综合评价等进行了探讨。2017 年 10 月 12 日，陕西省召开新的社会阶层人士统战工作会议，提出对新媒体从业人员精准施策，通过强化党的领导、重视制度建设、巩固基层力量等途径，不断团结、引导新媒体从业人员。

第二，关于青年社会组织从业人员的政治参与。社会组织从业人员作为新的社会阶层人士的一部分，也被纳入统战工作范围。据统计，2017 年陕西省社会组织总数为 20758 个（其中社会团体 11200 个，民办非企业单位 9457 个，基金会 101 个）。2016 年，全省社会管理、社会保障和社会组织从业人员为 58.1 万人。2013 年 11 月，共青团陕西省委指导和筹建"陕西青年社会组织培育发展中心"，这是西北地区首家零门槛和零费用服务青年社会组织的机构。

（二）政治参与的主要特点

（1）网络政治参与的广泛性。第一，网络政治参与的身份。青年新媒体从业人员因为其自身职业的敏感度和对网络技术的接受程度、熟悉程度较高，在网络政治参与方面具有一定优势。青年新媒体从业人员以"媒体运营人员"、"默默关注者"和"信息转发者"身份进行网络政治参与的比例分别为 36.5%、23.0% 和 16.2%。青年社会组织从业人员多以"默默关注者"和"信息转发者"的身份进行网络政治参与，比例分别为 31.4% 和 34.0%。

第二，网络政治参与的方式。首先，表达政治诉求。主要通过各大论坛来表达自己的政治诉求，与网友共同讨论时政热点，进而发表个人政治见解与观点，形成舆论。其次，介入政府政策法律决策环节。例如，对城市重污染天气下常态化限行政策积极讨论和建言献策，参与"两会"及国家和地方

制定发展规划、出台重大方针政策的过程。再次，与地方领导、党政机构进行对话。随着社交媒体和通信技术的发展，青年网络政治参与由单向信息传递状态转变为动态的多元化互动状态，形成交互式的信息交流模式，实现青年与相关部门的直接对话。例如，2017年7月5日，"80后"西安导演阿齐在其个人微信公众号上发表了一篇题为《请帮我把这一封公开信和这十一个问题转给王永康书记》的文章。时任西安市委书记王永康看到后，于当天21点50分作出指示，安排工作人员与阿齐见面。7月6日下午，在西安市委全面深化改革领导小组第十五次会议上，王永康书记专门讲了阿齐的案例，并对各级各相关部门提出应广开言路、接受监督，升级相关网络信息平台，畅通民意诉求表达渠道，做到有信必有回、有回必及时、答复必讲清等要求。从次，通过网络舆论实施监督。青年网民虽以个体身份参与网络政治，但往往能很快得到其他网友的认同和支持，并与之建立起自发的、无组织的联系，从而形成强大的网络舆论压力，对事件的处置发挥重要的推动作用。例如，网民对西安市地铁3号线"问题电缆"相关人员追责的持续关注和监督。最后，发起线下活动。青年以网络为根据地，化言论为行动。部分青年因房屋拆迁、招生和招聘不透明、在工作中受到不公正待遇等问题，其合法利益受到侵害，他们借助网络维权。

两类群体均认为互联网对自己政治参与产生了重要影响（青年新媒体从业人员占86.5%，青年社会组织从业人员占82.2%）。网络政治参与的便捷使信息传递更高效，从而改善政治传导与反馈，这既降低了政治参与成本，又有助于党和政府及时准确地了解公众的意愿。网民不仅能通过手机实现信息的获取、发布和传递，还能足不出户参与政治生活。

问卷数据显示，两类群体首选"表达意见、诉求"或"评选或投票"的方式进行网络政治参与。其中，"评选或投票"是青年社会组织从业人员的首要选择（25.6%）。青年新媒体从业人员将"表达意见、诉求"作为首要选择（23.5%）。青年新媒体从业人员、青年社会组织从业人员选择用匿名方式进行网络政治参与的比例分别为67.6%和81.1%。

第三，网络政治参与的领域。两类群体的利益诉求增多，务实化、逐利化趋势明显。青年新媒体从业人员和青年社会组织从业人员关注最多的是民生问题（占比分别为21.9%和24.0%）。这说明新兴青年群体更关注个人利益和价值的实现。从对"最近一年[5]内主要关注过哪些类型的网络事件"和"较多关注或参与哪些网络热点事件"两题的回答看,新兴青年群体更多关注民生、大政方针、社会公正、反腐倡廉、生态环保这些话题。从对"希望未来一年自己能参与哪些领域公共政策的制定"的回答可以看出,新兴青年群体对与自身生活和发展密切相关的领域具有较高的政治参与热情,渴望积极参与政府公共政策的制定。

第四,网络政治参与存在的问题。首先,网络政治参与秩序混乱。由于青年对杂乱的网络信息相对缺乏理性的辨识能力,网络提供的匿名身份也使许多人误认为对非理性的网络行为无须承担相关责任,故而有极少数人会无所顾忌地放纵自己的参与行为。其次,网络政治参与情绪的非理性化趋势日益明显。由于青年人急公好义,在网络参政的过程中容易情绪化,理性化程度比较低,造谣传谣、辱骂诽谤、恶意中伤时有发生。被扭曲的网络民意极易误导或"绑架"社会主流舆论,甚至可能使相关部门误判进而作出错误决策。

(2)政治参与领域的职业相关性。第一,青年新媒体从业人员政治参与的主要领域是就业创业,文化、艺术、体育,扶贫、慈善,三者共计44.9%(表3-2)。

表3-2 2016年9月—2017年8月陕西省青年新媒体从业人员政治参与情况

领　　域	占　比(%)
政治改革、政治运动	2.8
廉政与反腐败	6.1
经济改革、收入分配、税收等	3.7
就业创业	17.3
城市管理、城市建设	9.8
扶贫、慈善	13.1
教育改革	6.5
医疗卫生改革	4.7

[5] 本章中的最近一年指2016年9月—2017年8月。

续表

领　域	占　比（%）
社会福利、社会保障	7.0
文化、艺术、体育	14.5
环境保护、食品安全	6.1
消费者维权	5.6
宗教信仰、宗教活动	9
法律事务或纠纷解决	1.9

第二，青年社会组织从业人员政治参与的领域主要集中于扶贫、慈善，就业创业，社会福利、社会保障，文化、艺术、体育，环境保护、食品安全等几大领域，合计72.3%。而政治、宗教、反腐、城市管理、法律事务等领域涉及较少（表3-3）。

表3-3　2016年9月—2017年8月陕西省青年社会组织从业人员政治参与情况

领　域	占　比（%）
扶贫、慈善	29.5
就业创业	15.5
社会福利、社会保障	9.8
文化、艺术、体育	9.1
环境保护、食品安全	8.4
教育改革	6.1
城市管理、城市建设	4.9
消费者维权	3.4
法律事务或纠纷解决	3.0
廉政与反腐败	2.9
医疗卫生改革	2.7
经济改革、收入分配、税收等	2.2
政治改革、政治运动	2.0
宗教信仰、宗教活动	0.5

(三) 政治参与的广度和深度

两类青年群体的政治参与行为多为间接的政治参与,参与范围不广、参与程度不深。大部分青年自主性参与不足,主要表现为自主性参与行为较少,需通过外界的引导、动员和号召才被动地进行政治参与。

第一,参与立法工作的比例低、层次浅。最近一年内,90.8%的青年新媒体从业人员没有参与过任何立法活动,其参与立法的主要形式是出席相关的研讨会、论证会、座谈会、听证会(7.9%)。有82.4%的青年社会组织从业人员没有参与过任何立法活动,其参与立法的主要形式是出席相关的研讨会、论证会、座谈会、听证会(10.1%),书面提交对法律立项、草案的意见的占5.5%,受委托起草法律草案的占2.0%。

第二,参与人大、共产党内和业主委员会选举活动的比例偏低。最近一年内,76.0%的青年社会组织从业人员参与过选举活动。其中,作为工作人员参与选举活动的有20.2%,参与所在单位内部机构选举、人选酝酿活动的有19.4%,参与基层群众自治组织选举的有14.8%。但是,青年社会组织从业人员参加各级人大代表/政协委员选举、各级党代会选举和小区业主委员会选举的比例偏低,分别为9.1%、8.0%和4.6%。

40%的青年新媒体从业人员没有参与过任何选举活动。青年新媒体从业人员参与所在单位内部机构选举、人选酝酿活动的比例最高(22%),参加小区业主委员会选举的只有1.0%,参加各级人大代表/政协委员选举的有11.0%,参加各级党代会选举的有10.0%。

第三,参与党政机关决策少。总体来看,新兴青年群体参与决策的比例比较低。58%的青年新媒体从业人员和38.8%的青年社会组织从业人员都没有参与过任何民主决策活动。此外,参与群团组织、社会组织决策的比例相对较高。青年社会组织从业人员参与党委、人大或政协、政府、司法机关决策的较少,分别占2.5%、1.7%、3.0%和3.8%。青年新媒体从业人员参与党委、人大或政协、政府、司法机关决策的比例也较低,仅9.1%。

第四,基层群众自治、职工民主管理的政治参与功能未充分实现。84%的青年新媒体从业人员没有参与过任何自治,参与职工代表大会的也只占12%,参与基层群众自治工作的仅占4%。相比之下,青年社会组织从业人员和基层群众自治组织的融合度更高一些，其参与基层群众自治工作的有近半数。其中，参与居民委员会的有 17.3%，参与职工代表大会的有 13.3%，参与村民委员会的有 9.7%，参与村民会议或村民代表会议的有 8.8%，总计 49.1%。有极少数（1.3%）的人参与过民族区域自治工作。

第五，各类监督不平衡。在互联网构筑的虚拟社会里，更多的人选择用隐姓埋名的方式进行政治参与，这个"去个体化"的虚拟大环境极大地增加了青年网民政治参与的勇气，对政府官员、政府行为进行网络监督也已成为其政治参与的重要内容。但是，青年社会组织从业人员参与党内监督、传统媒体监督、政府内部监督、人大监督、政协监督的比例较低，分别只占 6.7%、4.7%、3.7%、2.2% 和 1.8%。这说明青年社会组织从业人员在党内监督、传统媒体监督、政府内部监督、人大监督、政协监督等方面的参与不足。青年新媒体从业人员参与民主监督的比例相对较高（59.4%），在监督途径上，主要是利用自己职业的便利，通过传统媒体和新媒体进行监督的占 34.6%，远远高于其他调查人群。

第六，参与司法工作的范围狭窄，内容单一。最近一年内，陕西省青年新媒体从业人员未参与司法活动的占 64.2%，从事相关普法、宣传、治安工作的合计也仅占 25.9%。青年社会组织从业人员对司法工作的参与主要集中于未成年人保护、预防青少年犯罪和普法。最近一年内，受访者参与司法工作的比例为 65.7%。其中，参与未成年人保护、预防青少年犯罪工作的占 27.2%，从事普法、宣传工作的占 17.9%，从事其他综治、维稳工作的占 13.4%。这个比例和我国社会治理所遵循的"社会协同、公众参与"的原则是相称的。而青年社会组织从业人员从事法律援助工作、担任各级检察院的监督员、担任各级调解组织的调解员、担任各类仲裁机构的仲裁员，以及担任各级法院的陪审员的比例明显较低，分别为 3.4%、1.1%、1.1%、1.1% 和 0.4%。

四、制约青年政治参与的因素

（一）领导重视和政府信息公开的程度

青年新媒体从业人员进行政治参与的有利因素主要是职业敏感度和对网

络技术的接受程度、熟悉程度比较高，但其政治素养、整合分析能力和社交沟通能力仍有待提高。在影响青年新媒体从业人员政治参与的客观因素方面，21.2%的人选择"所在地区或单位主要领导重视支持"，20.7%的人选择"政府信息公开及透明"。可见，这两个因素会影响青年新媒体从业人员政治参与的程度。虽然2017年5月西安市出台了《西安市政府网站建设管理规范（试行）》，但是，对全省107个县级政府门户网站的政府信息公开状况进行测评研究发现：全省县级政府信息公开水平整体不高，各地级市政府信息公开程度差异较大，信息公开数量、整合度、更新速度、重要信息公开等方面均存在问题。[6]

（二）团建工作的覆盖面

青年社会组织从业人员入党积极性高。该青年群体普遍认为，党员身份能给其政治参与带来便利，组织内部的党员也相较普通民众拥有更高的政治参与热情。青年社会组织从业人员中，党员的比例为48.4%，非党员希望在最近一年内入党的比例为82.4%。调查发现，受访者参与青联组织各种活动的比例为57.6%。23.8%的受访者表示所在单位没有团组织，认为自己所在的社会组织对表达自己的利益诉求起较大作用的仅为32.4%。因此，团组织在吸纳、凝聚社会组织从业人员政治参与方面，还有一定的提升空间。

五、完善新媒体和社会组织青年政治参与的建议

（一）加强各级党委对政治参与的领导推动和制度设计

第一，各级党委做好新兴青年群体政治参与的制度设计。首先，在现有的政策法律框架下，尽快制定本地区的青年发展规划，用规划对政治参与工作提出要求、规定指标，并加强考核验收。其次，落实好和用好现有制度性平台，同时提出新的做法和制度。

第二，各级党委组织部门重视从新兴青年群体中选拔、培养和任用党员。

---

[6] 李德旺：《陕西省县级政府门户网站信息公开运行现状分析报告》，载任宗哲、白宽犁、牛昉主编：《陕西蓝皮书：陕西社会发展报告（2016）》，社会科学文献出版社2015年版，第153—167页。

党的基层组织是政治参与的重要平台和渠道。首先，在律师事务所、新媒体公司及社会组织中建立党团组织，教育引导新兴青年群体树立有序参与政治的意识，提高其政治文化素质和政治参与能力。其次，通过吸收优秀分子入党，激发党的基层组织活力，进一步加强新兴青年群体参与政治工作。再次，深入研究新兴青年群体的特点和成长规律，做好摸底调研。最后，放宽视野，通过多种形式和渠道，物色一批有代表性的优秀人物，有计划地进行系统性培养和任用。

第三，各级党委统战部门加强与新兴青年群体的联系。通过定期或不定期召开联席会议、座谈会、信息交流会，及时了解新兴青年群体普遍性的利益诉求。有计划地将优秀代表推荐为各级人大代表、政协委员的候选人，并发挥他们的作用。

（二）落实和完善各项政治参与制度和机制

第一，积极吸纳优秀的新兴青年群体进入人大与政协。有计划地适当增加青年群体或青年团体在各级人大与政协的代表数和席位。有关部门在酝酿人大代表、政协委员的候选人时，应提高新兴青年群体的推荐比例。

第二，建立各级人大代表、政协委员与新兴青年群体经常性联系机制。畅通渠道，形成人大代表、政协委员关注青年问题、关心青年健康成长的良好氛围。

第三，切实落实我国法定的政治参与制度。首先，推动立法公开，积极拓展新兴青年群体参与立法工作的广度和深度。各级人大及其常委会立法工作部门应逐步完善青年新媒体从业人员、青年社会组织从业人员参与相关立法工作的机制，积极吸纳代表两类群体的专家参与相关地方立法活动。其次，增强党政机关民主决策过程的公开性，建立青年群体意见征询机制。党和政府在研究、制定、修改涉及新兴青年群体利益的有关政策、法规、文件时，应当召开座谈会、恳谈会、听证会、咨询会，设计沟通、交流、协商的空间，打通新兴青年群体政治参与的"最后一公里"。最后，促进青年群体对纪检监督、人大监督、政协监督工作的参与。增进干群互信，提高党和政府的公信力。

第四，提高社会治理的透明度，保障公民的知情权。提高党和国家机关信息公开的透明度能方便群众参与政治。未来应当继续加强数字党务、政务建设及智慧法院、智慧检务建设。提高各级人大、政协机关工作的透明度和公开度。落实政府信息公开，及时更新官网信息，畅通政务微信、微博、网络留言信箱等便捷的日常沟通、协调渠道，积极回应和办理后台留言。

第五，进一步拓宽公众参与司法的渠道和范围。建议各级法院、检察院在遴选人民陪审员、人民监督员时，适当考虑年龄构成，增加青年群体的比例。

第六，采取有效措施加强社会建设，有力推动基层群众自治及城市业委会工作。在人、财、物等方面保障自治制度的落实，推动、鼓励青年群体参与自治，保障基层群众自治组织及城市业主委员会的工作条件，提高其自治能力。

（三）提升青年政治参与的水平、能力和信心

政治素养只能在政治参与过程中逐渐提高。不应以青年政治素养不高为理由，拒绝或排斥其参与政治。国家应给予群团组织、社会组织、行业协会大力支持，使其发挥引导、服务青年政治参与的重要作用。

第一，继续加强对共青团、青联、学联等的支持。支持共青团、青联、学联发挥政治功能，使其成为党联系青年的纽带和重要政治参与平台、渠道。各级团组织应进一步加强团建工作，努力成为凝聚新兴青年群体的重要组织载体。细致关注新兴青年群体的成长，积极回应其诉求。对于新兴青年群体中的优秀人员，可以考虑用兼职方式，使其进入团组织担任一定职务。大力支持共青团的教育培训平台，依托共青团开展一系列针对新兴青年群体的培训教育活动。

第二，加强对新兴青年群体政治素养的培育。政治素养的提升是一个综合、全面、长期的社会化过程。首先，增强青年群体政治参与的信心。帮助其克服盲目跟从和随波逐流的心理，抵制政治冷漠，鼓励青年群体从自身出发，从身边的小事出发，以积极的心态进行政治参与。其次，加强引导，培育并训练青年政治参与的公共理性，提高其政治参与的理性程度。引导青年注重自身的政治修养，将热情和理性相结合，将追求公平正义的情感与对党和政府的信任相结合，避免情绪化的宣泄。在政治参与中塑造青年的政治参与道德，对青年进行伦理教育，培养其自律意识和理性的政治参与意识，敦促其以成熟的心态参与政治生活，最终实现政治参与的正效应。

第六章　青年律师政治参与调查*

一、研究背景和意义

全过程人民民主是基于我国国情而产生的贯穿民主的各个环节的人民民主。参与式民主是人民民主的重要组成部分。在我国参与式民主的发展过程中，以民主协商制度为核心，构建起多元且相对稳定的制度化模式。公民能够通过宪法、法律规定的方式和途径多层次、多渠道地行使政治权利。我国公民政治参与的领域非常广泛，不仅包括民主立法、民主选举、民主管理、民主监督、司法民主，也包括自治（基层群众自治、民族区域自治、特别行政区高度自治）等。党的十九大报告强调，要"扩大人民有序政治参与，保证人民依法实行民主选举、民主协商、民主决策、民主管理、民主监督"[1]。2021年10月13日，习近平总书记在中央人大工作会议上明确指出："我国全过程人民民主实现了过程民主和成果民主、程序民主和实质民主、直接民主和间接民主、人民民主和国家意志相统一，是全链条、全方位、全覆盖的民主，是最广泛、最真实、最管用的社会主义民主。我们要继续推进全过程人民民主建设，把人民当家作主具体地、现实地体现到党治国理政的政策措施上来，具体地、现实地体现到党和国家机关各个方面各个层级工作上来，具体地、现实地体现到实现人民对美好生活向往的工作上来。"[2]

---

* 本章以2017年7—12月褚宸舸主持的共青团陕西省委委托课题"陕西新兴青年群体政治参与问题调研"的报告（褚宸舸、陈薇因执笔）的部分内容为基础修改而成。

[1] 《权威发布：十九大报告全文》，载最高人民检察院网站，https://www.spp.gov.cn/tt/201710/t20171018_202773.shtml，最后访问日期：2023年6月20日。

[2] 《在中央人大工作会议上的讲话》，载人民网，http://jhsjk.people.cn/article/32361664，最后访问日期：2023年8月22日。

律师既是公民，也是我国法治工作队伍的重要力量之一。1993—2003年，我国法学界和法律实务界就对律师政治参与高度关注。例如，张志铭基于部分实证统计数据，认为社会和经济发展水平越高，律师业与民众实际生活的关系就越密切、距离也越近，律师政治参与的程度在总体上也越高，随之而来的是律师社会地位的提高和实际交涉力的加强。江平提出，希望有更多的政治家型的律师，21世纪赋予中国律师的使命是参与政治生活、谋求政治品质的提高。他所谓的政治家型的律师，就是在做自己业务的同时，始终具有一种政治家的素质，参与一些政治活动，关心国家存在的问题，并从法律角度加以研究，提出解决办法。律师不仅服务他人，同时，还有政治上的抱负，政治上的远见，政治上的品质。他认为律师走上政治之路，要特别注意研究政治和社会的问题，必须服务社会，服务社区，得到社会的认可，应该更多地讨论社会关注的问题，参加立法活动，提高其社会知名度。[3]法律教育培养了律师以及法官和检察官思考、解决问题的独特方式。刘武俊、程金华等认为，律师贴近民众、观察敏锐、熟练规范的职业特征，使其具有政治参与的优越条件和坚实的社会基础。[4]

司法部和全国律协对律师的参政议政高度重视。2004年，司法部党组下发《中共司法部党组关于加强新形势下律师队伍党的建设工作的指导意见》明确指出："积极鼓励和支持广大律师参与对国家经济、政治和社会事务的管理，为律师参政议政争取机会、创造条件。"在《司法部关于政协十三届全国委员会第二次会议第1613号（政治法律类136号）提案答复的函》和《司法部对十二届全国人大五次会议第8015号建议的答复》中，司法部明确在律师法立法过程中要完善律师政治参与的相关规定，重视律师队伍建设，建立中国律师智库。全国律协印发的《中华全国律师协会2008—2011年工作纲要》要求完善律师参政议政机制，2013年对全国律师参政议政情况进行调研和统计后，又印发《律师协会参与立法工作规则》，进一步规范律师参与立法工

---

[3] 参见江平：《新世纪中国律师的使命》，载《中国律师》2001年第1期。
[4] 参见刘武俊：《解析中国语境的律师角色》，载《学术界》2003年第4期；程金华：《法律人从政合理性分析及其验证》，载《中外法学》2013年第1期。

作。总之，无论是司法部还是全国律协，都未回避律师参政议政的议题，并通过政策文件、具体工作、行业规定等积极回应学界业界的建议。截至2022年年底，全国共有执业律师65.16万多人，律师事务所3.86万多家。[5]律师参政议政越来越受到党和政府以及社会各界的重视。

律师政治参与也存在很多问题。第一，律师参政的地区分布不均衡。例如，陕西省2003年只有1名律师当选第十届全国人大代表，第十一届、第十二届全国人大代表中并无陕西省执业律师当选，2018年只有1名陕西省执业律师当选第十三届全国人大代表。2003—2018年，连续四届全国政协委员中没有陕西省执业律师当选。[6]根据陕西省司法厅的统计数据，截至2021年年底，陕西省共有14671名执业律师，担任各级人大代表、政协委员的有161名，其中，省人大代表2名，省政协委员7名。[7]截至2023年1月，陕西全省有省、市、区（县）人大代表93名，政协委员238名。[8]

第二，律师政治参与存在无序化之虞。某些律师通过策划炒作，提高代理费用，对律师队伍的整体形象造成不良影响，使得"维权律师""死磕派律师"被污名化。[9]无序化的政治参与打着行使权利之名，实际干扰党对法治工作的领导，扰乱了法治秩序。

青年对参政议政虽然有着巨大的热情，但是其政治参与行为多为间接的，参与范围不广、参与程度也不深，自主性政治参与不足，所以需要动员和引

---

[5]《2022年度律师、基层法律服务工作统计分析》，载司法部网站，http://www.moj.gov.cn/pub/sfbgw/zwxxgk/fdzdgknr/fdzdgknrtjxx/202306/t20230614_480740.html，最后访问日期：2023年8月23日。

[6] 2003年和2008年的数据参见王中华：《当代中国律师政治参与研究》，南京大学出版社2012年版，第154页。2013年的数据参见《新一届律师代表、委员风采录》，载《中国律师》2013年第4期。2018年的数据参见《39名律师担任第十三届全国人大代表及全国政协委员》，载中青在线，http://news.cyol.com/yuanchuang/2018-02/28/content_16978896.htm，最后访问日期：2023年8月21日。

[7]《陕西省2021年律师工作统计数据分析》，载陕西省司法厅网站，http://sft.shaanxi.gov.cn/gk/tjxx/55776.htm，最后访问日期：2023年5月31日。

[8]《15名律师担任陕西省新一届"两代表一委员"》，载陕西省司法厅网站，http://sft.shaanxi.gov.cn/cfxz/lsgz/67207.htm，最后访问日期：2023年5月31日。

[9] 参见褚宸舸、孙文博：《我国律师职业伦理：规范、问题和建议》，载《法学教育研究》（第15卷），法律出版社2016年版，第338—339页。

导。为避免无序化的政治参与，应当积极探索律师政治参与的新模式。

2017年4月，中共中央、国务院印发《中长期青年发展规划（2016—2025年）》，要求"引领青年有序参与政治生活和社会公共事务"。青年律师职业群体的特殊性和其成长过程决定了该群体对法治的信仰是其职业伦理的重要组成部分。相较于其他新兴青年群体，青年律师对政治参与具有更高的热情，所以应当充分重视对青年律师政治参与的有效引导。为了引导青年律师进行有序的政治参与，2018年11月，中华全国律师协会印发《关于扶持青年律师发展的指导意见》，该文件强调，不仅要加强对青年律师的政治引领，也要关心青年律师的政治发展："律师行业各级党组织要关心青年律师政治进步，积极培养和发展青年律师入党积极分子，有计划地吸收优秀青年律师加入党组织，为基层党组织注入生机和活力。律师行业各级党组织、律师协会要以党建带团建，建立兴趣小组、业务沙龙、工作微信群等，密切与青年律师的联系，及时掌握思想动态，帮助解决实际困难，增强青年律师队伍凝聚力、向心力。律师协会理事、常务理事以及专业、专门委员会委员中应当有一定比例的青年律师。"该文件可以看作律师行业整顿之后的举措，也是对《中长期青年发展规划（2016—2025年）》的落实和回应。

为了摸清陕西青年律师群体的政治参与诉求，深入了解青年律师政治参与的困境，促进青年律师有序政治参与，我们对陕西青年律师（含律师助理）195人进行问卷调查，并召开座谈会。试图通过对陕西青年律师群体的结构、政治参与现状进行调研，对政治参与中所面临的困难和存在的问题进行客观分析，进一步探索构建律师政治参与的新模式。

二、样本特征

青年律师群体普遍具有较高的文化素养，愿意积极投身社会公共事务、关心国家的前途命运，具有较强社会责任感。从我们调查的样本来看，青年律师群体具有以下四个特点。

第一，学历高。虽然根据2012年中国社会科学院政治学研究所进行的全国性"中国公民政治文化"问卷调查的数据，学历高低并未造成公民政治认同和政治参与的重大差异，[10]但是，具有本科学历即意味着具备了政治参与的基本知识。青年律师（含律师助理）普遍接受过高等教育，取得大学本科及以上学历的高达92.7%（其中硕士研究生占26.1%，博士研究生占0.6%）。青年律师群体普遍具备高学历和律师的职业门槛较高有关，取得律师资格的前提是通过国家统一法律职业资格考试，该考试要求本科（部分地区放宽到专科学历）及以上学历者才能参加。

第二，本地、城市户籍比例高。社会融入是政治认同和政治参与的前提。据我们调查，陕西省律师群体的本地化程度和城镇人口比例非常高，具有陕西户籍的青年律师高达91.7%，其中71.1%具有陕西城镇户籍。

第三，年轻、欠缺经验，收入水平低。年龄较大、执业年限较长、经验丰富的律师是律师群体中政治参与的主要力量。全国性的问卷调查数据显示，律师人大代表的平均年龄为39.4岁，律师政协委员的平均年龄为37.8岁，担任其他职务（立法咨询委员、政府和公检法部门法律顾问及执业监督员、审计员、教育督导员、人民陪审员、仲裁员、律师协会会长和副会长、律师协会常务理事、理事和专业委员会委员）的律师平均年龄为36.2岁，且律师人大代表和律师政协委员的执业年限在10年以上的比例更高。[11]

陕西青年律师的年龄和执业年限都远未达到全国数据中参政议政的"活跃平均数"。我们调查的样本中，26—30岁的比例为46.1%，31—35岁的比例为35.4%。执业年限多为4年及以下（64.4%），执业年限为5—9年的有21.2%。我们调查的样本中，49.7%的青年律师年纯收入为4万元及以下，10万元及以上的仅占18.1%。总之，专业素质、业务能力、政治修养、从业经验会在一定程度上影响青年律师群体政治参与的广度和深度。

第四，中共党员、团员比例高。样本中，中共党员比例近半数（45.6%），团员的比例为18.3%。青年律师中加入民主党派和经统战部门认定的无党派人士的比例分别是5.0%和2.2%，这说明民主党派和群团组织也能够为律师

---

[10] 参见史卫民、韩旭：《不同年龄公民的政治认同与政治参与比较》，载房宁主编：《中国政治参与报告（2013）》，社会科学文献出版社2013年版，第19页。
[11] 参见王中华：《当代中国律师政治参与研究》，南京大学出版社2012年版，第125页。

政治参与提供一定的平台。

三、青年律师政治参与的基本概况

（一）政治参与的意愿强烈

有学者对全国律师政治参与情况做过调查，发现愿意参政议政并且积极主动争取机会的律师占 45.8%，愿意参政议政但不会积极主动争取机会的占 37.8%，两项合计 83.6%。[12] 我们调查发现，在政治参与意愿方面，青年律师选择"比较积极"的占 29.4%，选择"一般"的占 41.7%。青年律师利用所学知识服务社会的意愿比较强烈。虽然受执业年限、年龄、资历等因素限制，青年律师能够参与中国共产党党内决策、人大工作和民主自治的寥寥无几，但在社会法律服务层面，截至 2021 年年底，陕西全省 1253 名律师为 638 名省十三届人大代表和 615 名省十二届政协委员一对一免费担任法律顾问，8690 名律师和基层法律服务工作者担任 17022 个村和 2719 个社区的法律顾问，实现了全覆盖。[13]

第一，收入水平和执业年限对青年律师政治参与的意愿没有显著影响。不同执业年限和收入段的青年律师从事公职律师和政府法律顾问的意愿虽然随着执业年限的增加和收入的提高有所降低，但总体而言都比较积极（表 3-4）。

表 3-4　陕西省青年律师从事公职律师或政府法律顾问的意愿及影响因素

从事公职律师或政府法律顾问的意愿	影响因素	
88.8%	执业年限	4 年及以下
83.3%		5—9 年
71.4%		10 年及以上
87.4%	收入	40000 元及以下
87.7%		40001—99999 元
80.6%		100000 元及以上

---

[12] 参见王中华：《当代中国律师政治参与研究》，南京大学出版社 2012 年版，第 201 页。
[13] 《陕西省 2021 年律师工作统计数据分析》，载陕西省司法厅网站，http://sft.shaanxi.gov.cn/gk/tjxx/55776.htm，最后访问日期：2023 年 5 月 31 日。

第二，青年律师对提供公益性法律服务和法律援助的态度非常积极。"非常愿意"提供公益性法律服务和法律援助的比例分别为52.8%、55.6%，"愿意"提供公益性法律服务和法律援助的比例分别为37.8%、35.4%（表3-5）。而且，青年律师对代理公益诉讼案件的意愿也非常强烈，回答"非常愿意"和"愿意"的比例共计87.2%（表3-6）。

表3-5　陕西省青年律师提供公益性法律服务和法律援助的意愿

意　愿	提供公益性法律服务	提供法律援助
非常愿意	52.8%	55.6%
愿意	37.8%	35.4%
一般	6.1%	7.8%
不愿意	1.1%	0.6%
非常不愿意	2.2%	0.6%

表3-6　陕西省青年律师代理公益诉讼案件的意愿

意　愿	占　比（%）
非常愿意	50.0
愿意	37.2
一般	11.7
不愿意	0
非常不愿意	1.1

青年律师政治参与的领域具有较强的职业相关性。主要领域是消费者维权（41.4%）、扶贫慈善（13.4%）、法律事务或纠纷解决（10.1%），三者总计64.9%。受职业选择和专业因素影响，青年律师的参政议政集中于司法工作。

陕西青年律师总体表现出政治参与热情高、社会责任感强等特点，但也暴露出路径不通畅、参与程度较低等问题。部分青年律师积极参与普法、宣传工作（34.1%）和法律援助工作（31.0%），但其担任各级调解组织的调解员和担任各级检察院的监督员的极少，分别只占1.4%和0.7%。

（二）政治参与的渠道多元

第一，党委渠道。各级党委组织部门负责在青年群体中发展党员，选拔任用35岁以下的青年担任领导干部。各级党委统战部门负责联系青年群体中的无党派、民主党派人士。

第二，人大、政协渠道。有关部门依法推荐青年作为代表候选人在各级人大选举中参选，当选为各级人大代表，依法履职；遴选律师群体代表进入各级政协，作为各级政协委员积极参政议政。律师作为人大代表、政协委员在各级"两会"上提出议案、提案，审议相关地方立法或决定，监督政府及各部门、司法机关的工作，但是由于青年律师群体受年龄和资历限制，其在人大代表和政协委员的选任方面不占优势，以此途径参政议政的比例较低。

第三，司法和公共法律服务渠道。有学者指出，司法是律师最擅长的领域，可在这一领域，律师除了执业活动，尚未进一步参与其他活动。[14]目前，这一状况已经大为改善。在现行制度体系中，律师可以作为人民调解员、人民陪审员、人民监督员开展工作。近年来，遴选律师担任人民调解员或律师参与商事调解已经成为常态。全国各地人民调解员的选聘条件不对最低年龄设限，这为青年律师的政治参与拓宽了路径。各级人民检察院也遴选青年律师担任人民监督员、听证员。此外，青年律师还可以参与法律援助等公益性法律服务。

第四，行政渠道。主要有：出席政府及其各部门组织的听证会、座谈会、咨询会并发言；按照《律师协会参与立法工作规则》通过律师协会参与立法工作；申请政府信息公开；积极参与省市司法行政部门在地方性法律文件草案制定过程中征求意见建议的活动；通过各级信访途径反映情况。

第五，群团渠道。除了律协对律师参政议政的意见建议进行整合和表达，[15]共青团、妇联、工会、青联等群团组织也是青年政治参与的重要平台。陕西各级律师协会是全省律师的自律性组织、社会团体法人，其下设的专门委员会不断吸纳青年律师参与。例如，专门设有"律师参政议政专门委员会"

---

[14] 参见吴笛、唐丽媛：《刍议我国法治建设中律师的政治参与》，载《太原师范学院学报（社会科学版）》2006年第2期。

[15] 参见肖世杰：《民主法治秩序构建中的律师政治参与》，载《法学杂志》2014年第7期。

（推动律师参政议政，发挥民主党派律师的优势，提高律师作为专业人士的社会影响力）和"青年律师工作委员会"（旨在关心青年律师成长，帮助青年律师增强综合素质，提升业务能力，丰富文娱生活，培养社会责任感）。陕西省各级团委通过"共青团与人大代表、政协委员面对面"活动，畅通青年群体和人大代表、政协委员之间的沟通路径。陕西省青年联合会吸收优秀青年律师作为委员。

第六，基层群众自治渠道。例如，加入基层群众自治组织，担任社区领导或工作人员，组织、参与基层群众自治组织的各项活动；参与城市小区业主委员会的工作和活动。

（三）政治参与的领域有限

第一，参与党政机关决策少。71.6%的青年律师没有参加过任何民主决策活动，青年律师群体参与决策的比例较低。在青年律师中，通过各级政协参与决策的比例（3.6%）高于各级人大（1.0%）、各级党委（3.0%）、各级政府（1.5%），这说明政协在吸纳律师参政议政方面发挥了一定作用。

第二，参与立法工作的比例低、层次浅。有82.8%的青年律师没有参与过任何立法活动。参与和立法相关的研讨会、论证会、座谈会、听证会的占7.0%，书面提交对法律立项、草案的意见的占7.5%，受委托起草法律草案的占2.7%。这说明即使立法活动被视为律师群体参政议政的主要途径，并有相关规范性文件进行规范，但在实践中，作为法律专业人士的青年律师其作用并未有效发挥。

第三，参与人大、共产党内和业主委员会等选举活动的比例偏低。在参与选举方面，58.9%的青年律师未参加过任何选举活动。相比之下，参与所在单位内部机构选举、人选酝酿的青年律师占比较高（14.8%），而各级人大代表/政协委员选举（5.7%）、各级党代会选举、人选酝酿（5.7%）、村委会或居委会选举（4.8%）和小区业主委员会选举（2.9%）仅有很小一部分青年律师参与。

第四，基层群众自治、职工民主管理的政治参与功能未充分实现。高达76.7%的青年律师没有参与过任何民主自治，参与村民委员会工作的只有5.2%，参与居民委员会工作的只有9.3%，参与职工代表大会的只有8.8%。

第五，各类监督很不平衡。62%的青年律师未参与过任何民主监督。只有11.3%的青年律师参与了群团组织的监督。通过媒体进行民主监督的比例相对较高（13.6%），且其中新媒体占比（8.0%）明显高于传统媒体（5.6%），这说明青年律师群体在新媒体的使用方面比较娴熟。

青年律师对律协、律所和同行的信任度远远高于对其他主体，所以青年律师维权普遍倾向于"抱团取暖"。律协作为律师组织发挥了一定作用，但是青年律师对其的信任度仍有待提高。调查显示，青年律师在合法权益受到侵害时，选择向党委（3.3%）、政府机关（3.3%）、人大（2.2%）、政协（0.6%）寻求帮助的占极低比例。有35.6%和20.6%的青年律师倾向于向律所和律协请求帮助。求助律师同行的比例有10.0%。

四、青年律师政治参与存在的问题

（一）意愿和现实之间存在较大差距

陕西青年律师从政意愿极高，但在实践中能够参与政治的较少。青年律师更愿意以进入体制的方式进行政治参与。愿意做公职律师或政府法律顾问的占86.0%，愿意做各级人大代表或政协委员的占81.4%（表3-7）。调查发现，执业时间较短和执业收入较低的青年律师往往倾向于改变其律师职业身份参与政治，例如，愿意做法官或检察官、担任党政领导的比例分别占近六成。"26—30岁之间的青年律师更愿意从政，这正好与大多数公务员招考对报考者年龄的要求基本吻合，因为他们的律师职业刚刚起步，法律业务开展颇为艰难，案源没有保证，没有稳定的收入来源，工作压力很大，希望通过从政获得稳定的工资收入。"[16]

表3-7 陕西省青年律师进入体制的意愿

具体工作	占比（%）
将来做法官或检察官	57.1
将来做党政领导	57.0
将来做公职律师或政府法律顾问	86.0
将来做人大代表或政协委员	81.4

---

[16] 王中华：《当代中国律师政治参与研究》，南京大学出版社2012年版，第119页。

实际上，真正进入法检队伍的律师极少。执业年限长的律师所获得的收益与公务员队伍相对较低的工资相比有着更大吸引力，这也使得执业年限较长的青年律师不会随意放弃自己现有的律师职业。对于年纪较大、执业年限较长的律师，其考虑到前期的职业成本，更愿意在保持职业不变的基础上，有限地参政议政。由于我国司法体制改革中关于律师从政的政策设计在各地落实都比较困难，青年律师群体在选择从政和不改变律师身份参政议政的选择上有着巨大差异。总体来看，青年律师从政道路不畅，在法律职业共同体之间流动比较困难。

（二）党员律师政治参与带头作用发挥不明显

调查发现，陕西省民主党派律师的政治参与意愿最高，中共党员律师的积极性有待提高，其引领作用有待加强。在"非常积极"和"比较积极"参与政治的青年律师中，政治面貌为民主党派人士的比例是66.7%，而政治面貌是中共党员的比例只有51.2%（表3-8）。相对而言，律师中中共党员的政治参与意愿一般。与2008年全国相关数据[17]相比，陕西省青年律师中中共党员的政治参与积极性较低。

表3-8 陕西省青年律师政治参与意愿和政治面貌的交叉分析

意　愿	中共党员（含中共预备党员）	共青团员	群　众	无党派人士	民主党派人士
非常积极	25.6%	15.2%	13.5%	25.0%	11.1%
比较积极	25.6%	36.4%	26.9%	25.0%	55.6%
一般	39.0%	39.4%	48.1%	50.0%	33.3%
比较消极	8.5%	9.0%	3.8%	0	0
非常消极	1.3%	0	7.7%	0	0

青年律师中中共党员的政治参与意愿反不及民主党派的律师，这说明在政治参与方面，陕西律所基层党组织的作用还未很好地发挥，特别是党组织的向心力尚不够，同时这也反映出给党员律师提供的参政议政平台、渠道比较少。

---

[17] 参见王中华：《当代中国律师政治参与研究》，南京大学出版社2012年版，第201页。

（三）网络政治参与比较消极

随着社交媒体的发展和进步，网络政治参与逐渐由单向信息传递状态转变为动态的多元化互动状态，并形成交互式的信息交流模式，当特定群体追求的网络参政议政达到一定规模和影响力时，能够实现与相关部门对话。与传统参政议政途径相比，网络政治参与在利益诉求表达方面更具时效性，在介入政府政策法律决策时具有灵活性，更便于与党政机关及领导开展沟通和对话。目前，网络政治参与已经成为青年政治参与的主要渠道。

青年律师群体通过各大社交平台表达自己的诉求，与网友共同讨论时政热点，发表个人政治见解与观点，能够在短时间内形成强势舆论。青年律师通过人大、政协和政府机关的门户网站等平台，针对法律文件草案提出意见、建议。通过网络途径积极向人大代表、政协委员提出建议和诉求，间接参与"两会"及国家和地方制定发展规划、出台重大方针政策的过程。当然，部分青年律师也通过制造网络舆论，对执法司法环节进行监督。当前，网络政治参与情绪的非理性化趋势日益明显，部分青年律师也同样存在情绪化倾向。众所周知，匿名环境下网络参政议政过程易受情感驱使，网络政治参与的狂热化、匿名化和低龄化导致造谣传谣、辱骂诽谤、恶意中伤时有发生。[18]

经过调查我们发现：第一，在网络政治参与领域方面，陕西青年律师尤其关注"司法公正"（21.8%）和"百姓民生"（19.9%）。从对"最近一年内主要关注过哪些类型的网络事件"和"较多关注或参与哪些网络热点事件"两题目的回答看，青年律师群体更多关注司法公正、百姓民生、大政方针、社会公平、反腐倡廉、生态环保等话题，这些话题与青年律师群体的个人生活或职业发展息息相关。第二，青年律师通过网络参政议政比较审慎甚至被动。选择用匿名方式进行网络政治参与的比例为76.6%。青年律师多以"默默关注者"（52.2%）和"信息转发者"（24.4%）的身份进行网络政治参与。大多数受访青年律师（87.2%）认为，互联网对自己参与政治产生重要影响，首选以"评选或投票"的方式进行网络政治参与。

青年律师接收信息的倾向远大于其观点的表达，虽然网络政治参与是青

---

[18] 参见陈龙国：《当代青年网络政治参与特点及其对虚拟社会治理的启示》，载《中国青年研究》2014年第11期。

年律师群体参政议政的重要途径之一，但"有序"和"无序"的界限较为模糊，这也是青年律师群体普遍在网络政治参与中比较消极的原因。网络政治参与并未成为青年律师群体参政议政的主要方式。

五、构建服务型政治参与新模式

中国特色的政治参与有"自上而下"和"自下而上"两条路径。从"自上而下"的顶层设计来看，首先，各级党委应当加强对青年律师群体政治参与的领导。吸收律师中的优秀分子入党，选拔、培养青年律师党员，将党的基层组织作为政治参与的重要平台和渠道，鼓励青年律师群体积极参政议政。放宽视野，对优秀青年律师进行有计划的系统性培养，及时了解青年律师群体普遍的利益诉求。其次，积极吸纳优秀的青年律师进入人大与政协。积极拓展青年律师群体参与立法工作的广度和深度。各级人大及其常委会立法工作部门应逐步完善青年律师参与相关立法的机制，积极吸纳青年律师代表参与相关地方立法活动。最后，应吸纳青年律师参与政府决策合法性审查工作。

但是，青年律师的政治参与不能仅仅靠"安排"，而要从律师职业的社会法律服务属性中延伸出来，构建一套基于律师职业特点的服务型政治参与模式。这是因为：

第一，律师政治参与的特殊性应当立足律师的职业特点。律师作为普通公民享有法律赋予的政治权利，该群体的政治参与行为具有某种社会服务属性。律师群体是我国法治队伍的重要组成部分，其社会法律服务者的职业属性和职业伦理要求其必须以服务社会、服务公众为己任。基于律师的这种职业属性，律师参与政治生活的目的就不仅仅体现为表达群体的利益诉求，而是代表社会力量，推动社会公平正义。

第二，律师做好法律服务本身就是对国家治理、社会治理的政治参与。《陕西省律师条例》第42条规定："鼓励、支持律师和律师事务所参与以下公共法律服务活动：（一）参与村（社区）法律顾问工作，通过提供法律咨询、举办普法讲座、参与矛盾纠纷调处、代理案件等方式，引导公民通过合法途径表达诉求，维护公民的合法权益，服务基层社会治理；（二）参与化解和代理涉法涉诉信访案件工作，采取释法析理、提出处理建议、引导申诉、代理案件等方式，化解矛盾，推动涉法涉诉信访法治化；（三）参与法治宣传，通过以案释法、巡回宣讲、法律咨询等方式，普及法律知识，提高公民法律意识；（四）为人大代表、政协委员履职活动提供法律咨询服务；（五）参与其他公共法律服务活动。"第43条规定："县级以上人民政府应当按照国家和本省有关规定，将律师为社会公众提供公共法律服务、为国家机关和人民团体履职提供法律顾问等辅助性法律服务纳入政府购买服务指导性目录。"如前所述，通过地方性法规，律师服务型政治参与的新模式被赋予了合法性，具有了正当性，这是一个很值得关注的动向。

律师的政治参与除了具备普通公民政治参与的一般性，还体现出法律服务和政治参与相结合的服务型政治参与的特殊性。青年律师只有参与到公共法律服务工作中为人民群众、为社会服务好，才能获得人民群众、党和政府的信任，才具备参与政治的基本条件和可能性。政治就是众人之事。政治工作在某种意义上就是做人的工作。律师如果不能服务社会，不能得到人民群众的认可，那么任何政治参与都可能只是形式上的。

综上所述，推动青年律师政治参与是落实回应《中长期青年发展规划（2016—2025年）》的重要举措。为避免律师政治参与无序化，应当积极探索政治参与的新模式，这就需要首先摸清现状和问题。基于对陕西青年律师政治参与的实证研究，发现青年律师政治参与的意愿强烈、渠道多元、领域有限；政治参与的意愿和现实之间存在较大差距；党员律师政治参与带头作用发挥不明显；网络政治参与比较消极。故倡导构建基于律师法律服务职业特点的服务型政治参与新模式。

第七章 青年社会组织参与社会治理调查[*]

在我国，社会组织是指在各级民政部门登记的社会团体、基金会和民办非企业单位（社会服务机构）等。青年社会组织并非法律概念，而是专指以青年为主要参与主体或是以青年为服务对象的社会组织。本次调研主要针对以青年为主要参与主体的社会组织展开。截至2022年11月，陕西省依法登记各类社会组织31173家（社会团体17000家，基金会190家，社会服务机构13983家），其中有不少青年社会组织。[1]共青团和青联负责引导、联系和服务青年社会组织。共青团协助民政等部门管理团属的青年社会组织。2017年4月，中共中央、国务院发布的《中长期青年发展规划（2016—2025年）》明确指出要"引导青年社会组织健康有序发展"。要求重点支持行为规范、运作有序、公信力强、适应经济社会发展的青年社会组织，重点发展科技类、公益慈善类、城乡社区服务类青年社会组织，积极发挥重点青年社会组织的示范带动作用。

作为陕西省青年社会组织的培育者、引导者、支持者与管理者之一，共青团陕西省委早在多年前就出版过《陕西社会组织与青年发展蓝皮书》，对青年社会组织进行了一个初步摸底。基于以往的研究，展开本次调研。2020年10月中旬，我们走访了陕西省民政厅社会组织管理局，了解了本省社会组织最新的发展情况和相关政策。之后，主要对陕西省具有代表性的青年社会组织的负责人进行访谈，深入了解陕西青年社会组织的具体活动方式，听取他们各自的先进经验，并收集各方的意见与建议。2020年10月30日，我们邀

---

[*] 本章以2020年7—12月褚宸舸主持的共青团陕西省委委托课题"陕西青年社会组织参与社会治理研究"的报告（褚宸舸执笔，陈帅、李欣杰参与调研和整理资料）为基础修改而成。

[1] 参见骆妍：《陕西依法登记各类社会组织3万余家》，载《西安日报》2022年11月3日，第6版。

请陕西青年社会组织培育发展中心主任、陕西省青年志愿者协会会长、陕西社会组织服务中心主任、陕西为民社会工作服务中心主任、宝鸡明朗心理关爱中心主任等进行深入交流。2020年11月初，我们通过电话、视频访谈方式，对来自陕西社会组织服务中心、陕西指南针司法社工服务中心、榆林市青少年社会工作者协会的3位资深社会组织管理者进行深度访谈。在访谈资料和文献资料相结合的基础上，形成以下报告。报告旨在归纳总结陕西青年社会组织的发展特点，青年社会组织在陕西社会治理中发挥的作用，青年社会组织参与社会治理存在的困境与问题，最后提出进一步完善相关工作的对策建议。

一、青年社会组织参与社会治理的基本概况

（一）新时代青年社会组织发展的特点

第一，服务方式的创新化。改革开放以后，多元文化环境下的需求逐渐多样化，对社区服务、医疗卫生、文化教育、权益维护等提出了新诉求。区别于传统的社会组织，陕西青年社会组织发挥了青年自身的创新能力，充分利用"互联网""大数据"参与社会治理，将活动场地从线下转移到线上，打破了社会组织自身场地与活动领域的限制，将活动范围扩大到陕西省，甚至全国各个地区。比如在新冠疫情期间，不少像宝鸡明朗心理关爱中心、陕西师范大学阳光青年志愿者协会等青年社会组织，在活动受限的情况下，通过互联网、电台等方式，对全国各地区的医务人员及其子女提供援助。此外，青年社会组织还不断创新服务内容，开创出像"河马老师""童梦计划""萤火虫志愿服务队""退休爱党俱乐部"等一批"站得住、叫得响、推得开"的服务品牌项目，积极参与社会治理创新，以全新的治理理念参与到社会治理的队伍中。

第二，服务内容的专业化。专业是社会组织依靠自身知识、技术优势，针对社会需求解决各种问题的前提。评价社会组织的关键就是看其是否具备专业性。而专业性的体现就是社会组织针对社会需求，以自身的知识、技术为基础，解决各种问题的能力。

2019年榆林市的调研报告与2020年西安市青年社会组织的问卷调查发现，社会组织中本科及以上学历的工作人员分别占61.9%、60.5%，这说明青年社会组织成员的学历普遍较高，他们掌握着专业的理论知识，这是青年社

会组织专业化的基础条件。同时，不少青年社会组织都配备专业的社工，具备专业社会工作处理经验的社工能够支持陕西青年社会组织开展服务工作，保证社会治理实效。例如，陕西省首家专门从事未成年人司法保护的专业社会组织陕西指南针司法社工服务中心，就是依靠西北政法大学刑事法律科学研究中心的专家和学校司法社工专业学生的力量，为未成年犯罪嫌疑人提供关爱帮扶、维权、社区矫正等服务。又如，榆林市青少年社会工作者协会利用其专业优势，为青少年提供心理咨询、家庭教育、技能培训、法律咨询等服务。再如，陕西绿色原点环保宣教中心通过大数据与专业的成员，在社区开展垃圾分类宣传与服务。可见，陕西青年社会组织依靠自身的法学、社会学、教育学、心理学等专业知识，通过向社会提供法律援助、教育帮扶、矛盾调解、科普宣传等服务参与社会治理，已经呈现出较高的专业化态势。

第三，服务运作的项目化。经过粗放式的发展阶段，不少陕西青年社会组织已经意识到蜻蜓点水式的服务不能给其带来稳定的资金支持，以活动为导向的策略也不能和政府、基层群众自治组织建立长期的合作关系和信任。因此，陕西青年社会组织大都采用项目化运作模式来对接政府、社会的资源。所谓项目化，就是以项目的委托、申请、开展、完成来作为社会组织运行的中心。这些项目绝大多数是政府设定的、使用福利彩票基金或政府专项资金购买的特定服务。

从上述陕西青年社会组织发展的特点来看，陕西青年社会组织已从最初的探索阶段逐步迈入成熟阶段。它们懂得发挥青年创新能力强、学习能力强、专业水平高的优势，通过不断地探索，以创新化、专业化的服务及项目化的运营方式参与社会治理，履行社会义务，承担社会责任，整体呈现出蓬勃生长的态势。

（二）青年社会组织在社会治理中发挥的功能

第一，填补社会治理的空白。社会治理仅靠党和政府是远远不够的，所以要强调社会协同、多元主体。要以较低的经济成本和较少的公共资源投入实现治理效能的增长，就必须让社会组织参与到社会治理之中。以疫情防控中两个社会组织的活动为例。一是青年更懂得利用互联网了解动态，可以在灾害发生时迅速识别民众的需求并为其提供服务。例如，西安市小火柴志愿者服务中心积极动员社会力量，招募4649名志愿者，募集了3万余元公益资金，组织地区物业进行专题培训，指导物业、管理方落实消杀、门禁等工作。在小区封闭式管理期间做实民生服务，为小区业主提供跑腿服务。二是青年社会组织能够发挥协调作用，能够在遇到突发事件时做到有效动员，凝聚社会力量，从而形成合力，有效应对突发事件。宝鸡明朗心理关爱中心在疫情期间组建宝鸡心理辅导志愿服务团队，用专业知识服务20多万人，缓解了群众的焦虑和恐慌。由上述陕西青年社会组织在疫情期间参与社会治理的实例可以看出，陕西青年社会组织以多元主体的身份进入疫情防控队伍，有效弥补了政府因单边治理与职能上的不足而造成的社会治理空缺，凝聚社会力量，形成合力，对社会治理起到积极作用。

第二，积极参与"平安建设"工作。青年社会组织协助基层政府和村委会居委会，发挥了预防、化解矛盾纠纷的功能，这是社会自治的应有之义。陕西青年社会组织依托组织本身的专业优势或者借助社会资源优势，通过多样化、创新化的服务，调解劳资、医疗、交通事故、物业等纠纷，化解社会矛盾，推动"平安建设"工作的开展。青年社会组织在社会矛盾中扮演引导者、调解者的角色，充当了政府与公众之间的缓冲角色。由于社会组织扎根基层，群众更乐意让社会组织参与调解工作。一些青年社会组织在社区设立工作室，积极参与社会纠纷的调解工作。例如，宝鸡明朗心理关爱中心带领信访人员参与公益项目，通过这个过程提升了信访人员的社会参与感，将矛盾的对立者转化为矛盾的解决者，使信访问题被逐步化解。一些青年社会组织大力开展普法活动与法律咨询活动，增强公民的法治观念、法律意识，使公民能够通过合理、合法的方式解决纠纷，推动社会的自我治理。例如，西北政法大学法律服务中心是西北地区规模较大、运作较规范的大学生法律志愿服务组织。该社团常年扎根于基层提供普法、案件援助等法律公益服务，获得社会一致好评。

第三，利用社会资源推动公益。青年社会组织已经成为我国公益慈善事业发展的重要力量。公益慈善类青年社会组织在青年社会组织中占较大比例。2018年，共青团陕西省委在全省范围内共征集到青年社会组织公益项目236个。公益慈善活动在青年社会组织的对外、对内活动中均占较大比例。例如，陕西师范大学阳光青年志愿者协会依托学校的教师教育特色和学科优势，与西安市总工会合作，展开社会助学类活动，招募了1.7万名青年志愿者，结成了1.5万个助学对子，累计辅导20余万人。又如，陕西白手杖视障服务中心致力于为盲人这个小众群体提供服务，鼓励视障患者走出家门，推动社会认识盲人、接纳盲人与帮助盲人。再如，陕西省红凤工程志愿者协会帮助贫困女大学生。该协会将受助方与资助方连接在一起，通过每个月1650元的一对一资助，保障贫困女大学生顺利完成学业。这些青年社会组织凝聚社会慈善力量，向社会筹募资金，将社会资金、青年志愿者、专业人士聚集到一起，围绕扶贫脱贫、扶残助残等公益项目，开展公益活动。

（三）青年社会组织的培育和活动平台

第一，民政部门与共青团对青年社会组织的培育和推动。在陕西青年社会组织从成立到发展的过程中，政府与共青团都起了重要的推动作用。在青年社会组织发展初期，民政部门与共青团成立培育发展中心将其顺利培育孵化。共青团陕西省委与陕西省民政厅先后建立省级枢纽型社会组织（陕西青年社会组织培育发展中心和陕西社会组织服务中心），发挥了平台作用。共青团利用其组织优势，整合零散的社会资源，支持青年社会组织发展。陕西青年社会组织培育发展中心是团省委在团中央"发挥共青团作为枢纽型组织的作用，构建以共青团为主导的青年社会组织体系"的精神指导下成立的枢纽型社会组织。该中心利用场地、资金等资源吸引、扶持、孵化了一批青年社会组织，发挥了强有力的纽带作用，推动松散的青年社会组织向组织化、专业化方向发展，进一步激发青年社会组织自身的潜力。截至2020年9月，陕西青年社会组织培育发展中心已经入驻了130余家青年社会组织，累计孵化了30多家青年社会组织。此外，民政部门与共青团还为青年社会组织提供对接服务的渠道，通过这些渠道使青年社会组织在扶贫等领域展开社会治理。

第二，枢纽型社会组织初步发挥纽带作用。截至2020年9月，陕西省成立了74家枢纽型社会组织。这些组织以推动社会组织发展、提升社会管理与公共服务效能为目标，通过整合政府部门、社会组织的资源，将各社会机构联系到一起，搭建起信息、培训、交流、服务一体化的综合服务平台。陕西省民政厅成立陕西社会组织服务中心，积极提供办公场地、设备、注册登记指导等服务，解决了初创组织经费不足、办公场地紧张、设备资源匮乏等问题。此外，西安市莲湖区社会组织培育中心也发挥了纽带作用。西安市莲湖区社会组织培育中心已经为多家社会组织提供各类专业支持，并且培育出大量具有较高专业水平的社会组织。

第三，通过"四社联动"机制搭建青年社会组织发挥作用的平台。根据《中共中央 国务院关于加强和完善城乡社区治理的意见》，"三社联动"是指社区、社会组织和社会工作以社区治理为根本目标，以三者互动为主要手段，在互助、互利、互惠原则的指导下，推动社区建设。"四社联动"是在"三社联动"的基础上创新而来，其以社区为平台、以社会组织为载体、以社会工作专业人才为支撑、以社区志愿者为补充。"四社联动"的基础在于四社，关键在于联动。通过做好社区、社会组织、社会工作专业人才、社区志愿者的培育工作，打好联动的基础。通过建立社区公共服务综合信息平台，逐步实现省市县街道（乡镇）社区服务信息系统互联互通，进而实现联动。

2016年，陕西省出台《关于加快推进"四社联动"提升社区治理水平的意见》，该意见要求，到2020年，全省90%的城镇社区和60%的农村社区建成功能完善、便民利民的社区服务体系。2020年，西安市有2000多项社区专项经费实现项目化运作，并且已经建立集居委会事务、商业、志愿服务以及各类缴费查询服务于一体的社区综合信息平台。以西安市莲湖区为例，该区投入约110万元扶持公益创投项目，项目涉及养老、儿童、助残、社区等多个领域，推动社会组织、社工、社区居民参与社区发展治理。

"四社联动"在陕西省已经开展了多年，有一定成效。"四社联动"不仅为青年社会组织搭建平台，提供培育支持，还将青年社会组织同其他三社联系到一起，形成统一性的综合信息平台，进而推动青年社会组织向更系统化的方向发展。

二、青年社会组织参与社会治理存在的问题

（一）对青年社会组织参与社会治理的认识不足

第一，政府层面对青年社会组织参与社会治理的重要意义的认识有待加强。在北上广深等发达城市，因为良好的经济基础和开放、多元的文化环境，政府、社区、社会组织之间互动频繁，青年社会组织发展较快。近年来，在脱贫攻坚的大背景下，云贵川甘等地政府对社会建设也关注较多。相对而言，某些地方政府囿于传统的"大政府、小社会"思维，认为基层的事主要靠自己做。对于青年人的经验能否完成专业性的任务，政府官员存在顾虑。

第二，群众对青年社会组织的理解有偏差。群众对青年社会组织的公益内涵有误解，大部分群众把公益理解为免费服务。其实，公益是指不以营利为目的，以公共服务为使命，组织盈余不分配给内部成员，而不是免费。某社会组织负责人就提道："群众普遍认为社会组织是做公益的，做公益的为什么要拿钱？"这种误解导致在青年社会组织提供服务时，公众往往认为它们不应收取费用。

（二）缺乏专门的制度保障

第一，我国现有法律为社会组织参与社区治理提供的制度保障不足。我国没有社会组织的专门立法，只有《红十字会法》《慈善法》《企业所得税法》《社会组织登记管理机关行政处罚程序规定》《社会组织信用信息管理办法》《社会组织评估管理办法》等少数法律法规对社会组织参与社会治理有相关规定，且大多属原则性的规定，并未对社会组织参与社会治理作出具体规定。在陕西省，同样也没有针对社会组织的专门立法。我们对2015—2020年陕西省出台的地方性法规进行梳理，涉及社会组织的地方性法规有37部，但大多散见于慈善、环境保护等法规之中，并无专门规定社会组织的立法，并且大多以鼓励参与等类似的原则性规定为主。以《陕西省实施〈中华人民共和国慈善法〉办法》为例，其仅对在陕西省内开展慈善活动以及与慈善活动有关的社会组织的管理、运行、支持措施等作出相关规定，并没有对其他社会组织作出规定。

第二，缺乏统一的制度安排，只有一些零散的政策文件。陕西省虽然有关于政府购买社会组织服务的政策，但是政策规定过于零散，导致实施效果不尽如人意。2015年1月，《陕西省民政厅 共青团陕西省委关于加强全省青年社会组织建设工作的意见》出台，但该意见仅提出建立青年社会组织服务阵地、青年社会组织培育孵化体系与青少年社工队伍，并未针对青年社会组织的行为和活动作出全面、具体的政策支持。又如，2019年，陕西省民政厅发布《陕西省民政厅关于进一步加强社区社会组织培育发展与规范管理工作的实施意见》，对社区社会组织的地位、作用、参与活动方式等作出规定，对社会组织的培育、创新管理机制等作出规定，还提出"省民政厅将在2019年、2020年底将各地社区社会组织经费落实情况、孵化基地建设情况、数量增加情况以及承接政府购买服务项目情况纳入评估范围"。但是，该实施意见仅针对社区社会组织，并非针对全部社会组织或青年社会组织。此外，2018年11月共青团陕西省委、陕西省民政厅、陕西省财政厅联合发布的《关于做好政府购买青少年社会工作服务的实施意见》与2019年6月民政厅发布的《关于做好政府购买青少年社会工作服务的意见》，对青年社会工作服务的购买主体及承接主体作出了规定，同时提出制订指导性目录、规范服务标准及完善购买机制等措施。但上述意见规定的购买主体是承担青少年服务职能的各级行政机关、具有行政管理职能的事业单位以及经费由财政负担的群团组织。这说明上述意见将购买主体仅限定为以青少年为服务对象的青年组织。实际上，青年社会组织分为由青年组成的社会组织和服务青年的社会组织，目前，政府购买服务的政策没有对由青年组成的社会组织进行支持。综上所述，陕西省关于青年社会组织的政策过于分散，缺乏统一、专门的对青年社会组织的政策支持。

（三）社区专项经费购买服务存在问题

在政府本身购买服务较少的情况下，青年社会组织大都通过社区专项经费来开展项目。近些年，陕西省内城市每个社区都有年均20万—100万元不等的专项经费，主要用于社区建设，例如设施日常维护、居民活动等。但是，调研发现，社区专项经费的使用仍存在不少问题。

第一，社区"两委"对青年社会组织信任度不高。首先，青年社会组织和社区之间缺乏对接平台和渠道。一方面，社区需要应急救援、青少年成长关爱、生态环保等服务，但是社区缺乏平台对社会组织进行统筹、对接，找不到合适的青年社会组织；另一方面，很多社区领导对青年社会组织存在抵触心理，因为不熟悉已有的青年社会组织，也不敢购买其服务。其次，社区购买社会组织服务较零散化。很多社区更愿意将专项经费用于采购硬件设施，如监控设备、健身器材等，用社区经费购买青年社会组织服务的比例不高。社区更愿意让社会组织帮助其组织各种活动。大多数社区更愿意将经费"撒胡椒面式"地分散购买若干社会组织的服务。这造成青年社会组织的人力和精力被分散化，工作成了"蜻蜓点水"。

第二，社区工作的行政化和形式主义影响社区专项经费的使用效率。使用社区专项经费需要填写繁杂的表格和等待漫长的审批。最典型的是报销程序十分复杂。社区的专项经费采用报销制，所以青年社会组织在开展活动时须先行垫付资金。财务报销耗时过长使得青年社会组织垫付资金的负担比较重，烦琐的财务报销审批程序更使得青年社会组织财务报销成本巨大。青年社会组织为了开展项目，不得不投入大量的时间、人力、财力与政府工作人员进行对接，处理、应对烦琐的程序。

第三，社区购买的服务项目与居民的实际需求脱节。基层政府和社区可能片面追求创新，购买服务"功利化"，从而忽视了服务的实效性和群众感受。例如购买项目的出发点不是社区居民需要，而是社区领导个人需要。再如项目购买片面强调创新性，导致基础性的服务不受重视，等等。

社区工作的核心在于满足群众需求。社区利用专项经费购买服务时不是以公众的需求为导向，而是重视政府政策偏好，则可能导致盲目的"一哄而上"。社区相对忽视居民的实际需求，为了创新而创新，则是本末倒置，最终导致的结果往往是青年社会组织的活动没有产生应有的社会效果，因为不符合居民的实际需求，反而减少了群众对青年社会组织的信任。

（四）青年社会组织自身存在不足

第一，专业能力尚需提升。陕西青年社会组织的水平参差不齐，虽然存在发展良好的社会组织，但总体能力与水平仍有待提高。组织规模小，缺乏具备专业素质的成员，组织内部缺乏规范化的管理运营体系，组织外部缺乏社会影响力，这些因素使青年社会组织无法持续获取资金，难以形成自己的品牌。因此，无法提供优质的服务，无法实现购买方预期的目标，就会导致青年社会组织与政府、公众之间的相互信任度不高。

第二，组织工作缺乏客观评估。青年社会组织的工作评价体系尚未建立。项目的执行程度、绩效往往缺乏严格的评估，对项目的评价仅依靠购买方领导的主观感受。项目结束后没有复盘总结，更无法实现组织能力的提高。

第三，工作人员待遇较差、流失严重。青年社会组织成员的收入并不高。据了解，月收入在3000元以下的占大多数。按照青年社会组织承接政府项目的模式，整个项目预算中并没有明确项目人员的劳务费比例，这导致通过项目无法支取青年社会组织工作人员的劳务费。据2015年共青团陕西省委的调查，青年社会组织成员加入组织的时间在 1 年以下的占一半以上。青年社会组织成员流动性强，无法形成稳定的组织团队，人员流失严重。

三、完善青年社会组织参与社会治理的建议

（一）加强政府、社区与青年社会组织之间的信任关系

第一，推动青年社会组织与社会建立良好的互信互助关系，提高全社会对青年社会组织参与社会治理的接受度与信任度。在全社会深化对"社会协同"重要意义的认识，明确青年社会组织在社会治理中的关键地位，形成政府与青年社会组织合作共治的多元治理理念。

第二，政府、群团组织帮助社区在其内部培养青年社会组织。社区"两委"使用社区专项经费引导居民参与社区管理，进而形成社区社会组织。社区社会组织本身源于社区，更容易和基层建立亲密信任关系，并且对社区情况更为了解，解决青年社会组织和社区融合难题更便捷。

第三，建议基层政府将青年社会组织参与社区治理工作纳入社区"两委"的考核指标，形成倒逼机制，推动社区接纳青年社会组织。

（二）加强制度供给

第一，建议仿效成都等城市，建立一套全面、完整的青年社会组织政策体系制度，加快出台"关于加强全市青年社会组织建设与管理"等扶持政策，促进陕西省青年社会组织稳步发展。强化政策引领作用，为青年社会组织更好地履行社会职责营造良好环境。根据陕西省的情况出台相应政策、制度，支持、培育、管理好青年社会组织，形成良好的、规范的青年社会组织发展环境。

第二，在政府对青年社会组织管理方面贯彻行政效能改革。简化青年社会组织登记流程及项目开展、经费报销等繁杂的行政审批环节，减少填写不必要的表格，"最多跑一次"。

（三）保障青年社会组织的资金来源

第一，完善政府购买机制，加大政府购买力度。推动青年社会组织承接政府职能。健全政府购买公共服务机制，明确公共服务的购买主体、承接主体、购买方式、监督、绩效考评、责任承担等，使政府与青年社会组织的互

动有章可循。此外，政府在购买服务之前应当充分调研，立足客观实际来研判社区群众的需求，建立需求清单。实现购买服务的精准化、有效化，促使青年社会组织在提供公共服务中发挥更大作用。

第二，充分利用社区专项经费支持青年社会组织。改善社区工作的评价方式，提高社区专项经费的使用效率。社区购买的服务项目应当与居民的实际需求相吻合。乡镇、街道的纪检监察机关要对社区专项经费的使用情况加强监督，对截留、挪用、套取以及收受"回扣"等违纪违法行为进行问责。

第三，大力发展基金会，使其成为青年社会组织筹措资金的"蓄水池"。近年来，许多青年社会组织与基金会形成合作关系，由基金会向青年社会组织提供资金支持，如壹基金、腾讯基金会、阿里巴巴公益基金会等。但是，基金会数量占社会组织数量的比例较低。建议推动陕西本土基金会的建设，推动民间资本等社会资源进入基金会，并促使陕西省内基金会与青年社会组织形成稳定的合作关系，引导资源向青年社会组织倾斜，为组织提供稳定的资金来源。

（四）加强青年社会组织建设

第一，加大培育青年社会组织的力度。首先，贯彻落实《法治社会建设实施纲要（2020—2025年）》，重点培育、优先发展行业协会商会类、科技类、公益慈善类、城乡社区服务类青年社会组织。推动和支持志愿服务组织发展，开展志愿服务标准化建设。发挥行业协会商会自律功能，探索建立行业自律组织。发挥社区社会组织在创新基层社会治理中的积极作用。其次，加强青年社会组织的孵化力度，为符合公众需求并且具有专业潜力的队伍提供办公、活动空间，进行培训，增强其自身的专业水平、营销能力、内部管理能力、项目经营能力，在其成熟时推动登记，帮助其成为具有较高专业水平，能够有效开展项目，使政府满意、社会认同、群众欢迎的示范性先进青年社会组织。

第二，提升青年社会组织服务的专业化水平。首先，提升青年社会组织总体服务层次。加强对力量薄弱青年社会组织的培训。针对一些专业水平较低、生存发展困难的青年社会组织应当支持，使其能参与社会治理，走上可持续发展的道路。其次，加强专业力量的引入。通过与学校、律师事务所等机构合作，吸收专业力量，形成智库，为青年社会组织提供服务提升、规范管理、专业咨询等意见，以此提升组织的专业程度，推动青年社会组织履行社会义务、承担社会责任，促进社会健康有序运行。

第三，推动社会工作者进入青年社会组织工作。近年来，陕西青年社会组织的社工比例仍较低，多数组织的社工不足 10 人。相较于志愿者，社工通常经过系统的训练，具备一些专业知识。由于社会偏见、工资较低等因素，许多专业的社工不愿意从事青年社会组织工作，他们通常选择去社区工作。我们建议，建立社工人才奖励制度，为进入青年社会组织工作的社工提供奖励或者补助，以此来吸引社工人才参与到青年社会组织中，防止组织内部社工的流失。

（五）加强青年社会组织监管

第一，政府建立科学的考核评估机制。对青年社会组织经费筹集、经费使用、活动开展效果加强监管和评价，对青年社会组织的服务进行科学评估，将群众满意度作为检验青年社会组织工作成效的重要指标，确保组织的各项活动落到实处。同时还要对违法、违规组织予以惩戒，规范青年社会组织运行。

第二，建立青年社会组织自身监督机制、信息披露制度与社会责任标准体系。提高青年社会组织的内部管理水平，推进青年社会组织明确权责、依法自治、发挥作用。青年社会组织应当建立完备的规章制度，同时建立相应的监督、奖励与活动评价机制，这样既能促使青年社会组织内部形成有效管理，又能推动青年社会组织外部活动开展，产生实效，进一步提升其公信力，形成良性循环。青年社会组织需要定期进行信息披露，方便政府、公众对其监督，不断促使其提高服务质量。此外，青年社会组织还要建立社会责任标准体系，促使社会主体履行法定义务、承担社会责任。

（六）拓宽青年社会组织发展平台

第一，做强做大平台、纽带型社会组织。把平台、纽带型社会组织打造成"淘宝"式平台。平台、纽带型社会组织推动社区与青年社会组织对接，并向社区推荐靠得住、信得过、能力强的青年社会组织，促进青年社会组织融入社区。

第二,组建青年社会组织综合服务中心,建立青年社会组织网络阵地,利用"互联网+""大数据"对青年社会组织进行网络宣传。打破各主体之间的信息壁垒,让公众迅速了解青年社会组织,提高其社会关注度和认同度。精准识别公众需求,实现供需精确匹配。加强青年社会组织之间的沟通、交流,增强青年社会组织的凝聚力,使其更快地认识合作伙伴,吸引志愿者与社工加入,在此基础上进一步形成青年社会组织的合作平台。通过网络平台把各青年社会组织联系到一起,进行信息交流、培训、项目策划,从而实现资源共享、资源的合理分配,推动青年社会组织发挥作用。

第三,继续深化"四社联动"体制。未来应当将青年社会组织融入"四社联动"体制,继续做好社区、社会组织、社会工作专业人才、社会志愿者的培育工作。加强社区、社会组织、社会工作专业人才、社会志愿者四者之间的联动,建立更完善的社区公共服务综合信息平台,从而进一步发挥"四社联动"的统筹协调作用,最大限度整合社会力量。推动社区治理水平提升、青年社会组织的服务质量提升,青年社会组织、社会人员与社会志愿者的专业度提升。

第四编

青少年发展保障制度实证研究

第一章　未成年人网络保护法律问题研究*

一、未成年人网络违法犯罪的治理

近年来，我国未成年人网络违法犯罪出现激增态势。该类违法犯罪既包括未成年人直接实施的违法犯罪行为，如参与网络赌博及非法持有、传播、宣扬色情、恐怖主义的视频，也包括未成年人帮助信息网络犯罪活动罪（以下简称"帮信罪"）。《刑法修正案（九）》增设帮信罪，主要惩治行为人明知他人利用信息网络实施犯罪，而为其犯罪提供互联网接入、服务器托管、网络存储、通讯传输等技术支持，或者提供广告推广、支付结算等帮助的行为。2020年10月，国家从源头打击治理电信网络新型违法犯罪，惩戒非法买卖电话卡、银行卡等违法犯罪行为。一些犯罪团伙或成年犯罪嫌疑人为了逃避打击，大量引诱未成年人实施帮信行为。据最高人民检察院发布的《未成年人检察工作白皮书（2021）》和时任最高人民检察院检察长的张军同志在2023年"两会"期间接受的《中国日报》专访，2018—2022年，检察机关起诉未成年人利用网络实施犯罪的人数由1127人上升至3225人，年均上升8.9%。[1] 2021年起诉未成年人犯帮信罪的有911人，是2020年的6倍，起诉未成年人涉嫌利用电信网络实施犯罪的有3555人，同比增长21.25%。据最高人民检察院《未成年人检察工作白皮书（2022）》，未成年人涉嫌帮助信息网络犯罪活动罪明显上升。2020—2022年，检察机关审结（含起诉、不起

---

* 本章部分内容已发表，参见褚宸舸、陈本正：《未成年人网络违法犯罪治理应注意的事项及完善建议》，载《民主与法制时报》2023年5月31日，第3版。

[1]《〈中国日报〉专访张军 | 最高检：坚持依法能动履职 深化未成年人司法保护》，载呼和浩特市新城区人民检察院网站，http://www.hohohotxc.jcy.gov.cn/jcyw/202303/t20230309_4036634.shtml，最后访问日期：2023年11月1日。

诉）未成年人涉嫌帮助信息网络犯罪活动罪犯罪人数分别为 236 人、3001 人、5474 人，2022 年较 2021 年上升 82.41%。

（一）我国未成年人网络违法犯罪激增的原因

第一，未成年人主体因素是导致网络违法犯罪高发的主要原因。未成年人阅历尚浅，不能清楚地认知自己行为的危害性、违法性和违法犯罪后承受的法律后果。例如，有未成年人将浏览到的黄色网站分享给别人时发现有利可图，认为可以"躺着赚钱"，结果走上了传播淫秽物品牟利罪的违法犯罪道路。未成年人心理敏感或叛逆，缺乏自控力。例如，有未成年人在校期间与被害人因琐事发生矛盾，偷看到被害人的高考志愿填报账号及密码之后，对系统数据进行肆意修改、恶意填报，致使被害人落榜，从而触犯破坏计算机信息系统罪。网络上的信息纷繁复杂，未成年人很容易受到不良信息的影响，易被网上的负面情绪、极端思想所感染，产生严重心理问题或形成反社会人格。

第二，一些客观因素给未成年人网络违法犯罪提供了土壤和条件。近年来，网络授课方式常态化，所以未成年人触网机会明显增多。据统计，2021 年，我国未成年网民达 1.91 亿，未成年人互联网普及率达 96.8%。[2] 深圳某初中 13 岁女生被网暴，不法分子对其进行敲诈勒索，后经查明网暴者多为其学校学生或同班同学。网络违法犯罪的成本较低，且网络的匿名性、虚拟性和跨区域性，降低了网民的责任意识。例如，电信网络诈骗中违法犯罪者仅需一部智能手机或联网电脑就能实施相关违法犯罪行为。

（二）未成年人网络违法犯罪治理工作存在的问题

第一，法律规范不能满足当前预防未成年人网络违法犯罪的需要。我国目前针对未成年人网络违法犯罪的立法，散见于《未成年人保护法》《预防未成年人犯罪法》《网络游戏管理暂行办法》等。2022 年 3 月 14 日，国家互联网信息办公室发布《未成年人网络保护条例（征求意见稿）》（以下简称《条件征求意见稿》），向社会各界征求意见。除 2020 年修订的《未成年人保护法》设置第五章"网络保护"以外，其余规范性文件都偏重原则性规定，针对性、操作性不强。

---

[2]《2021 年全国未成年人互联网使用情况研究报告》，载中青在线，http://news.cyol.com/gb/articles/2022-11/30/content_Q4V0qztjZm.html，最后访问日期：2013 年 10 月 10 日。

第二，违法犯罪线上线下联动治理体系不完善，监管效率不高。各部门监管职责不明确，监管主体中网信部门主导作用发挥不充分。

第三，对违法犯罪行为和违法犯罪人轻预防、重刑罚、缺帮教。网络违法犯罪的预防需要充分利用网络平台。我国政法机关尚未建立起统一的防控未成年人网络违法犯罪的平台。惩罚方面，刑法过度适用，而行政法适用不足。有些未成年人沉迷网络，脱离家庭、学校监管。对引诱未成年人违法犯罪的行为人缺乏有效惩戒措施，执法司法应重点打击教唆、引诱行为。由于监管不到位，导致大量未成年人不经意间就触犯帮信罪，随着犯罪圈扩大，不仅消耗大量司法成本，而且带来大量社会问题。未形成政法机关、学校和家庭协同帮教、矫正机制。

第四，网络违法犯罪的侦查取证相对困难。我国刑事诉讼的主要证明方式是证据间的印证。网络违法犯罪的证据数量多，涉及范围广，特别是事实与证据之间的关系具有模糊性和或然性。目前，司法执法机关用传统证明方式无法有效解决取证问题，取证范围不明确、适用标准不统一、方法混乱等问题增加了打击违法犯罪的难度，间接造成违法犯罪行为的激增。

（三）完善未成年人网络违法犯罪治理的建议

第一，完善我国治理未成年人网络违法犯罪的法律规范。助推"未成年人网络保护条例"和与未成年人网络违法犯罪治理相关的法律法规的出台，加强关联立法与规范衔接工作。把控诱发未成年人网络违法犯罪的因素，建立预防性法律制度。借助人工智能和大数据，建立未成年人网络违法犯罪动态管理系统。检察院通过不起诉制度有效控制未成年人的犯罪圈，对情节显著轻微危害不大的，不作为犯罪处理，仅采取行政措施。宽严相济，严惩累犯，但对认罪认罚、真诚悔罪的犯罪分子给予改过自新的机会。以教育挽救为主，加强帮教，预防再犯，推动涉罪未成年人回归社会。

第二，通过普法，让未成年人知晓"红线"，对自己的行为及后果有清晰认知。在"八五"普法和未成年人法治工作中加强网络违法犯罪的教育和宣传，使未成年人知法、懂法和守法。学校开设网络素养教育系列课程和法治教育系列课程。自媒体平台发挥优势，创新工作方式，制作受未成年人喜欢的法治节目。

第三，加大治理力度，建设有益于未成年人身心健康的网络环境，建立未成年人网络保护工作的社会支持体系。建立网络信息分级制度和分级分对象的互联网准入制度，加强对有害、不适宜网络信息的过滤屏蔽，要求各大网络平台出台未成年人模式。落实网络实名制，加大网络监管力度。对于冒用成年人身份上网的未成年人，在其入网时自动开启人脸识别系统，规范入网许可。继续开展对"饭圈""网红直播"乱象的治理。推动网络行业自律，加大平台自查力度。推动相关行业协会出台行业标准或者自治规范。党和政府、群团组织及社会力量对相关政策、法律的执行情况进行日常监督。激活家庭教育功能，落实《家庭教育促进法》规定的家庭教育责任，建立"督促监护令"制度，指导家长运用科学、健康的理念教育子女。

综上所述，未成年人网络违法犯罪需要党和国家重视及全社会关注。我国近年来未成年人网络违法犯罪的激增态势是由未成年人主体因素和客观因素共同造成的。未成年人网络违法犯罪治理工作存在以下问题：法律规范不能满足当前预防未成年人网络违法犯罪的需要；违法犯罪线上线下联动治理体系不完善，监管效率不高；对违法犯罪行为和违法犯罪人轻预防、重刑罚、缺帮教；网络违法犯罪的侦查取证相对困难。建议：完善我国治理未成年人网络违法犯罪的法律规范；通过普法，让未成年人知晓"红线"，对自己的行为及后果有清晰认知；加大治理力度，建设有益于未成年人身心健康的网络环境，建立未成年人网络保护工作的社会支持体系。

二、情色内容规制的法律争议[3]

情色内容规制的话题讨论，为当下各种观念提供了极佳的舆论市场，有助于转型时期价值共识的形成。与此同时，相关的讨论如想避免陷入主观化的"诸神之争"境地，那么以规范为依据的法学视角就显得十分必要而且有益。

情色内容主要指和情色、色情、淫秽有关的物和行为。因为其制作、传播、消费等行为和《宪法》第24条"加强社会主义精神文明建设"的规定相悖，所以国家通过行政法、刑法规定三重惩罚机制，即除了行政处罚、治安管理处罚，还有刑事处罚，对制作、传播、消费情色内容的行为予以禁止。

国家还建立了带有运动式执法特点的"严打"治理模式，即将制作、贩

---

[3] 第二部分内容已发表，参见褚宸舸：《情色内容生产流转的法律争议》，载《上海法治报》2016年12月14日，第B6版。

卖、传播、消费情色内容纳入"扫黄打非"专项综合治理工作，建立专门的工作机制。例如，中央宣传思想工作领导小组下设全国"扫黄打非"工作小组，该小组由中央宣传部等26个部门组成，小组的办公室设在中央宣传部。各地也循此机制，建有本地区的"扫黄打非"工作小组。

目前，我国关于情色内容的规定主要散见于法律、行政法规、司法解释、部门规章和其他规范性文件中。其中，全国人大及其常委会制定的法律主要有《刑法》和《治安管理处罚法》。《刑法》把以下行为都认定为犯罪：以牟利为目的，制作、复制、出版、贩卖、传播淫秽物品，或为他人提供书号，出版淫秽书刊（第363条）；传播淫秽的书刊、影片、音像、图片或者其他淫秽物品，组织播放淫秽的电影、录像等音像制品（第364条）；组织进行淫秽表演（第365条）。上述罪行一般会被判处管制、拘役或者有期徒刑，甚至无期徒刑。所有相关罪名都有并处、单处罚金或者没收财产的附加刑，而且规定了单位犯罪。

《治安管理处罚法》规定了一系列涉及淫秽的行政处罚。第11条第1款规定："办理治安案件所查获的毒品、淫秽物品等违禁品，赌具、赌资，吸食、注射毒品的用具以及直接用于实施违反治安管理行为的本人所有的工具，应当收缴，按照规定处理。"第68条规定："制作、运输、复制、出售、出租淫秽的书刊、图片、影片、音像制品等淫秽物品或者利用计算机信息网络、电话以及其他通讯工具传播淫秽信息的，处十日以上十五日以下拘留，可以并处三千元以下罚款；情节较轻的，处五日以下拘留或者五百元以下罚款。"第69条规定："有下列行为之一的，处十日以上十五日以下拘留，并处五百元以上一千元以下罚款：（一）组织播放淫秽音像的；（二）组织或者进行淫秽表演的；（三）参与聚众淫乱活动的。明知他人从事前款活动，为其提供条件的，依照前款的规定处罚。"

关于刑事处罚和行政处罚的界限，主要取决于牟利、传播的数量。1998年12月23日起施行的《最高人民法院关于审理非法出版物刑事案件具体应用法律若干问题的解释》第8条规定：制作、复制、出版、贩卖、传播淫秽物品获利5000—10000元以上的，向他人传播淫秽物品达200—500人次以上，或者组织播放淫秽影、像达10—20场次以上的，成立制作、复制、出版、贩卖、传播淫秽物品牟利罪。第9条规定：为他人提供书号、刊号，出版淫秽书刊的,成立为他人提供书号出版淫秽书刊罪。第10条规定:向他人传播淫秽的书刊、影片、音像、图片等出版物达300—600人次以上或造成恶劣社会影响的,成立传播淫秽物品罪。

一些行业性的法规或规章,如《出版管理条例》《音像制品管理条例》《印刷业管理条例》《互联网信息服务管理办法》《广播电视管理条例》《电视剧审查管理规定》等主要采用列举方式禁止制作、宣扬淫秽、迷信,或者渲染暴力的,或者教唆犯罪的,危害社会公德的内容。

我国关于情色内容规制的法律争议是随着社会发展而产生的,其主要体现在以下四个方面:

(一)淫秽、色情和情色的法律界限

总体来讲,淫秽、色情和情色的法律界限并不十分清晰,存在很多灰色地带,其鉴定也比较主观。1985年4月17日,国务院发布了《国务院关于严禁淫秽物品的规定》[4],其明确查禁淫秽物品的范围,即具体描绘性行为的音像、照片、图画、书刊以及淫具等。对各种淫秽物品,不论是否以营利为目的,都必须严格禁止进口、制作(包括复制)、贩卖和传播。

1988年12月27日实施的《关于认定淫秽及色情出版物的暂行规定》第2条对淫秽出版物及其范围作了较为详细的规定:"淫秽出版物是指在整体上宣扬淫秽行为,具有下列内容之一,挑动人们的性欲,足以导致普通人腐化堕落,而又没有艺术价值或者科学价值的出版物:(一)淫亵性地具体描写性行为、性交及其心理感受;(二)公然宣扬色情淫荡形象;(三)淫亵性地描述或者传授性技巧;(四)具体描写乱伦、强奸或者其他性犯罪的手段、过程或者细节,足以诱发犯罪的;(五)具体描写少年儿童的性行为;(六)淫亵性地具体描写同性恋的性行为或者其他性变态行为,或者具体描写与性变态有关的暴力、虐待、侮辱行为;(七)其他令普通人不能容忍的对性行为淫亵性描写。"第3条规定:"色情出版物是指在整体上不是淫秽的,但其中一部分有第二条(一)至(七)项规定的内容,对普通人特别是未成年人的身心健康有毒害,而缺乏艺术价值或者科学价值的出版物。"过去30多年,不少作家的文学作品出版后,都被有关部门判定为有色情情节描写而被禁止再版

---

[4] 该规范性文件目前已失效。

或被要求修改后才能获奖。前者如陕西著名作家贾平凹的长篇小说《废都》，后者如已故陕西著名作家陈忠实的长篇小说《白鹿原》。

《刑法》第 367 条对淫秽物品作出明确定义："本法所称淫秽物品，是指具体描绘性行为或者露骨宣扬色情的诲淫性的书刊、影片、录像带、录音带、图片及其他淫秽物品。有关人体生理、医学知识的科学著作不是淫秽物品。包含有色情内容的有艺术价值的文学、艺术作品不视为淫秽物品。"这从法律上明确了淫秽和色情的区别。

我国对淫秽物品鉴定权的规定最早见于《关于认定淫秽及色情出版物的暂行规定》，第 5 条第 1 款规定："淫秽出版物、色情出版物由新闻出版署负责鉴定或者认定。新闻出版署组织有关部门的专家组成淫秽及色情出版物鉴定委员会，承担淫秽出版物、色情出版物的鉴定工作。"1998 年 11 月，《公安部对〈关于鉴定淫秽物品有关问题的请示〉的批复》规定："今后各地公安机关查获的物品，需审查认定是否为淫秽物品的，可以由县级以上公安机关治安部门负责鉴定工作，但要指定两名政治、业务素质过硬的同志共同进行，其他人员一律不得参加。当事人提出不同意见需重新鉴定的，由上一级公安机关治安部门会同同级新闻出版、音像归口管理等部门重新鉴定。对送审鉴定和收缴的淫秽物品，由县级以上公安机关治安部门统一集中，登记造册，适时组织全部销毁。"法律实践中，是否属于淫秽物品，需要由公安机关中的专业人士（民间俗称"鉴黄师"）鉴定。据了解，目前"鉴黄师"大都是女性。

（二）网络淫秽、色情的法律规制

近年来，随着互联网技术的提升，网络淫秽、色情内容的发展十分迅猛。2004 年年末，我国破获"九九情色论坛案"。该论坛的淫秽色情视频文件有 6000 多个、图片 10 万多张、淫秽色情文章 2 万多篇。论坛还有一个名为"买春堂"的板块，专门介绍我国各地卖淫场所的详细信息。该网站点击率高达 4 亿次，在线人数每 10 分钟达 1.5 万人。服务器设在国外，管理体系极其严密，管理员遍及全国 10 多个省市区且分工明确。该论坛在通过互联网对外大量传播淫秽物品的同时，主要通过注册会员，收取会员费的方式牟利。2005 年 10 月，该论坛负责人被判处有期徒刑 12 年，其余 10 名被告人被分别判处 3—12 年不等的有期徒刑。

最高人民法院、最高人民检察院于 2004 年、2010 年分别发布《最高人民法院、最高人民检察院关于办理利用互联网、移动通讯终端、声讯台制作、复制、出版、贩卖、传播淫秽电子信息刑事案件具体应用法律若干问题的解释》《最高人民法院、最高人民检察院关于办理利用互联网、移动通讯终端、声讯台制作、复制、出版、贩卖、传播淫秽电子信息刑事案件具体应用法律若干问题的解释（二）》，以试图满足司法实践的需要。按现行刑法，构成传播淫秽物品罪，必须同时满足数量较大、结果严重两个条件。

2014年4月，全国"扫黄打非"工作小组办公室协调公安部、工信部等多个部门联合对深圳市快播科技有限公司（以下简称快播公司）传播淫秽色情视频行为进行查处，认为快播公司及其主管人员王欣等4名被告人以牟利为目的，在明知其发布的媒体服务器安装程序及快播播放器被网络用户用于发布、搜索、下载、播放淫秽视频的情况下，仍予以放任，导致大量淫秽视频在互联网上传播，性质恶劣，对快播公司处以2.6亿元罚款，对公司相关主管人员依法起诉。2016年6月，深圳市快播科技有限公司诉深圳市市场监督管理局有关2.6亿罚款一案在广东省高级人民法院公开开庭审理。双方争议的焦点主要集中在：深圳市市场监督管理局是否具备行政处罚主体资格，执法程序是否合法，快播侵权行为是否侵犯公众利益，处罚金额是否适当。2016年9月13日，北京市海淀区人民法院一审判决快播公司犯传播淫秽物品牟利罪，判处罚金1000万元；王欣等公司高管分别被判处相应刑罚。关于该案罪与非罪的问题，如快播公司是否发布传播淫秽视频，是否对传播淫秽视频放任不管，是否盈利，刑法学界存在一些争议。

（三）禁止和限制观看或向未成年人传播情色内容

成年人观看情色内容，因为不涉及他人利益，是否应当限制？2002年，陕西省延安市一对夫妻在家看黄色影片，当地警方上门执法，受到了我国法律界的强烈批评。对于成年人在隐秘情况下自愿观看情色内容，持自由立场的法律人认为，立法不应当干预，因为此行为没有侵害法益，更不能滥用刑罚权来禁绝情色内容。但是，也有持保守立场的法律人认为，此举有损伦理道德观念和社会善良风俗，会破坏整个社会的道德基础。

长期以来，我国对情色内容采取全面禁止、严厉打击的法律政策。一些立法以禁欲、净化思想为指导原则，主要反映了中国人20年前甚至30年前的性观念，采取"堵"而非"疏"的策略。为此，国家消耗大量司法、行政资源，开展数次"扫黄"运动，但"黄"禁而不止，特别是存在与官员腐败相伴的选择性执法、"钓鱼执法"问题。近年来，随着互联网的发展，网络打击的难度、成本不断增加。因此，法律界也有呼吁中国应该逐渐改变情色内容管制政策的声音。

一种观点是，为保障公民、法人的权利，应提高立法、执法的法治化程度。首先，情色内容规制还没有统一立法，很多规定散见于各种政策及行业法，审查标准主观性较强且经常变动，行政主体自由裁量权过大，行政相对人缺乏预期，建议进一步明确情色内容的审查标准。其次，因为我国对情色内容的事前、事中、事后监管都比较封闭，缺乏行政公开和必要的行政救济，所以建议在审查工作中遵循正当程序原则，保证执法的公平、公正、公开。

另一种观点是，主张建立情色内容的分类管理制度。我国应该借鉴电影分级制度，实行情色内容的分级管理制度。建立符合我国社会发展水平和伦理道德要求的内容分级标准。定期对审查机构的工作情况进行考核评估。积极采用高新技术、手段来改善管理，以适应不断变化的社会环境。

（四）未成年人情色内容的法律管控

对于向未成年人散布情色物品，各国均全面禁止并严厉打击，我国也不例外。《刑法》《未成年人保护法》《预防未成年人犯罪法》《全国人民代表大会常务委员会关于维护互联网安全的决定》《电信条例》《互联网信息服务管理办法》等均有一些相关规定。其中，《刑法》第364条第4款规定："向不满十八周岁的未成年人传播淫秽物品的，从重处罚。"

但是，目前立法也存在制度滞后等诸多问题。例如，国外相关立法一般在淫秽、色情的认定上，对成年人和未成年人划定不同的标准，并区别对待。但是，中国在并未区分成年人和未成年人的基础上建立作品分级制度，使得不利于未成年人健康成长，却对成年人而言没有危害的内容被封杀。法律界也有人建议将受众分为自愿接受的成年人、不愿接受的成年人及未成年人，探索作品分级制度，在立法上考虑利益平衡。

目前，立法对未成年人的保护力度不够。首先，《刑法》对传播淫秽书刊、影片、音像、图片或者其他淫秽物品的行为，处罚较轻（处二年以下有期徒刑、拘役或者管制）。其次，我国网络色情信息侵害社会公序良俗和公民隐私，更多被视为社会道德伦理问题，不属于严重违法行为。《刑法》对持有、观看以未成年人为题材的相关色情淫秽制品并没有作出明确规制。与此不同的是，很多西方国家将非法持有以未成年人为主角的色情淫秽制品纳入法律规制范畴。一些国家的法律规定，凡制作、传播、售卖、持有、浏览涉及未成年人的色情图片、视频、文章等信息的相关人员，一经查实，将视情节轻重被判处6个月—14年的监禁。

三、网络直播平台组织主播进行淫秽表演的定性[5]

近年来，我国网络直播迅猛发展，尤其是依靠新兴传输技术与互动手段的真人秀直播更是势头强劲。根据中国互联网络信息中心的《第48次中国互联网络发展状况统计报告》，截至2021年6月，我国网络直播用户规模达6.38亿，占网民整体的63.1%，其中，真人秀直播的用户规模为1.77亿，占网民整体的17.6%。体量规模巨大的网络直播用户产生的各类乱象不容小觑。但是，目前我国尚无专门的法律规范网络直播行业，关于网络色情直播行为的定罪与处罚，现行刑法也未明确，这给司法实践中罪名的认定带来一定的困难。

以江苏省一起特大非法直播案为例，对网络直播平台组织主播进行淫秽表演的定性进行讨论。

（一）基本案情和定性争议

2019年4月—2020年6月，汤某、冯某等人在菲律宾共同谋划、搭建淫秽色情、赌博网络直播平台进行牟利，以深圳某网络科技有限公司为国内技术开发基地，招募社会人员负责平台的各项工作，包括招揽"家族长"，由"家族长"招揽主播，并组织多名主播在平台进行淫秽表演，吸引观众在平台注册会员、充值刷礼物，从而获取高额利润。该直播平台设定主播利益分成机制，对主播进行绩效排名，平台统一收取会员充值费用后按一定比例与主播分成。

该案中，就汤某等人组织主播在网络平台进行淫秽表演的行为是构成传播淫秽物品牟利罪还是组织淫秽表演罪，实务中存在争议：第一种意见认为，网络直播平台组织者的行为构成传播淫秽物品牟利罪。行为人组织人员进行网络视频淫秽表演，观众观看的实际是主播淫秽表演行为的同步视频电子信息。按照《刑法》第367条，淫秽视频电子信息属于淫秽物品。第二种意见

---

[5] 第三部分内容已发表，参见褚宸舸、刘丹丹、刘姣姣：《网络直播平台组织主播进行淫秽表演的性质认定》，载《人民检察》2022年第12期。

认为，网络直播平台组织者的行为构成组织淫秽表演罪。该案中，主播的淫秽表演是以视频的形式存在，并非以淫秽物品的形式存在。

（二）不构成传播淫秽物品牟利罪

汤某等人以牟利为目的搭建淫秽色情直播平台，招揽主播在平台上进行淫秽表演的行为不构成传播淫秽物品牟利罪。

首先，主播直播的淫秽表演不同于淫秽物品。淫秽表演的核心是人或通过人主导实施的面向大众的演出行为，要么以体态动作表达淫秽内涵，要么露骨宣扬色情内容。因为具有淫秽性，所以损害了社会公序良俗。现行《刑法》第367条明确了淫秽物品的定义。《最高人民法院、最高人民检察院关于办理利用互联网、移动通讯终端、声讯台制作、复制、出版、贩卖、传播淫秽电子信息刑事案件具体应用法律若干问题的解释》第9条第1款进一步明确了"淫秽物品"的范围："刑法第三百六十七条第一款规定的'其他淫秽物品'，包括具体描绘性行为或者露骨宣扬色情的诲淫性的视频文件、音频文件、电子刊物、图片、文章、短信息等互联网、移动通讯终端电子信息和声讯台语音信息。"从有关法律和司法解释不难看出，固定性与传播性是淫秽物品的主要特征。

从文义解释的角度来看，淫秽表演和淫秽物品承载的信息均包含淫秽性，但是性质上却存在区别。若将主播的淫秽表演视为"淫秽物品"，实际上是将人"物化"，违背了常识。淫秽表演属于人的行为，其呈现的内容取决于网络平台的主播，内容呈现过程会因主播的行为发生改变。淫秽物品则是一种脱离于人的行为的物质，其不依赖于人的行为，可独立传播淫秽信息。淫秽物品需要一定的载体使淫秽内容可固定、可复制，这也是传播行为的内在要求，否则不可能成为传播内容。

其次，直播淫秽表演不具有被多数人反复观看的可能性，不具备传播淫秽物品牟利罪所要求的社会危险性。所以，不能以传播淫秽物品牟利罪加以评价。网络主播进行淫秽表演的主要特征是实时性，其通过音频、视频录入设备（如麦克风、摄像头等）直接将表演传输到观众的客户端，中间没有经过存储、固化的程序，可以让观众与直播现场进行实时连接和互动，这也是淫秽表演有一定受众的重要原因。淫秽表演当然具有可传播性，但这是由直播行为的持续性派生的。直播行为一旦结束，淫秽表演的可传播属性就会丧失。一般情况下观众无法再观看完全一样的表演。此种表演行为与观看行为同步，且淫秽表演内容要视观看者在网站上充值购买的虚拟礼物的价值而定。所以，这种即时性的同步淫秽表演被视为传播淫秽电子信息，有关内容没有经过任何筛选便被直接传播出去。因为没有经过中间的缓存环节，所以表演行为不具有再次传播被多数人反复观看的可能性，因而不具备传播淫秽物品的社会危险性，所以不能以传播淫秽物品牟利罪论处。这也同时排除构成传播淫秽物品罪、组织播放淫秽音像制品罪的可能性。假如汤某等人不仅组织直播淫秽表演，还将表演内容录制并进行二次传播，在达到一定数量后，则构成传播淫秽物品牟利罪、传播淫秽物品罪，应当数罪并罚。

（三）构成组织淫秽表演罪

如前所述，直播中的淫秽表演不属于"淫秽物品"范畴。值得注意的是，网络信息时代直播的兴起使得"淫秽物品"的外延、范围扩大。司法机关在办理该类案件时应立足行为本质，在综合考量犯罪手段、目的及社会危害性的基础上对行为进行定性。一方面，不能简单地将通过互联网以电子数据形式进行传递的实时淫秽表演定性为淫秽物品，要对淫秽行为是表演还是传播准确界定；另一方面，较之传统线下行为，线上淫秽行为的传播成本更低，因此对社会公序良俗的危害性更大。所以，对于组织淫秽表演罪中的组织者，在犯罪主观方面不要求以营利为目的，或者最终获利，而是立足最大限度维护社会公序良俗，着重考虑行为对社会造成的客观危害。

第一，组织淫秽表演罪与传播淫秽物品牟利罪在客观方面不同。前者强调组织行为，并以淫秽表演的方式展现。后者强调传播行为，并以淫秽物品的方式展现。从行为方式来看，组织淫秽表演罪的行为方式只有一种，即"组织"，包括策划表演过程、纠集、招募、雇用表演者，寻找、租用表演场地，招揽观众等行为。从语义来看，组织主要表现为策划、指挥、安排等明显具有管理性质的行为。本案中，汤某等人以牟利为目的搭建淫秽色情直播平台，招揽安排主播在平台上进行淫秽表演，对主播进行绩效排名，并设置观众准入资格（观众需要支付一定费用才可进入直播间），这些行为是一种典型的组织行为。从行为客体来看，组织淫秽表演罪针对的是"淫秽表演"，即具有诲淫性的表演，同时，淫秽表演应当具有动态性、实时性和公众性3个特征。动态性是指淫秽表演必须要有人的语言、动作、表情等动态因素，一些静态性的淫秽文字、图片不属于淫秽表演。实时性是指淫秽表演必须是实时的表演和展示。公众性是指行为人实施行为是面向不特定的人或多数人。

本案中，主播进行的各种裸体自慰、性交等表演，其内容显然具有淫秽性，在表演者展示淫秽动作的同时，表演者和观众能进行互动交流，这与现实的淫秽表演没有任何区别，用户有着极真实的场景体验感，同样具备动态性和实时性。直播间虽然对观众有限制，但不特定的多数人只要符合设定的条件即可观看，具备公众性特征。

第二，组织淫秽表演罪和传播淫秽物品牟利罪的犯罪主观方面有所不同。传播淫秽物品牟利罪强调主观上具有牟利目的。组织淫秽表演罪的犯罪主体是淫秽表演的组织者，只要有组织淫秽表演的行为，就会损害社会道德风尚和社会治安秩序，不要求具备牟利的主观动机。该罪情节严重的法定最高刑是 10 年有期徒刑，可见立法者强调对组织行为的重打击。

第三，汤某等人招揽主播在平台上进行淫秽表演的行为是否构成聚众淫乱罪？我们认为，聚众淫乱罪尽管也发生在公共场合，且具有淫秽性，但聚众淫乱的主观目的并不是表演，而在于满足参加淫乱活动的人的性需求，该罪的首要分子一般直接参与淫乱活动。所以，汤某的行为不具备聚众淫乱罪的主观要件。

综上所述，无论是犯罪的客观方面还是主观方面，组织淫秽表演罪的本质是通过网络组织"淫秽表演"，而不是通过网络传播"淫秽物品"，行为人对此也有较为明确的认识。本案中，汤某等人实际发挥组织作用，结合犯罪行为违法性的表现形式及其侵犯的法益，汤某等人以科技公司为外壳，搭建网络色情直播平台，组建技术开发团队，招募网络主播、引流推广人员，形成分工明确、层级清晰，集技术研发、平台运营、引流推广、维护升级、绩效管理、资金归集等于一体的犯罪组织，为规避打击，该平台不断变换 App 名称，主观故意明显，平台注册会员百万人以上，传播范围广、影响面大、渗透性强，严重侵蚀青少年的精神世界，导致网络文化失范，社会危害极大，所以符合组织淫秽表演罪的构成要件。

四、《未成年人网络保护条例（征求意见稿）》评议[6]

2022 年，国家互联网信息办公室会同司法部根据《未成年人保护法》和

---

[6] 第四部分内容已发表，参见褚宸舸、安东：《信息化时代的未成年人网络保护——兼谈〈未成年人网络保护条例（征求意见稿）〉》，载《民主与法制时报》2022 年 3 月 29 日，第 3 版。《未成年人网络保护条例》已经 2023 年 9 月 20 日国务院第 15 次常务会议通过，自 2024 年 1 月 1 日起施行。

《个人信息保护法》对《未成年人网络保护条例（征求意见稿）》（以下简称《条例征求意见稿》）进行修改完善，并再次向社会公开征求意见。时隔多年，"未成年人网络保护条例"再次回到公众视野。2016年9月30日，国家互联网信息办公室发布《未成年人网络保护条例（草案征求意见稿）》，2017年1月6日，国务院法制办公室发布《未成年人网络保护条例（送审稿）》，公开向社会各界征求意见，后因《未成年人保护法》启动修订，"未成年人网络保护条例"的立法工作暂停。2021年6月，修订后实施的《未成年人保护法》增设"网络保护"专章；2021年11月1日起，《个人信息保护法》正式施行。在此背景下，国家互联网信息办公室和司法部启动修改《条例征求意见稿》，积极回应"饭圈"文化、网瘾治疗、在线教育等重大现实问题，细化保护未成年人网络安全的具体措施，营造风清气正、适合未成年人健康成长的网络环境，助推未成年人网络保护落地。

（一）体现预防性立法理念

未成年人保护的重要原则是预防为先，成功的预防胜于最好的救济。《条例征求意见稿》增设专章"网络素质培育"，集中体现了预防性立法理念。单纯打击、监控消极信息供给难以有效预防未成年人在使用网络过程中受到的伤害。因此，《条例征求意见稿》加强网络信息消费端治理，力图使未成年人养成良好的网络素质。《条例征求意见稿》规定，学校与家庭应对未成年人开展网络素质教育，提高未成年人的网络素质，从而让未成年人可以自我识别并规避风险。

在网络信息化时代，未成年人不可能生活在毫无杂质的"真空环境"中，应重点提高未成年人的"免疫力"。因此，《条例征求意见稿》采用适应网络信息化的新思维，在保障未成年人网络使用权的前提下，强调通过网络素质教育"强身健体"，从而实现未成年人安全、文明用网。

（二）增强法律可操作性

与之前公开征求意见的"未成年人网络保护条例"不同，《条例征求意见稿》不仅规定了未成年人网络保护的强制性行政手段，还规定了教育、引导等软性措施，既强化了职能部门在未成年人网络保护中的职责和平台对未成年人网络保护的义务，又鼓励社会、学校和家庭等主体积极发挥作用。例如，《条例征求意见稿》第9条强调行业自律，通过制定行业规范、开展行业治理、推进技术完善等措施落实网络相关行业对未成年人的保护；第39条明确了监护人在未成年人个人信息保护中的监护职责；第 47 条和第 48 条分别明确了学校、监护人对未成年人沉迷网络的预防和干预责任。

同时，《条例征求意见稿》进一步落实了《未成年人保护法》第 52 条"禁止制作、复制、传播或者持有有关未成年人的淫秽色情物品和网络信息"的规定。《刑法》第 363 条与《治安管理处罚法》第 68 条都规定了对制作、复制、传播淫秽物品行为的处罚，但未规定持有未成年人淫秽色情网络信息的法律责任。按照《刑法》和相关司法解释，同时满足传播广泛、牟利目的、结果严重 3 个条件才能构成制作、复制、出版、贩卖、传播淫秽物品牟利罪。此外，笔者建议《条例征求意见稿》在法律责任部分明确对持有、观看淫秽物品行为的相应规定。一方面，《未成年人保护法》《预防未成年人犯罪法》等有相关规定；另一方面，我国已经签署批准的《儿童权利公约》《〈儿童权利公约〉关于买卖儿童、儿童卖淫和儿童色情制品问题的任择议定书》（以下简称《议定书》）明确反对儿童色情。比如《议定书》第 3 条要求缔约国规定生产、发售、传播、进口、出口、主动提供、销售或拥有儿童色情制品的这些行为按照其严重程度应受到相应惩罚。《预防未成年人犯罪法》第 28 条将沉迷网络，阅览、观看或者收听宣扬淫秽、色情、暴力、恐怖、极端等内容的读物、音像制品或者网络信息等行为视为未成年人的不良行为，第 31 条规定了相应的教育、矫治措施。《条例征求意见稿》应当与其衔接，明确罚则，以增强法律规范的明确性和可操作性。

（三）加强协同执法和司法保障

第一，加强协同执法。首先，强化部门之间的协同治理。《条例征求意见稿》第 3 条第 2 款规定："国家新闻出版部门和国务院教育、电信、公安、民政、文化和旅游、卫生健康、市场监督管理、广播电视等有关部门依据各自职责做好相关未成年人网络保护工作。"这使得监管主体不明确，在现实中易引发推诿扯皮或逐利性执法问题。《条例征求意见稿》通过后，还需进一步建立信息共享、会商研判、线索移交的执法协同机制，实现不同职能部门力量的有效整合。其次，强化地区间的执法协作。网络的跨区域性、虚拟性会使网络案件管辖权存在竞合。为避免执法资源浪费，需设定管辖程序、优化提级管辖和创设地区间执法沟通机制。最后，精准执法。在开展未成年人网络保护的同时，兼顾保护市场主体，避免"一管就死、一放就乱"。

第二，加强司法保障。人民法院可发布未成年人权益保护典型案例，以案释法，以进一步保护网络信息时代未成年人的人身与财产权利。人民检察院作为法律监督机关，对各级政府部门履行未成年人保护义务负有法律监督职责，可通过检察建议等形式敦促相关职能部门依法履职，通过行政公益诉讼等方式督促相关部门切实履行未成年人网络保护职责。

五、"三治融合"治理未成年人直播打赏[7]

2022年5月，《中央文明办 文化和旅游部 国家广播电视总局 国家互联网信息办公室关于规范网络直播打赏 加强未成年人保护的意见》（以下简称《意见》）出台，该意见要求通过大力度的规范整治夯实各方责任，建立长效监管工作机制，切实规范直播秩序，坚决遏制不良倾向、行业乱象，促进网络直播行业规范有序发展，共建文明健康的网络生态环境。

《意见》针对未成年人参与直播打赏的问题，提出了严格落实实名制要求、禁止为未成年人提供打赏服务和不得研发吸引未成年人打赏的功能应用等多项举措。近年来，网络直播与教育、游戏、电商等行业深度捆绑，逐渐渗透到未成年人之中。部分网络直播内容低俗化、暴力化，对未成年人健康成长产生了一些负面影响。直播打赏是网络直播平台营利的手段，为吸引用户眼球，平台常诱导用户打赏，有的主播甚至通过"圈粉""打榜""PK"等方式诱导未成年人打赏。因此，有效构建针对未成年人参与直播打赏问题的法治、自治、德治"三治融合"的多元治理格局，敦促监管部门依法主动履职，充分发挥网络直播平台的自治作用，强化家庭、学校的道德教化作用，刻不容缓。

（一）监管部门应依法进一步强化监管职责

禁止未成年人参与直播打赏，目前有充分的法律规范依据。《宪法》第46条第2款规定："国家培养青年、少年、儿童在品德、智力、体质等方面全面发展。"《民法典》规定的监护制度、行为能力限制等对未成年人进行特殊保护。《未成年人保护法》第74条第2款规定："网络游戏、网络直播、网络音视频、网络社交等网络服务提供者应当针对未成年人使用其服务设置相应的时间管理、权限管理、消费管理等功能。"《网络安全法》第13条规定："国家支持研究开发有利于未成年人健康成长的网络产品和服务，依法惩治利用网络从事危害未成年人身心健康的活动，为未成年人提供安全、健康的网络环境。"

---

[7] 第五部分内容已发表，参见褚宸舸、刘岳楚：《"三治融合"治理未成年人直播打赏》，载《民主与法制时报》2022年5月18日，第3版。

第一，根据有关法律规范细化对网络直播平台的惩罚措施。为促使网络直播平台以未成年人保护为导向进行业务整改、履行社会责任，《意见》明确规定，发现网络直播平台违反相应要求的，从严从重采取暂停打赏功能、关停直播业务等措施。但是，如何把握从严从重的标准，如何将网络直播平台的违规行为与暂停打赏功能、关停直播业务等惩罚措施相匹配，尚待进一步明确。应当坚持比例原则，注重法律平等原则，建立统一适用标准，避免处罚畸轻畸重或随意化。

第二，建立日常检查与重点检查相结合的检查制度。一方面，推动建立统一的网络直播平台评价标准，通过常态化检查，促进网络直播平台打赏和未成年人模式等功能模块不断完善，督促平台及时处理与未成年人相关的投诉与纠纷。另一方面，对未成年人参与较多的或曾经违法违规的网络直播平台予以重点检查。

第三，尽快完善网络直播平台监管配套机制。建立举报快速响应机制。接到群众举报后，监管部门应当迅速研判、决策，及时制止违法违规行为。建立网络直播平台和主播信用评分制度，以信用评分形成正向激励，将屡教不改的平台和主播列入黑名单，公开予以警告、谴责。

（二）充分发挥网络直播平台的自治作用

网络直播平台不仅是被监管的对象，还应当承担主体责任。平台应当发挥行业治理作用，采取高效、便捷的措施，建立环环相扣的事前、事中、事后监管体系，有效防止未成年人参与直播打赏。

第一，建立健全网络直播行业自律规范。平台应当针对未成年人直播打赏行为作出具体规定，例如制订、细化"未成年人模式"标准、直播内容分级标准、违规主播惩戒标准等。有效落实《意见》规定的实名认证制度。实践中，有不少未成年使用家长手机号码、微信号码注册网络直播平台账号，这使得实名认证制度形同虚设。建议未来使用"有效身份信息＋人脸识别"方式进行认证，从源头上杜绝虚假认证行为，防止未成年人盗用监护人账户充值。

第二，优化完善相关技术设计。应当加强实名认证制度与未成年人模式的衔接，优化未成年人模式，推动平台技术升级。未成年人登录账号自动进入未成年人模式，未成年人模式可以隐藏充值窗口，且在虚拟礼物外观、广告标语等设计上严禁诱导未成年人充值。进入未成年人模式的窗口应当设置在界面显要位置，便于监护人使用。

第三，"超管"（平台超级管理员，负有平台管理职责，具有警告、封禁直播间的权限）要加强巡视监督。"超管"巡视是一种常态化的平台管理方式，"超管"负责内容审查与直播运营，应在未成年人放学、节假日等特殊时段加强巡视，防止出现主播诱导未成年人充值等违规行为。

第四，塑造直播平台新文化。《意见》之所以提出取消网络直播"打榜"功能，限制高峰时间段"PK"环节，是因为网络主播往往通过建立自己的"应援团"与"家庭"，打造亚文化圈群体，刺激"饭圈"非理性消费。这就要求平台加强商业伦理建设，坚持社会效益为先，经济效益与社会效益相统一。严禁主播将未成年人拉入"后援团"等，营造健康向上的直播文化氛围。

（三）强化家庭、学校的道德教化作用

家庭、学校应当通过道德教化，引导未成年人在线下学习生活中找到乐趣，找到自身价值。

第一，发挥家庭道德教化基础作用。首先，应当培育良好家风。良好的家风能增强未成年人的文化辨别能力。未成年人积极向上的精神追求，良好的道德习惯、生活方式和遵守规则的意识都受到家庭潜移默化的影响。其次，监护人应当充分尊重未成年人身心发展规律和个体差异，给予未成年人一定的自由，做到关爱"不缺位""不越位"，保护未成年人健康、全面发展，引导未成年人合理、文明上网。监护人要密切关注未成年人的兴趣、爱好和思想状况，尊重未成年人的人格尊严，保护未成年人的隐私权，预防未成年人受不良价值观念影响。

第二，发挥学校教育主渠道作用。首先，许多未成年人更愿意从知识背景、兴趣爱好相近的同伴身上获取意见与知识经验，学校应当鼓励学生和与其年龄、兴趣相仿的同学交往，寻找、树立学生身边的榜样。其次，引导学生从虚拟世界走向现实，在现实生活中寻找美好所在、乐趣所在，抵制"饭圈文化"的消极影响。再次，教师与未成年人长时间相处，其一言一行对未成年人影响较大，应当发挥学校教育主渠道作用，通过课内外场域，教育学生适度用网、合理消费。最后，学校应当加强未成年人的网络信息素质教育，开展网络信息课程、讲座等，引导未成年人提高网络素养，形成合理、健康的网络习惯。

第二章　青年创业政策调查*

推动青年创业日益成为世界各国政府改变经济增长方式、促进社会创新、解决青年失业问题的一个重要路径。"大众创业、万众创新"是经济发展的动力之源，其不仅对推动经济结构调整，走创新驱动发展道路具有十分重要的意义，而且是稳增长、扩就业、激发亿万群众智慧和创造力，促进社会纵向流动、实现公平正义的重大举措。

受20世纪80年代美国大学校园创业活动的启发，我国从20世纪末就逐步从政策层面有意识地推动青年（大学生）创业活动。总体而言，经过了1999—2002年的"以高校自由探索为主，提倡大学生高科技创业"，2003—2006年的"提倡创业优惠政策，重视普遍的创业活动"，以及2007—2011年的"更多部门参与，重视全面改进创业环境"这几个典型时段，青年创业活动进入了前所未有的良好发展阶段。[1] 2012年之后，国家层面全面深化改革的举措使得青年创业途径变广，创业机会变多。党的十八大报告指出："引导劳动者转变就业观念，鼓励多渠道多形式就业，促进创业带动就业，做好以高校毕业生为重点的青年就业工作和农村转移劳动力、城镇困难人员、退役军人就业工作。""全党都要关注青年、关心青年、关爱青年，倾听青年心声，鼓励青年成长，支持青年创业。"[2] 2013年11月召开的十八届三中全会强调，要健全促进就业创业体制机制，特别提出完善扶持创业的优惠政策，形成政

---

* 本章以2015年7—12月褚宸舸主持的共青团陕西省委委托课题"陕西省青年创业政策研究"的报告为基础修改而成。郝鹏涛、任娟娟、李君、王龙、郭军营等参与调研或提供数据、资料。

[1] 参见夏人青、罗志敏、严军：《中国大学生创业政策的回顾与展望（1999—2011年）》，载《高教探索》2012年第1期。

[2] 《胡锦涛在中国共产党第十八次全国代表大会上的报告》，载人民网，http://cpc.people.com.cn/n/2012/1118/c64094-19612151.html，最后访问日期：2023年6月8日。

府激励创业、社会支持创业、劳动者勇于创业的新机制。2014年之后，全国各地都积极出台了相关政策，为青年群体创业提供便利。2015年3月，国务院总理李克强在政府工作报告中明确提出"大众创业、万众创新"。同年，国务院下发了《国务院办公厅关于发展众创空间推进大众创新创业的指导意见》《国务院关于进一步做好新形势下就业创业工作的意见》《国务院关于大力推进大众创业万众创新若干政策措施的意见》等文件，就促进创业采取了一系列政策措施。

为了响应国家政策，更好地促进本省青年群体的创业工作，陕西省也出台了一系列创业政策来推动青年创业。此类政策既有针对大学生的，又有针对农民工、农村留乡返乡青年、复转军人等其他社会青年的；既涉及创业指导，又涉及创业服务、创业贷款等。这些政策在推动陕西省青年创业过程中发挥了举足轻重的作用。为了摸清陕西省青年创业政策，明晰其特点与效果，探析青年创业者的政策需求，进而剖析政策设计、内容及实施过程中存在的问题，并据此提出有针对性的意见和建议，以期更好地促进本省青年创业活动的开展，我们以问卷调查与深度访谈的方式，对陕西省青年创业政策进行了实证研究。

一、研究过程和方法

我们实证研究的数据来源包括以下三类：

第一，问卷调查。2015年10—11月，在编制"陕西省青年创业调查问卷"（以下称为"A问卷"）的基础上，我们以网络形式对陕西省39岁以下的青年创业者（主要是社会青年，不包含在校大学生）的需求和政策扶持情况进行了实证调查。调查历时20天，收回有效问卷543份。

第二，陕西省教育厅开展的高校毕业生创业工作情况调查。2014年，全省有毕业生的院校共95所，总计普通高校毕业生306023人，涉及459个研究生专业，275个本科专业，282个专科专业。为深入了解陕西省高校毕业生创业工作情况，增强高校毕业生创业工作的针对性和实效性，2014年7月，陕西省教育厅组织开展了该调查。调查要求各高校组织本校自主创业的在校生及毕业生在网上填写"大学生自主创业状况调查问卷"及"大学生自主创业意愿调查问卷"（后者以下称为"B问卷"），共有60余所院校参与此项调查，调查所抽取的学生样本覆盖了各校主要学科及学生学历层次。两项调查最终收回的有效问卷分别为 33744 份和 5357 份。本课题组的成员也参与了该项调查，并获得了相关一手数据。

第三，深度访谈。在编写访谈提纲的基础上，我们以深度访谈的方式分别针对三家创业孵化器（CT、A 空间、K 投资管理有限公司）的负责人、工作人员、创业者，以及西安市西部众筹创业中心的创业导师康某、创业教育培训机构"西部创业"（西安市大学生创业培训基地）和西安投融资担保有限公司（西安市大学生创业贷款担保机构）的负责人进行深度访谈。访谈对象共计 12 人。

二、青年创业政策的基本概况

陕西省是西部大开发的前沿阵地，从整体的创业氛围来看，虽和上海、广东等经济发达的沿海地区还有差距，但在西北地区仍是青年创业的首选地。党的十八大以来，陕西省促进青年创业的政策进入黄金时期，省内出台了一系列促进青年创业的政策，各类创业政策亮点纷呈，整体创业氛围走在西北地区前列，全省呈现创业环境不断优化、创业服务更加完善、创业愿望明显增强、创业活动显著增多的态势。"大众创业、万众创新"的理念深入青年。大学生、返乡青年成为创业的生力军，"互联网+"成为青年创业的重要方向，城市的互联网创业群体、农村的新农人群体崛起，创新创业融合趋势明显。青年创业正在由传统的单打独斗转向团队协作，支持青年创业的政策体系正在逐渐形成。

（一）创业政策体系的形成

近年来，国家和省内出台的各类创业政策已涵盖创业环境、创业培训、贷款融资、税费减免等领域；从省级到市级、区县级均有具体的促进创业的举措；政府的人社、工商、税务、教育系统均出台一系列促进创业的办法；政策关注的人群已覆盖高校毕业生、复转军人、城镇困难人员、留乡青年、返乡农民工等重点群体；"大学生创业引领计划""留学人员回国创业启动支持计划""扶助小微企业专项行动"等层出不穷；各类创业培训、创业大赛、路演活动屡见不鲜；各类众创空间、孵化基地数量持续上升；普惠性的创业政策体系正在逐步形成。限于篇幅，下文主要在简述国家政策的基础上，详细梳理省级政策，而对省内各地的政策不作探讨。

（1）国家政策。总体指导性政策有《国务院关于进一步做好新形势下就业创业工作的意见》《国务院办公厅关于发展众创空间推进大众创新创业的指导意见》等。相关领域的具体政策主要有《国务院办公厅转发人力资源社会保障部等部门关于促进以创业带动就业工作指导意见的通知》《国务院关于批转促进就业规划（2011—2015年）的通知》《人力资源和社会保障部关于推进创业孵化基地建设进一步落实创业帮扶政策的通知》《国家税务总局关于认真做好小型微利企业所得税优惠政策贯彻落实工作的通知》等。具体针对不同创业人群的政策有：第一，在大学生创业领域，自2003年国家工商总局出台优惠政策以来，各级政府及其职能部门每年都会出台一些扶持创业的优惠政策。特别是2014—2015年，国务院和相关部委相继出台了30余个促进大学生创业的文件，具体包括促进大学生创业的总体战略布局、发展方向、环境优化、政策协同，以及简政放权、金融支持、税费减免、创业服务等扶持政策，初步形成了促进大学生创业的政策框架。第二，在返乡青年创业领域，主要有《国务院办公厅关于支持农民工等人员返乡创业的意见》等文件。第三，在复转军人创业领域，主要有《关于自主择业的军队转业干部安置管理若干问题的意见》《关于扶持城镇退役士兵自谋职业优惠政策的意见》等文件。

（2）省级政策。第一，整体的创业指导性立法和政策。地方性立法有《陕西省就业促进条例》，政策主要有《陕西省人民政府关于进一步做好全民创业促就业工作的指导意见》《陕西省人民政府关于当前做好稳定和扩大就业支持创业工作的指导意见》《陕西省人民政府关于进一步做好新形势下就业创业工作的实施意见》等。其中，《陕西省人民政府关于进一步做好全民创业促就业工作的指导意见》[3]较早强调要建立创业孵化基地，从当时来看确有一定的前瞻性。第二，关于就业服务、社会保险、创业孵化的政策。主要有《关于推进陕西省创业孵化基地建设的指导意见》《陕西省就业基本公共服务规范

---

[3] 该文件指出："各设区市要积极鼓励和引导经济技术开发区、工业园区、高新技术园区开辟下岗失业人员、失地农民、回乡创业人员、复转军人和高校毕业生、留学回国人员初次创业基地或创业孵化基地，劳动保障、银行、财政、工商、税务等有关部门应提供'一站式'服务，以免费或低价租赁方式提供创业场地。"

化指导意见（试行）》《陕西省人社厅 省财政厅关于做好新形势下失业保险促进就业创业工作的通知》等。第三，关于创业培训的政策，主要有《陕西省就业（创业）培训管理试行办法》。第四，关于创业贷款的政策，主要有《省财政厅 省人社厅 中国人民银行西安分行关于进一步规范创业促就业小额担保贷款财政贴息资金管理有关问题的通知》《关于建立规范小额担保贷款担保基金筹集补充机制的通知》《省人社厅 省财政厅 中国人民银行西安分行关于依托创业孵化示范基地加大创业担保贷款扶持力度有关问题的通知》等。

（二）创业政策的着力点

（1）关注重点人群的创业活动。近年来，陕西省连续出台一系列政策，从各个方面明确了对一些重点人群的鼓励扶持政策。

第一，关于大学生的创业政策。省级、市级、区县级、各高校层面均出台了一系列政策和办法促进大学生创业，目前，促进毕业生创业的政策体系基本建立。总体指导性的政策主要有省人社厅、发改委、教育厅、科技厅、财政厅等13个部门联合印发的《陕西省大学生创业引领计划实施方案（2014—2017）》。具体政策有《陕西省工商行政管理局关于进一步支持高校毕业生创业就业的实施意见》《陕西省高校毕业生创业基金管理章程》《陕西省高校毕业生创业基金贷款延期还款处理办法（试行）》等。

第二，关于返乡青年的创业政策。《陕西省人民政府办公厅关于支持农民工等人员返乡创业的实施意见》（以下简称《实施意见》）全面落实扶持农民工、大学生和退役士兵等人员返乡创业的政策，重点实施7个"行动计划"（2015—2017年），大力支持上述人员返乡创业。《实施意见》在降低返乡创业门槛方面，进一步放宽市场准入条件；允许农民以土地承包经营权和林权出资设立农民专业合作社或家庭农（林）场；支持农民跨地域、行业经营并采取混合所有制的形式；将返乡人员创业纳入社会信用体系。在税费减免政策和财政支持方面，对返乡创业实体3年内免收管理类、登记类和证照类等有关行政事业性收费（陕西省管理权限内）。在金融服务方面，对信用社区和信用乡村推荐的符合条件的人员，可取消反担保；建立和完善贴息资金市、县（区）周转制度。返乡青年不再等同于传统意义上的农民，很多人在城市学习生活时，掌握了相当一部分知识和技能。他们在年龄、知识、技术、能力等方面有相当潜力,创业愿望都比较强,完全可以作为建设社会主义新农村的生力军,在推动城镇化发展、促进农村全面小康建设方面起到重要作用。在政策上如何把返乡青年人力资源转化为"三农"问题内生发展动力,是青年创业工作需要关注的重点。2014年5月,共青团陕西省委、省农业厅下发新一轮农村青年增收成才工作意见,首次提出结合"一村一品"发展,大力促进青年农村电商创业,并开展"一村一品"青年电商创业系列培训活动,同时还在各类农村青年致富带头人培训中加入农村电商创业内容。

第三,关于复转军人返乡的创业政策。《陕西省关于贯彻〈关于自主择业的军队转业干部安置管理若干问题的意见〉的实施意见》提出为复转军人提供住房补贴、医疗保障、养老和失业保险、就业培训、就业指导等服务。前述《陕西省人民政府关于进一步做好全民创业促就业工作的指导意见》鼓励复转军人自主创业,要求"认真落实扶持高校毕业生和复转军人自主创业的政策措施,落实好复转军人自谋职业补助金制度,鼓励高校毕业生和复转军人主动走向社会创办实业"。该文件不仅将复转军人纳入小额担保贷款扶持范围,同时还对复转军人规定了一些税费减免的政策。这些政策重视青年群体在年龄、知识、技术、能力等方面的差异,通过政策扶持、挖掘潜力,帮助他们成为社会创新的生力军。

(2)执行性与创新性相结合。第一,大部分政策是为贯彻国家有关文件精神而制定的。对于中央提出的全局性、战略性政策或举措,陕西省进行积极的对接和融入。例如,2015年5月1日发布的《国务院关于进一步做好新形势下就业创业工作的意见》强调要深入实施就业优先战略,积极推进创业带动就业。2015年7月8日,陕西省人民政府结合省内实际下发《陕西省人民政府关于进一步做好新形势下就业创业工作的实施意见》。西安市人民政府结合实际情况于2015年10月9日发布《西安市人民政府关于进一步做好新形势下就业创业工作的实施意见》。省内各地均在落实国家战略中捕捉发展机遇,对于中央有明确规定和要求的政策,不折不扣地执行,提出具体贯彻落实的方案和意见。

第二,对于中央允许和鼓励地方探索先行先试的政策,陕西省人民政府及各地、各部门应结合自身实际提出具体化、可操作的措施。

（3）注重发挥市场在资源配置中的主体性。创业是一种经济活动，必须遵循市场规律。目前，市场创业资源开放度还不够，市场化运营力度还有待增强，同时缺乏社会力量、相关企业参与的有效机制，政府资金的"药引子"作用和基金的杠杆作用没有得到充分发挥。为防止政策措施流于表面，出现"两张皮"现象，2014年，省政府决定"以引导鼓励民营经济参与大学生创业孵化工作为切入点，利用政府有限的扶持资金，撬动市场资源"。通过民营企业实现政府与市场的对接，以在民营企业创建大学生创业孵化基地为重点和突破口，在政策和资金上给予全力支持和倾斜，利用政府有限的扶持资金撬动庞大的市场资源，激活创业链条上各个要素的市场活力，更好地发挥市场在资源配置中的主体性。

截至2015年12月，陕西省已在全国率先从省级层面建立起一批以企业和其他市场力量为主体、市场化运作、综合运用创业扶持政策、提供个性化和差异化服务的创业孵化基地。其中，引导鼓励市场主体参与大学生创业孵化工作，已经引起社会各界的高度重视，各类市场主体热情高涨。

（三）创业政策的成效

近年来，陕西省人民政府坚持把大众创业作为经济增长的新引擎和扩大就业的增长点，以市场化创业孵化基地为载体，以创建创业型城市、实施大学生创业引领计划为抓手，不断完善政策支持体系和创业公共服务体系，有效优化了创业环境，营造了浓厚的创业氛围，使创业带动就业的倍增效应充分显现。

在支持青年创业方面，政策"暖风"频吹，让青年感受到政府的态度。陕西省团组织在创业政策的指导下，已初步建立起包括创业培训、典型选树、平台搭建、活动组织、资源对接、代言发声等内容的青年创业工作体系。青年创业理论宣讲与创业培训力度明显增强，共青团开展的"创业英雄进校园"活动受到大学生欢迎，青年电商创业培训报名场面火爆；创业担保贴息贷款由原来的面向失业群体逐渐转向城乡创业青年群体，青年创业就业基金、高校毕业生创业基金等相继设立；青年创业园区、孵化基地大量涌现。陕西省农村电商发展速度很快，2013年陕西省农产品淘宝（天猫）平台销售额位列全国第17位，高于店铺排名，单店销售额高于平均水平；销售额增速高达

219%，位列全国第 2 位。

省内高校出台本校学生创业扶持政策，建立大学生创业园或创业实践基地，广泛开展大学生创业实践教育，开展大学生创业竞赛。

三、青年创业者及其需求

青年创业政策的服务对象主要是 39 岁以下的青年创业者。通过了解和分析创业者群体的基本特征和需求，有助于我们认识陕西省青年创业政策中的深层次问题。以下主要关注的是创业者群体的性别特征、年龄结构、创业领域、创业经历、创业资金保障以及创业者的教育培训等，结合 A 问卷、B 问卷的数据进行分析，从不同层面梳理本省青年创业者的政策需求。

（一）青年创业者的特征

第一，男性占到创业者总体的 2/3 以上。543 份 A 问卷中，男性占 67.8%，女性占 32.2%。B 问卷显示，自主创业的高校毕业生中男性占 70.5%，女性占 29.5%。

第二，近六成创业者年龄介于 26—35 岁之间。据 A 问卷，26—30 岁的创业者在整个青年创业群体中所占比例最大（32.1%），其次是 31—35 岁（26.1%）。

第三，创业者大多在毕业之后才开始创业。毕业生自主创业率极低。据 B 问卷，2014 年省内高校应届毕业生自主创业的只有 95 人，远低于全国大学毕业生自主创业平均水平。其中，硕士研究生占 8.4%，本科生占 75.8%，专科生占 15.8%。理工类专业的大学生有着更高的自主创业率（50.5%），文史类和艺术类只有 34.7% 和 14.8%。理工类、艺术类专业毕业生从事自主创业的行业大部分和自身专业相关；文史类专业毕业生从事自主创业的行业则和自身专业相差甚远。

第四，2/3 的青年创业者处于初期创业阶段，其创业活动持续的时间为 1—3 年，绝大多数的青年创业者有 1—2 次的创业经历。创业时间和次数是考察样本创业经历的指标。据 A 问卷的数据，创业时间不到 1 年的占样本总数的 37.6%，1—3 年（含 1 年，不含 3 年）的占 28.7%，3—5 年（含 3 年，不含 5 年）的占 14.9%，5 年及以上的占 18.8%。首次创业的占总数的

44.4%，创业过 2 次的占 33.7%，创业过 3 次的占 17.1%，创业过 4 次的比例最小，为 1.7%，创业过 5 次及以上的占 3.1%。这表明很多青年的创业经验还不够。

第五，创业领域多元化。据 A 问卷，创业广泛分布于批发与零售、居民服务、公共管理和社会组织、住宿和餐饮、科技服务、信息传输、计算机服务和软件、网络媒体等诸多领域，其中，教育和培训（15.5%）、电子商务（15.1%）等行业备受青睐。据 B 问卷，大学生自主创业的行业中占比较大的为批发与零售（18.9%），其余是居民服务（13.7%）、住宿和餐饮（13.7%）、信息传输、软件（9.5%）、租赁和商务服务（7.4%）、教育（7.4%）等。

（二）青年创业者的需求

（1）了解创业政策。据 B 问卷，在校大学生中有 60.0% 的人表示有创业意愿，但仅有 8.5% 的人表示毕业后先创业。创业意愿与创业行动之间存在明显的错位可以说明，尽管在校大学生已有较强的创业意愿，但能将创业意愿付诸实践的人却相对罕见。究其原因，有受访者表示失败的后果难以承担（29.2%），有人表示可以找到合适的工作（24.8%），还有人表示对创业前景持悲观态度（16.6%），等等。据 A 问卷，我们认为，更深层次的原因可能仍在于青年创业者对政府扶持青年创业的优惠政策不了解（76.4%）、关注度低（63.6%）。因此，了解、关注本省青年创业的优惠政策，事实上已成为陕西省青年创业者的基本需求之一。只有积极加强对青年创业者创业活动的宣传和引导，帮助其了解本省青年创业的优惠政策，才能有效地将潜在的创业动机发展为切实的创业行动。

（2）提升创业教育的质量。B 问卷显示，大学生对高校开展的创业指导工作的总体评价相对偏低。其中，有 68.9% 的受访者对学校创业服务工作表示不满意或一般（表 4-1），半数以上受访者对学校创业指导课程的评价较低，认为该课程很有用的仅占 17.7%（表 4-2）。同时，有 53.7% 的受访者则表示学校的创业教育存在"缺少创业实践机会"的问题（表 4-3）。

表 4–1　大学生对学校创业服务工作的总体评价

总体评价	占　比（%）
不满意	9.6
一般	59.3
比较满意	25.4
非常满意	5.7
总计	100

表 4–2　大学生对学校创业指导课程的总体评价

总体评价	占　比（%）
没什么用，不满意	11.5
很枯燥，缺乏针对性	14.6
一般	52.9
很有用	17.7
其他	3.3
总计	100

表 4–3　大学生认为学校创业教育存在的问题

存在的问题	占　比（%）
老师的能力不足	4.7
只注重书本知识，针对性不强	21.2
缺少创业实践机会	53.7
无	19.1
其他	1.3
总计	100

此外，当问及"创业困难的主要原因"时，17.9%的受访者认为是个人能力不足，26.2%的受访者认为是缺乏创业经验，14.6%的受访者认为是缺乏有效创业指导，三者合计占58.7%（表4-4）。可见，有相当数量的青年创业者认为，创业技能与经验的缺乏、创业指导工作的不足是阻碍其创业的重要原因。由此可见，提升创业教育的质量事实上已成为青年创业者的需求之一。陕西省人民政府办公厅印发的《关于做好2014年全省普通高等学校毕业生就业创业工作的通知》明确指出，要开展创新创业教育，深入开展创业培训进高校活动。应切实落实该文件规定，加强高校创业服务的针对性和有效性，提升青年创业者对此项工作的满意度。

表4-4 大学生认为创业困难的主要原因

主要原因	占比（%）
个人能力不足	17.9
缺乏创业经验	26.2
缺乏有效创业指导	14.6
行政审批手续烦琐	6.6
缺乏创业场地	3.2
缺乏资金	18.8
缺乏好的创业项目	6.5
学校创业教育落后	2.0
家庭不支持	1.6
缺少创业伙伴	2.4
其他	0.2
总计	100

（3）加强对创业资金的政策扶持。A问卷显示，当问及"在政府为创业青年提供的以下服务中，您认为哪一项是目前最重要的"时，有接近半数（47.5%）的受访者选择了"提供启动经费和帮助融资"（表4-5）；当问及"创业困难的主要原因"时，选择"缺乏资金"及"政府支持（如优惠的税

收、补贴等)不够"的合计占 24.1%（表 4-6）。此外，对创业者"最初创业资金的来源"的统计显示，"自有资金"与"向亲友借"是受访者最初创业资金的主要来源，两者分别占 31.9% 和 35.5%（表 4-7）。

表 4-5　创业青年认为政府提供的最重要的服务

服务项目	占　比（%）
提供启动经费和帮助融资	47.5
提供场地	4.2
信息咨询	6.4
教育培训	8.7
建立公平、公正、公开的政策法律体系	16.8
搭建展示交流平台	15.7
其他	0.7
总计	100

表 4-6　创业青年认为创业困难的主要原因

主要原因	占　比（%）
个人能力不足	9.8
缺乏创业经验	19.6
缺乏有效创业指导	13.2
行政审批手续烦琐	8.7
政府相关信息不公开	3.6
政府各种资源分配不公	6.1
政府支持（如优惠的税收、补贴等）不够	6.9
缺乏创业场地	2.1
缺乏资金	17.2
缺乏好的创业项目	4.1
创业教育培训不够	3.0

续表

主要原因	占 比（%）
缺少创业伙伴	4.2
家庭不支持	0.8
其他	0.7
总计	100

表4-7 创业青年最初创业资金的来源

资金来源	占 比（%）
政府专项的创业基金	3.8
社会的创业基金或风险投资	3.3
高校的创业基金	3.3
向金融机构贷款	10.2
向亲友借	35.5
自有资金	31.9
团队集资	10.3
其他	1.7
总计	100

据此可知，青年创业的初始资金往往来源于个人或家庭积累，这也从侧面反映出，创业资金来源渠道还不畅通，这无疑在一定程度上制约着青年创业者创业计划的实施。

深度访谈中也有不少创业者认为，资金匮乏、融资有限以及其他创业基金政策太过严格等是创业过程中普遍存在的问题。不少创业青年希望政府出台更好的创业政策，以期在资金方面得到更为有力的支持。因此，进一步加强对创业资金的政策扶持成为创业青年的重要诉求。

（4）完善创业环境和载体。A问卷显示，青年创业者对创业环境提出了一些意见建议：第一，创业信息平台方面，不少青年创业者认为还存在问题。深度访谈中，西安市某创业青年就提到"投资创业的整体环境差"和"政府未创办一个青年创业者向成功企业家咨询的平台,而这样一个平台又是亟须的"。第二,需要政府深化体制、机制创新,完善有利于人才集聚、创新创业的政策环境和服务体系。调查显示,17.2%的受访者表示"需要高效、公平、公正地提供和反馈市场信息和创业项目信息",有9.3%的受访者认为"需要政府为其购买专家服务,加强创业指导和培训"(表4-8)。第三,需要聚集创业企业,促进成果转化、孵化。创业初期,青年创业者需要创业孵化基地提供较为完善的服务体系。调查发现,创业园区良好的环境受到大多数创业青年的青睐。受访创业青年普遍认为,创业园区的氛围有利于创业资源、信息的集中利用和共享,有利于企业的成长。深度访谈中,某创业孵化器负责人也表示:"目前的创业载体建设仍然需要将规模效应、辐射效应和带动效应发挥出来,提高政府扶持力度。"多位孵化基地工作人员认为:"创业培训和指导存在'效率低''人数有限'等问题,应当依托陕西省高校引入智力支持,提高创业载体的技术含量,打造服务品牌。创业载体需要进一步完善督导、指导、服务功能,还需要按照'一条龙、全方位'的要求,进一步推广'一站式、一柜式、一窗式'的服务模式,建立、健全专业经办、委托代办、专人帮办等制度,不断提高服务质量和创业成功率。"

表4-8 创业青年希望政府提供的主要支持

支持种类	占 比(%)
建立创业孵化基地	14.1
加强硬件设施建设	6.9
购买专家服务,加强创业指导和培训	9.3
提供体系性的创业教育	11.3
高效、公平、公正地提供和反馈市场信息和创业项目信息	17.2
给予必要的资金支持	25.0
举办创业计划大赛、提供展示交流平台	4.8
提供一站式的服务	11.0
其他	0.4
总计	100

四、青年创业政策存在的问题

（一）政策缺乏协调性和系统性

创业是一个相当复杂的系统性行为，故创业政策要有协调性和系统性，要在各单位、各部门积极履职的基础上统筹规划。但是，我们在调研中发现：

（1）现有政策存在"碎片化"问题，系统性不强。首先，条块分割，政出多门。陕西省促进青年创业工作涉及人力资源和社会保障、财政、商务、科技、工商、税务、中小企业办等多个政府部门，以及共青团、工会、妇联等群团组织和银行、小额信贷担保等金融机构。创业政策大多散见于上述不同单位、部门的文件中，缺乏统一性、连贯性。陕西省尚未明确由哪个机关负责协调这些政策。各单位在制定本单位文件时缺乏必要的沟通，往往以自身工作内容为中心，不太关注其他单位的相关政策。促进创业工作尚未形成整体合力，各部门工作衔接和整体推进的力度还不够强，各政策制定机关尚未建立统一的创业服务平台，并且创业工作在同一机关内部也往往被分解为若干部分。以陕西省人社厅为例，创业政策和创业服务就由2个工作部门（就业促进处和原军官转业安置处）、3个直属单位（陕西省再就业服务中心、陕西省人才交流服务中心和陕西省劳动就业服务中心）分别负责。其次，多部门分别制定的相同主题的政策缺乏统一部署。以《就业创业证》为例，2014年年底，根据促进就业创业工作需要，人社部发出通知，将《就业失业登记证》更名为《就业创业证》，要求"各地可新印制一批《就业创业证》先向有需求的毕业年度内高校毕业生发放"。为落实此政策，陕西省人社厅在2015年1月发布消息："各市可先向有需求的毕业年度内高校毕业生发放，由高校就业指导中心向当地公共就业和人才服务机构统一申领，报送毕业生相关信息并登记后直接向符合条件的学生发放。"但截至2015年12月，本省高校尚未收到人社厅就高校毕业生申领《就业创业证》而制定的关于申领办法、程序的文件。

（2）政策覆盖面不够广。无论是国家政策还是省级政策，都存在覆盖面不够广的问题，即政策上存在空白点。从纵向来看，创业政策体系在省、市、县层面相对完善，但是在社区或乡镇层面相对匮乏，受资金、编制、人员等因素限制，基层创业服务机构还没有普遍建立起来，创业指导、培训、政策扶持等创业服务工作或没有全面开展或流于形式。从横向来看，针对不同的创业主体也存在政策覆盖面不足的问题，例如，一些政策将在校大学生排除在外。很多通过高等院校创业比赛以及相关创业项目获得创业机会的在校大学生并没有获得足够的政策扶持和政策优惠。又如，创业政策开放度不够，不少政策与户籍捆绑，将许多外地青年拒之门外。在实际的贷款、融资、创业培训等工作中，一方面强调对某些群体的特殊扶持，另一方面限制了这些群体之外的创业主体，因此，政策的覆盖面尚需进一步拓宽。

（二）政策操作性不强、落实不到位、考核措施不完善

尽管近年来陕西省出台了不少鼓励青年创业的政策，但"只听楼梯响，不见人下来"，落实情况不够理想。部分政策条文原则性、概括性较强，且没有及时制定具体操作办法，到了基层依然难以执行；有的即使作出明文规定，但缺乏落实的主管机构和具体措施。有些政策不够成熟和理性，缺乏对产业、经济的精准定位，一哄而上盲目地鼓励建设孵化器等创业载体。

例如，对于高校创业机构的设置，教育部门出台的政策中仅有一句"建立健全学生创业指导服务专门机构"的表述，并未对具体人员配置、经费筹措、硬件标准作出具体规定。省内很多高校创业工作分工不清，教务、团委、就业、学生部门均参与，各部门职能模糊，权责不清。又如，有大学生村官反映，按照目前的政策，他们既可以享受大学生创业贷款政策，也可以享受农村青年创业贷款政策。但在现实中，一些高校认为他们已经在农村工作，无法再享受大学生创业政策；而一些地方又认为他们没有本地户口，无法办理贷款。

好的政策要贯彻落实才能产生预期的效果。对政策实施效果进行科学评估，是检验政策的适用性、科学性的必要手段。然而，由于创业政策执行的评价与问责机制比较欠缺，尚未对青年创业政策进行整体评估，政策实施的日常检查、监督、惩罚、奖励措施也不够，致使政策的实施效果大打折扣。

对于创业工作，高层积极推动，各级领导热心倡导，广大青年热烈响应，但一些办事机构、一些工作人员没有相应热起来，归根结底是考核、惩罚奖励措施没有跟上，使一些机关、一些干部错误地认为政府促进创业工作是"软性"工作，缺乏硬性的考核指标，做了工作成效未必马上显现，不做工作也未必很快出现不利后果，由此存在态度消极和不作为的问题。

（三）政策宣传的形式单一、效果不佳

创业政策制定出来只是第一步，主动且广泛地宣传这些政策，使其能为创业青年所知、所用，才是最关键的。各省市为营造自己的创业氛围，培育特色鲜明的创业文化，纷纷创造自己的"名片"。如浙江省提出了"创业富民、创新强省"的战略，重庆、长沙等城市则提出打造"创业之都"的口号。对此，陕西省也应打造自己的"创业符号"，以此来激发创业者的热情，营造良好的创业氛围。调查发现，只有2.7%的青年创业者对政府的政策很熟悉，"不太熟悉"的占60.6%，"很不熟悉"的占17.6%。不少创业者认为政府的信息服务比较封闭、效能较低。目前，政府并没有设立统一的机构负责全省创业信息的发布，也没有建立权威的网站供有意创业者查询，政府创业政策的信息公开度还有待提高。调研中发现，绝大部分创业者主要依靠孵化器和社会组织举办的交流、路演活动获取信息。

创业政策的宣传需要寻找新的思路和方法，拓宽宣传的覆盖面。青年创业群体分散度较高，集中的、传统的政策宣传方式可能无法产生应有的效果。这在一定程度上反映出我们的创业政策宣传环节存在不足，应当在新媒体环境下，针对不同的创业主体采用多种渠道和方法宣传政策。

（四）资金政策的扶持力度不大、宽容度不高

与发达省份相比，陕西省的创业扶持还缺乏大政策出台、大基金支撑、大投资跟进，专项创业资金匮乏。青年创业基金总量不到1个亿。

陕西省的大学生创业资金扶持政策主要是减免行政性费用（证件费、手续费等）。即使减免的项目较多，加起来也不过几百元，而且获得这些减免的相关手续也很烦琐，这样就使得该政策在实践中的效用发挥十分有限。某创业导师就谈到，西安市的创业扶持力度小于同为西部城市的成都，成都早已出现有竞争力的创新企业。陕西省青年创业者申请小额担保贷款的限制较多，

难以获得实惠。如贷款的主体排除了在校生,相关融资政策均要求资助对象为"毕业生",同时还要求成立实体公司。而反观四川省政府,其2014年5月出台《四川省人民政府办公厅关于加大力度促进高校毕业生就业创业的意见》,已将创业优惠政策的适用主体扩展为包含在校大学生,除了对已成立实体公司的大学生进行补贴,对在电子商务网络平台开办"网店"的大学生给予1万元创业补贴,同时可享受小额担保贷款和财政贴息政策。由此看来,陕西省的政策相对保守,对创业者的宽容度不高。一些有前景、处在种子期的项目只好"孔雀东南飞"。

(五)"众创空间"、创业服务的政策创新力度不够

创业服务的社会化与市场化机制离不开社会组织的参与。这种政策的支持通常需要落在一个实体上,这就是创业载体(又称"众创空间")。"众创空间"是顺应经济新常态下的创新创业特点和需求,通过市场化机制、专业化服务和资本化途径构建的低成本、便利化、全要素、开放式的新型创业服务载体的统称。这类载体(平台)为创业者提供了工作空间、网络空间、社交空间和资源共享空间。"众创空间"是建立在各类创业载体基础上的一个开放式创业生态系统。

如前文所述,创业信息平台方面,不少青年创业者认为还存在问题。有利于人才集聚、创新创业的政策环境和服务体系还需要进一步改善。青年需要聚集创业企业、促进成果转化孵化的载体。调研发现,陕西省有以下六类平台是非常重要的。一是青年能便捷找到的网上服务平台和办事窗口,能融政策宣传、创业咨询、资金项目申请、活动参与等为一体;二是青年能集中展示的活动平台,能整合创新创业大赛活动,提升规格,扩大范围;三是青年能充分依赖的融资平台,能把政府的补贴转化为银行、企业等参与的创业基金,扩大杠杆效应,做大基金盘子,大力扶持种子基金、天使基金;四是青年能广泛交流的组织平台,如全省性的青年创新创业协会,承办相关活动与项目的统一组织;五是青年能有效参与的实践平台,如青年创业园区、创业社区、创新工厂等创业孵化基地;六是青年创业师资平台,能邀请创业成功人士、企业家、社会各界代表等组建全省性的创业导师团队进行精准指导。

上述平台都需要在基层整合，因此，扶持基层创业公共服务机构的政策至为关键。陕西省应当在政策上充分调动各级政府的积极性、主动性，整合各类社会资源，大力保障"众创空间"的建设，打造一个开放式的创业生态系统。

（六）创业教育和培训政策还不能有效满足青年需要

目前，陕西省大多数高校都开设了就业指导课，并将创业教育作为一个教学单元，取得了一定的成效。但是，调研发现，不少聘请来的指导老师缺乏足够的市场和企业运行经验，课堂上讲授的内容与市场实际运行脱轨，培训本身没有做到理论联系实际。首先，忽视实践能力的培训。创业培训大多采用传统的课堂教学方式，偏重理论知识传播，缺乏实践的指导。很少有高校聘请财政、人社、工商、税务等部门具有较高水平的专家组建创业培训联合体来负责创业培训的相关工作。其次，许多创业培训课程安排不当。例如，在小额担保贷款、企业开发指导、企业发展服务、自主创业项目研究、市场前景调查、模拟自主创业实践能力上缺少相应的课程模块。

总之，大学生创业教育，缺优秀导师、缺生动案例、缺与校外资源的对接，最终体现为缺青年需求的有效满足：想听的案例课比较少，想见的创业导师轻易见不上，创业教育效果大打折扣。因此，高校特别需要将社会创业培训体系引入课堂，与学生专业知识、职业教育、实际创业需求相结合。目前，高校缺乏必要的创业实践能力锻炼平台。创业活动有很大风险，大学生降低创业活动风险的有效方法就是先模拟创业，这就需要一个模拟创业的实践平台，并为学生提供多维的创业咨询服务。

五、完善青年创业政策的建议

（一）加强各单位、部门政策之间的统筹协调

第一，为整合各方资源，统筹、协调创业扶持政策的制定和执行，建议建立联席会议制度或成立"创新创业工作领导小组"，搞好政策的顶层设计。按照《国务院办公厅关于同意建立推进大众创业万众创新部际联席会议制度的函》的规定，国务院进行了机构统筹和协调，建立由发改委牵头的推进大众创业万众创新的部际联席会议制度。循此先例，陕西省也应明确党委、政府和群团组织在创业工作中的分工与责任，特别是明确政府在创新创业工作中的定位和地位，做到既不缺位也不越位。

第二，组织政策研究部门和相关专家，尽快系统梳理和清理省内各级单位和部门已发布的有关支持创新创业发展的政策。对于缺乏相关政策的，应予以制定；对于互相矛盾的，应予以统一；对于过时的，应予以废止。通过此举，可减少政策的数量，但政策得以系统化，且明确政策的内容及其具体负责部门，有利于政策的衔接和执行。同时，建立创业政策的协调与审查、备案制度，增强政策的连贯性和统一性。

（二）加强政策的落实和问责

第一，改进政府服务方式，简化工作流程，明确细节。例如，创业贷款的申请需要进一步简化程序、降低门槛、缩短周期，政策落脚点要再低一些，更倾向于扶持初创项目。总之，各类创业政策实施办法要再细一些，建立一站式服务平台，推动办事网络化、公开化。

第二，加大对创业政策落实的检查力度。建立和完善通报制度，对创业优惠政策落实情况进行重点检查，打通决策部署的"最先一公里"和政策落实的"最后一公里"。确保各项政策措施落地生根，为青年营造一个更加便捷、高效的创业环境。探索建立科学化的省、市、县各级创业工作评价指标体系，以类似"克强指数"的核心指标，让相关部门在工作中迅速找到抓手，也让各地创业工作评价有统一标准可循。因为创业型就业认定缺乏标准，难以统计，故目前政府创业工作仍囿于就业指标统计之中，我们建议在政策理念和制度上尽快转型，如此才能真正体现创业带就业的精神。

第三，对创业政策的实际效果进行研判、评估。建议由有关部门牵头，在全省范围内定期或不定期进行青年创业需求或满意度调查，根据调查结果及时出台具有针对性的政策和措施，提高政策制定的有效性。对于社会效果明显的创业政策应当大力推行，社会效果不明显的，要找出症结所在，及时作出修改调整，以避免浪费公共资源和社会资源。建立政策执行评估体系，提倡对创业政策的执行进行第三方评估。第三方评估是指由政策制定者和执行者之外的第三方来评估，这有助于避免政府自我评价，政府不能既当运动员又当裁判员。近年来，国务院委托多个第三方机构，对部分重点政策措施的落实情况进行评估。建议陕西省也循此例对创业政策落实情况进行评估。

第四，将创业工作纳入考核范围。对落实政策差的机关、部门要予以通报批评，限期整改，推诿塞责且整改不力的部门，应追究相关人员的责任。

（三）重视政策的宣传和创业氛围的营造

第一，重视并加强政策的宣传工作。首先，建立权威、可靠的创业信息发布机制，并通过多层次多形式的创业信息交流平台，使青年创业者能以最方便、最熟悉的方式来获取信息。让创业信息激发青年的创业热情，降低其创业的成本和风险。其次，通过政策的宣传培育社会创业文化，通过创业文化让创业政策深入人心。为了加强创业文化建设，营造尊重创业、崇尚创业、支持创业、竞相创业的创业环境和舆论环境，建议尽快制订本省的创业战略及创业口号。

第二，制定务实的创业大赛政策。创业大赛有整合要素、搭建服务平台、引入社会资源的积极意义。有不少参赛者通过比赛为自己积累人脉，使自己的创业项目获得投资人认可。但是，当前已有一哄而上搞形式主义的不好苗头。各种创业大赛名目繁多，部分参赛者是抱着拿大赛奖金的目的（俗称"黄牛创业者"或"跑赛者"），甚至出现了一些打着创业旗号的骗子。所以，应出台相关政策促使创业大赛办出实效，避免频繁、重复举办大赛，解决重评审轻扶持、获奖之后没有后续的问题。

（四）提高资金政策的支持力度、开放度和风险容忍度

第一，进一步提高资金政策的支持力度。首先，积极落实现有创业资金扶持政策，发挥财政资金的引导作用。发展鼓励性资金扶持政策，鼓励各类社会资本投资创业创新和支持发展新兴产业，积极引进境内外创业投资、私募股权投资在陕西省发展。建立信用担保机构，作为连接银行和创业者的桥梁。其次，出台政策提高资金扶持额度，特别是高新技术领域的小额贷款扶持额度。

第二，进一步提高资金政策的开放度与风险容忍度。逐步将扶持方式从选拔式、分配式向普惠式、引领式转变。逐步解除扶持政策和户籍之间的捆绑关系。建议修改政策，允许非本地户籍青年申请创业贷款，吸引更多创业人才聚集三秦大地。同时，大学生村官的贷款问题、电商企业的贷款抵押问

题也应有所创新。

（五）加强社会化与市场化的政策创新

第一，发挥好群团组织的作用，特别对团组织开展青年创业工作给予更大政策空间。建议赋予共青团一定政府职能，如制定全省青年创业平台专项资金政策，同时借鉴全国其他省份的先进经验（如武汉市鼓励大学生到科技企业孵化器创新创业的"青桐计划"、汉版巴菲特午餐"青桐汇"）。支持团组织开展大规模、成体系的青年创业培训，充实青年创业基金，依托省团校创建陕西省青年创业学院等。发挥高校团组织在大学生创业服务中的积极作用，从场地、资金、项目等方面给予支持。

第二，尽快制定充分融合产、学、研，鼓励、支持驻陕科研机构及高校参与创业的政策。陕西省教育及科技资源丰富，应充分发挥资源优势，将科研教育机构纳入创业政策体系，通过发挥这些机构及专业技术人员的积极性、主动性及专业优势，带动创业工作。其他省市已有相关政策可以借鉴，例如，规定科研人员可带项目和成果离岗创业，在创业孵化期内高校、科研院所保留其人事关系，职称评定不受影响。

第三，完善发展和鼓励民间经营性创业服务机构的政策。首先，完善政策鼓励民间经营性创业服务机构的发展，出台措施激励其参与创业活动。例如，对民间经营性创业服务机构采取税收优惠、工商登记简化、创业信息共享等一系列措施，大力发展民间经营性创业服务机构。其次，完善政策促使政府的创业公共服务机构与民间经营性创业服务机构形成创业服务体系，实现创业服务多元化发展，以满足不同创业主体的创业服务需求。例如，通过整合民间的创业服务资源，为青年创业教育提供各种支撑。鼓励民间组织机构（中小企业服务机构、创业培训机构、资质评定机构、风险投资机构等）、非营利组织、项目基金、新闻媒体等，为青年提供创业担保基金、小额贷款、优惠政策、法律咨询、创业实务指导以及创业能力提升等方面的服务。

第四，完善扶持基层创业公共服务机构的政策。首先，完善促进社区一级设立创业服务机构的政策。利用公共服务大厅设立创业服务指导窗口，将创业服务延伸到基层社区，提供项目开发、创业指导、创业培训、小额贷款、税费减免、创业政策咨询等"一条龙"服务，同时吸纳社区离退休干部和企业管理者等志愿者参与服务。其次，完善监督政府履职的政策。例如，要求政府及其相关部门在城乡规划时优先做好本地区创业所需场地、场所的规划建设工作，做好基础设施和水、电、暖、气及交通、通信等配套设施建设，保障本地区劳动者的创业所需。在旧城改造、城中村拆迁过程中，优先考虑在繁华路段建设创业商业街，逐步实现与创业园区、孵化器的连接，给创业者提供低价的经营场地，提升集聚发展效应。再次，为基层创业服务发展提供人才保证。在政策上要明确和细化机构设置、人员编制、资金投入，明确职能职责和工作岗位，定编定员，做到专职专用。最后，完善对基层创业工作人员进行业务培训和工作指导的政策，努力提高工作队伍的整体素质，提升工作人员的办事效率。

（六）进一步完善人才培养体系和制度

应通过完善政策来建立多层次的创业教育支持体系。例如，建立省内高校创业教育指导机构，对各高校创业教育和教学改革进行指导和监督；组建优秀的创业教育师资队伍，通过政策加强创业教育师资队伍的建设；有效地提高创业教育的质量和效果。在政策方面，我们建议：

第一，完善创业教育培训体系。既要充分发挥社会专业培训机构的作用，又要发挥好科研机构及高校的作用，努力实现各类创业培训教育资源的最优化。针对不同群体的特点，进一步完善培训内容，创新培训模式，推广模拟创业、创业实训、案例培训等先进培训方法，提高培训质量和效果。整合政府和社会的各类培训项目、培训资金，进一步完善培训机构备案、培训标准制定、质量督导和绩效评估、实名制动态管理等工作制度。

第二，完善高校创业教育机构。建立高校创业教育中心。开设系列创业课程，创办大学生创业孵化基地、大学生创业咨询服务中心和大学生创业基金等。进一步放活高校创业政策，在休学创业、创业与就业统筹考核、教师参与创业的评价、创业学分管理等方面制订实施细则。

第三，建立创业师资培养制度。没有创业导师，创业服务就是无源之水。通过专兼职相结合等方式，形成比较健全的创业师资培养制度。

第三章　青少年社会工作人才队伍研究[*]

一、问题的提出

  2014年1月10日，共青团中央、中央综治委预防青少年违法犯罪专项组、中央综治办、民政部、财政部、人力资源社会保障部联合下发《关于加强青少年事务社会工作专业人才队伍建设的意见》。该意见提出到2020年全国初步建立20万人的青少年事务社会工作专业人才队伍的目标。为推动目标实现，共青团中央办公厅于2014年11月颁布《关于共青团系统落实青少年事务社会工作专业人才队伍建设目标任务的通知》（以下简称《通知》）。《通知》明确指出以各省（区、市）6—25岁青少年常住人口比例为主要依据，同时兼顾各地经济发展水平、工作基础，把20万人的目标任务分解到各地。按照分解后的任务，陕西省青少年事务社会工作专业人才队伍应在2020年达到5680人。

  而据共青团陕西省委2014年上半年的摸底，全省具备社工专业资质的只有1300人，其中从事社工实务的只有600多人，人才缺口明显。青少年社会工作者是青少年社会工作的基本要素之一，是青少年社会工作存在的前提，亦是实施青少年社会工作的关键力量。为了对当前青少年事务社会工作专业人才队伍的状况有一个全面深入的了解，我们以问卷调查与深度访谈的方式进行了实证调查，以期在了解现状的基础上把握问题，明确方向。

---

[*] 本章以2014年7—12月褚宸舸主持的共青团陕西省委委托课题"陕西省青少年社会工作人才队伍建设研究"的报告为基础修改而成。参见任娟娟、褚宸舸、靳宇：《青少年社会工作人才队伍状况研究——基于陕西省的调查》，载《社会福利（理论版）》2016年第4期。

二、调查对象和过程

（一）调查对象

本次调查的对象主要包括下列人员：第一，专业青少年事务社工，指拥有社会工作专业资格证书，能运用社会工作专业知识、技能和方法从事青少年社会工作职业活动的人员；第二，实际青少年事务社工，指没有社会工作专业资格证书，但事实上从事青少年社会工作的专职工作人员；第三，从事青少年事务社会工作服务的志愿者。

（二）调查过程

根据研究计划，我们于 2014 年 9 月 20 日—10 月 20 日，对陕西省青少年事务社工的职业状况进行了实证调查。

（1）问卷调查。在编制"陕西省青少年事务社会工作者调查问卷"的基础上，对宝鸡市青少年社会工作者协会、西安慧灵智障人士服务工作站、陕西妇源汇性别发展中心等 10 余家组织机构的青少年事务社会工作者进行了问卷调查。调查以网页形式进行，历时 30 天，浏览量与数据量分别为 830 次和 130 次，填写率为 15.66%。

（2）深度访谈。在编写访谈提纲的基础上，以集体访谈的方式分别对省民政厅、人社厅、妇联、残联等部门，以及宝鸡市青少年社会工作者协会、西安慧灵智障人士服务工作站等社会组织，召开陕西省青少年事务社会工作及人才队伍建设工作座谈会。同时，以个别访谈的方式分别对相关社会组织的负责人与一般工作人员等进行了深度访谈。涉及访谈对象 50 余人，获得访谈资料 10 万余字。

三、青少年社会工作人才队伍的群体特征

（一）结构特征

第一，性别结构。据统计，受访者中男性占 33.8%，女性占 66.2%（表 4-9）。张大维等对广州、深圳、东莞、武汉四市的 100 名专职社工所做的调

查显示，男女比例为 37∶63。[1] 此外，对上海市 118 名青少年事务社会工作者的调查显示，男女比例为 27.1∶72.9。[2] 由此可见，无论是东部地区还是西部地区，女性社工均是社会工作者的主体，社工职业中存在着显见的性别隔离现象。

第二，年龄结构。据统计，受访者平均年龄为 33 岁。此外，30 岁及以下的受访者占到了总受访者的 53.1%，31—50 岁的受访者占 42.3%，51 岁及以上的受访者占 4.6%（表 4-9）。在美国 13.42 万名注册社工中，15% 的注册会员在 30 岁及以下，51 岁及以上的会员占 23%，绝大多数（62%）会员的年龄介于 31—50 岁之间。上海市 118 名青少年事务社会工作者中，21—30 岁的占 61.9%，31—50 岁的占 34.7%，51—60 岁的占 3.4%。[3] 通过数据对比可见，陕西青少年社工队伍的年龄结构较为合理，略呈年轻化趋势。

第三，婚姻结构。据统计，有超过六成的受访者已婚，有近四成的受访者未婚（表 4-9），这与上海市青少年事务社会工作者的婚姻结构（39.0% 已婚，61.0% 未婚）[4] 恰好相反。这应该与陕西青少年社工的年龄较后者偏大以致更多人进入适婚期有关。

第四，学历结构。据统计，获得本科及以上学历的受访者占到总人数的 63.8%，获得大专学历的受访者占 29.3%，高中及以下文化程度的受访者仅占 6.9%（表 4-9）。由此可见，专科及以上学历的社工是陕西青少年事务社工的绝对主体。上海市 2011 年的社工调查样本均由专科和本科及以上学历的人组成，前者占 44.9%，后者占 55.1%。[5] 广深莞汉 2014 年专职社工调查样本中，

---

[1] 张大维、郑永君、李静静：《社会环境、社会支持与社会工作者的职业耗竭——基于广深莞汉 100 名专职社工的调查》，载《中州学刊》2014 年第 2 期。
[2] 沈黎、刘林、刘斌志：《社会工作者的职业倦怠与组织承诺状况研究——以上海青少年事务社会工作者为例》，载《青年探索》2011 年第 3 期。
[3] 沈黎、刘林、刘斌志：《社会工作者的职业倦怠与组织承诺状况研究——以上海青少年事务社会工作者为例》，载《青年探索》2011 年第 3 期。
[4] 沈黎、刘林、刘斌志：《社会工作者的职业倦怠与组织承诺状况研究——以上海青少年事务社会工作者为例》，载《青年探索》2011 年第 3 期。
[5] 沈黎、刘林、刘斌志：《社会工作者的职业倦怠与组织承诺状况研究——以上海青少年事务社会工作者为例》，载《青年探索》2011 年第 3 期。

高中学历与专科学历分别占1%和19%，本科及研究生学历占80%。[6]通过数据对比可以发现，陕西青少年社工队伍的学历层次，尤其是高层次人才的数量仍有待大幅提升。

第五，收入结构。据统计，有8.9%的受访者收入在800元及以下，有16.5%的受访者收入在801—1600元，有24.1%的受访者收入在1601—2400元（表4-9）。在国外，专业社会工作者与公务员、医生、律师、教师一样，属于中产阶层。2013年，全国城镇居民人均总收入为29547元[7]，陕西省城镇居民人均总收入为24109元[8]。通过数据对比可知：陕西青少年专职社工队伍的收入水平总体偏低，大约有近半数的受访者收入水平低于全国及全省2013年城镇居民人均总收入。

表4-9 受访者的结构特征

项　目	选　项	占　比（%）
性别	男	33.8
	女	66.2
年龄	30岁及以下	53.1
	31—50岁	42.3
	51岁及以上	4.6
婚姻状况	未婚	36.9
	已婚	63.1
学历	高中及以下	6.9
	大专	29.3
	本科及以上	63.8

---

[6] 张大维、郑永君、李静静：《社会环境、社会支持与社会工作者的职业耗竭——基于广深莞汉100名专职社工的调查》，载《中州学刊》2014年第2期。

[7] 《国家统计局：全年城镇居民人均总收入29547元》，载中国新闻网，https://www.chinanews.com.cn/gn/2014/01-20/5754845.shtml，最后访问日期：2023年6月8日。

[8] 参见陕西省统计局、国家统计局陕西调查总队：《2013年陕西省国民经济和社会发展统计公报》，载《陕西日报》2014年2月28日，第7版。

续表

项　目	选　项	占　比（%）
收入水平	800元及以下	8.9
	801—1600元	16.5
	1601—2400元	24.1
	2401—3200元	19.0
	3201—4000元	15.2
	4001元及以上	16.3

（二）专业分布特征

据统计，在大专、本科及以上学历的受访者中，修习社会工作专业的占19.8%，修习社会学专业的占1.7%，修习心理学专业的占19.0%，而修习英语、汉语言文学、电子商务等其他专业的占59.5%。对上海市青年社会工作人才队伍的职业状况调查显示，在上海市卢湾区166名青年社工中，具有社会学、社会工作、法律等社会工作相关专业背景的占42.8%。[9]上海市青少年事务社工样本中，有社会工作及相关专业背景的占49.2%。[10]广州、深圳、东莞、武汉四地专职社工样本中，有社会工作、社会学、心理学专业背景的人占74%，其他专业背景的占26%。[11]通过对比上述数据，可以发现：陕西省具有社会工作专业背景的青少年社工的数量仍十分有限，其当前的专业化水平仅与上海市2009年及2011年的水平大致相当，远低于广州、深圳、东莞、武汉2014年的水平。

（三）职业化特征

据统计，在所有受访者中，助理社工师与社工师的持证率仅为24.7%。在上海市卢湾区166名青年社工中，具有社工师资质的为15人，具有助理

---

[9] 彭鑫：《青年社会工作人才队伍的职业状况调查——以上海市卢湾区为例》，载《社会工作》2009年第3期。

[10] 沈黎、刘林、刘斌志：《社会工作者的职业倦怠与组织承诺状况研究——以上海青少年事务社会工作者为例》，载《青年探索》2011年第3期。

[11] 张大维、郑永君、李静静：《社会环境、社会支持与社会工作者的职业耗竭——基于广深莞汉100名专职社工的调查》，载《中州学刊》2014年第2期。

社工师资质的为 60 人，没有职业资质的为 60 人，具有社工师和助理社工师资质的占 45.2%。[12] 在上海市 118 名青少年事务社工中，社工资格证的持证率高达 89.0%。[13] 广东的调查样本中，社工资格证的持证率也高达 72%。[14] 对比上述数据可以发现，陕西青少年社工中社工师和助理社工师的持证率较低。

四、青少年社会工作人才队伍的工作情况

（一）工作年限

据统计，受访者参加青少年社会工作的平均年限为 4.48 年。同时，工作年限在 1—3 年的受访者占 46.6%，工作年限在 4—6 年的受访者占 31.9%，而工作年限在 7 年及以上的仅占 21.5%（表 4-10）。大多数受访者的工作年限较短，说明其事业尚处于起步阶段。此外，比较"参加工作的年限"与"参加青少年社会工作的年限"可知：有 57% 的人半路转行从事青少年社会工作。相当比例的半路转行者进入社会工作领域，会使陕西青少年社会工作发展步伐略微放缓，同时也会降低青少年社工队伍的专业化水平。

（二）工作形式

按社会工作者与服务对象的接触程度，社会工作可以被划分为直接社会工作和间接社会工作两种。前者指社会工作者直接面对当事人或受益人展开服务，工作者在服务过程中需要活用专业技术。后者指社会工作者并不直接面对当事人或受益人展开服务。据统计，有 48.5% 的受访者从事直接社会工作，有 22.3% 的受访者从事间接社会工作，有 29.2% 的受访者同时从事两类工作（表 4-10）。社会工作是具有临床取向的智力型职业，在社会工作发展成熟的国家和地区，绝大多数的社会工作者都在一线为服务对象提供面对面服务。虽然直接社会工作是陕西青少年社会工作的主要形式，但是，与发达

---

[12] 彭鑫：《青年社会工作人才队伍的职业状况调查——以上海市卢湾区为例》，载《社会工作》2009 年第 3 期。

[13] 沈黎、刘林、刘斌志：《社会工作者的职业倦怠与组织承诺状况研究——以上海青少年事务社会工作者为例》，载《青年探索》2011 年第 3 期。

[14] 张大维、郑永君、李静静：《社会环境、社会支持与社会工作者的职业耗竭——基于广深莞汉 100 名专职社工的调查》，载《中州学刊》2014 年第 2 期。

国家和地区的社会工作实践相比，仍需要进一步拓展。

（三）工作性质

据统计，有60.8%的受访者是专职青少年事务社工（表4-10）。已有调查表明，2014年下半年，陕西省社会组织全职员工平均10.69名，兼职员工平均8.619名，长期志愿者平均117.77名，短期志愿者平均53.70名。有58.9%的社会组织其全职员工在15人以下，其中1—6人的社会组织所占比例较高，同时仍有23.70%的社会组织没有全职员工。大量使用志愿者是社会组织的特色之一。[15]在青少年社会工作领域，专业社会工作者和志愿者也发挥着越来越积极和重要的作用。当前，许多青少年服务项目践行"社工＋志愿者"的理念，通过培育志愿者队伍，配合社会工作者开展相关服务。在西方，社会工作经历了一个从志愿性到行业性再到专业性的发展历程。据此趋势，随着青少年事务的日益多元和复杂，未来青少年社会工作的快速发展还应主要依托专业化、职业化的青少年社会工作人才队伍，而不是临时性的、志愿性的兼职工作者。

表4-10 受访者的工作情况

项　　目	选　项	占　比（%）
工作年限	1—3年	46.6
	4—6年	31.9
	7—9年	15.5
	10年及以上	6.0
工作形式	直接社会工作	48.5
	间接社会工作	22.3
	两者兼有	29.2
工作性质	专职	60.8
	兼职	39.2

---

[15] 陕西省妇女理论婚姻家庭研究会：《陕西社会组织发展调研报告》，载任宗哲、石英、江波主编：《陕西社会发展报告（2013）》，社会科学文献出版社2013年版。

（四）服务领域

青少年事务社会工作者所提供的服务可分为补救性、预防性和发展性三类。据统计，陕西省青少年事务社会工作者提供的主要是预防性与补救性服务，分别占 43.6% 和 40.2%，而颇具前瞻性的发展性服务则明显不足，仅占 16.2%（表 4-11）。社会工作承担着多种功能，与亡羊补牢式的事后补救和未雨绸缪式的事先防范所强调的通过外在措施促使事物变化不同，发展性服务把解决问题的着眼点放在增强当事人的能力上。如果没有发展，预防和补救只能是头痛医头、脚痛医脚，发展才是相对治标又治本。青少年社会工作面对着青少年多种不同的需求，应以发展为工作取向，以发展带预防，以发展带补救。

表 4-11 受访者的服务情况

服务类别	服务内容	占比（%）
补救性服务	为困难家庭青少年提供就学或生活帮助	15.4
	为被忽略或被虐待的青少年提供保护服务	7.1
	为在身体、精神等方面出现功能失调，以及社会人际关系适应不良等的青少年提供治疗服务	7.7
	为有越轨/不良行为的青少年提供帮教服务	3.2
	为特殊青少年提供矫正服务	6.8
预防性服务	改善青少年的学校生活环境	14.1
	改善青少年的社区生活环境	12.5
	改善青少年的家庭生活环境	17.0
发展性服务	提供就业信息及就业培训服务	8.7
	提供休闲娱乐、体育健身、婚恋交友以及社会适应方面的知识性辅导服务	7.5

(五)职业认同

第一,职业满意度。据统计,48.5%的受访者职业满意度较高,其中仅有3.1%的受访者表示非常满意(表4-12)。职业满意度是一种总体性的感性认知,涉及工作难度、工作压力、工作环境、人际关系、薪资待遇、福利保障、职业声望、职业前景与公众认知等多个层面。同时,陕西作为西部经济欠发达地区,其青少年社会工作的起步较晚,因此,其青少年社工队伍的职业满意度处于中等水平的现实状况,应是上述各类复杂因素共同作用的结果。

第二,职业成就感。据统计,46.2%的受访者职业成就感比较高,16.2%的受访者非常高(表4-12)。社会工作是一项助人自助的职业,其本质是为儿童、老年人、残疾人、穷人与无家可归者等贫困群体、脆弱群体及其他弱势群体提供帮助。社会工作者是载满了价值的人,他们带着某种价值目的进入这个行业,通过帮助别人来实现自己的价值目的。正是这种强烈的价值诉求使得社会工作者进入并持续地停留在社会工作内部,并通过具有强烈利他主义色彩的助人服务活动获得愉悦感和成就感。

第三,未来的从业意愿。据统计,有略超过两成的受访者表示不再从事青少年事务社会工作或尚未有明确的从业意愿(表4-12)。根据《2011年度东莞市社会工作发展综合评估报告》,截至2011年年底,东莞市该年社会工作者离职率高达19.79%。深圳社工协会发布的报告也称,截至2012年12月底,深圳该年社工流失率达18.1%。[16]对比可见,陕西省青少年社工人才的流失和东莞、深圳等社工发展较快的城市基本持平。

表4-12 受访者对职业的认同情况

项 目	选 项	占 比(%)
职业满意度	很不满意	5.4
	不太满意	12.3
	一般	33.8
	比较满意	45.4
	非常满意	3.1

---

[16] 张大维、郑永君、李静静:《社会环境、社会支持与社会工作者的职业耗竭——基于广深莞汉100名专职社工的调查》,载《中州学刊》2014年第2期。

续表

项　目	选　项	占　比（%）
职业成就感	非常低	3.0
	比较低	4.6
	一般	30.0
	比较高	46.2
	非常高	16.2
未来的从业意愿	继续从事	77.7
	不再从事	1.5
	说不清	20.8

五、青少年社会工作人才队伍存在的问题

问卷调查及深度访谈的结果显示，陕西青少年社会工作者希望解决的问题如下：第一，薪资待遇相对较低。主要表现为青少年社会工作者在入职初期的薪资水平偏低，薪资的年均增长相对缓慢，福利保障相对缺乏等。深度访谈显示，收入水平低下是导致社工专业学生转行、社工职业倦怠以及社工机构人才流失的首要原因。第二，专业培训相对缺乏。主要表现为专门性的社工培训机构缺失，参加高层次的专业技能培训、学术会议、开展同行交流以及参观学习的机会缺乏，等等。第三，发展经费投入不足。主要表现为政府在青少年社工组织培育、专业人才队伍建设与项目规划等方面的经费投入不足。第四，行政协调意识不强。主要表现为政府在加强各相关职能部门的协调联动，协助青少年社工组织获取社会资源，建立青少年社工组织与政府部门的沟通渠道等方面未形成较强的服务意识。第五，政策支持力度不大。主要表现为政府在青少年社会工作岗位的开发与设置，政府购买青少年社会工作服务，青少年社会工作的项目开发，以及制定引进、培养、激励青少年社会工作人才的政策措施等方面支持较少。第六，宣传引导活动不多。主要表现为政府部门在通过业务研讨、行业评选、典型示范等活动宣传、引导和推动青少年社会工作发展，促进青少年社工组织间的信息交流与共享，加强

青少年社工服务与学习平台建设等方面存在不足。

综上所述，实证研究的结果显示，陕西青少年社会工作人才队伍建设尚处于初创阶段。总体而言，首先，处于该阶段的陕西青少年社会工作人才队伍的主体为获得专科及以上学历的 33 岁左右的已婚女性，其学历层次较高，年龄和婚姻结构也较为合理。其次，陕西青少年社会工作人才的收入水平较低，收入增速较慢，收入增幅较小，且专业化、职业化水平远低于上海、广州、深圳等东部发达城市。再次，已有从业人员中从事面对面服务的专职青少年社工数量不足，所开展的致力于当事人潜能挖掘与能力提升的发展性服务不多。从次，现有从业者的职业满意度与成就感一般，还存在着人才流失风险。最后，在陕西青少年社工队伍建设过程中，同时存在政府和机构两个层面的社会工作行政管理问题，以及薪资待遇相对较低、专业培训相对缺乏、发展经费投入不足等问题。

"人在环境"是社会工作的独特视角。青少年社工队伍建设存在的问题及其解决策略既需从青少年社工自身切入，又需从其所嵌入的社会环境进行剖析。青少年社工自身存在的问题：一是专业素养缺乏。主要表现为大量社会工作者未受过正规系统的社会工作知识、方法与技能方面的训练，实践能力较差、专业化水平有限。二是职业认知偏差。主要表现为部分社会工作从业人员尚未对社会工作的性质与特征、功能与价值等有准确、清晰的认识。对此，应在开展在职培训、加强继续教育等基础上建立社会工作岗位培训机制，从而帮助实际社会工作者在优化知识结构、掌握专业方法、提升专业水平的基础上，明确社会工作的性质与特征，认识社会工作的功能与价值。

社会环境方面的问题：一是政府重视程度不够。主要表现为前文所提及的政策支持力度不大、行政协调意识不强、发展经费投入不足、宣传引导活动不多等问题。对此，可通过积极落实国家与地方政府已出台的相关政策、意见，推进社区、学校、司法等领域青少年社会工作岗位的开发与设置，完善社会工作人才评价体系等方式加以改善。二是社会认知度不高。主要表现为相当一部分社会公众甚至政府工作人员对青少年社会工作与社会工作者的性质、特征与功能等认识模糊、片面，将青少年社会工作等同于青少年看护、教育、课业辅导等，将青少年社会工作者等同于社区工作者、慈善工作者或义工。对此，可通过专题宣传、项目试点、经验推广与行业评选等方式展开引导宣传工作，以期在提高社工的职业声望与社会地位的同时提升公众认知。三是社工机构发育不良。主要表现为陕西民办社工机构的数量少、规模小、专职人员少、服务能力弱等。对此，应从降低审批管理门槛、简化机构注册程序、改进登记服务方式、落实税收优惠政策、增加购买青少年事务社工服务等入手，大力促进民间社工机构的发展。四是高校对社工专业学生实务能力的培养不足。主要表现为在教学过程中，存在着高层次实务教学人员缺乏、专业实习环节薄弱以及实习基地建设滞后等方面的问题。对此，应通过完善青少年社会工作人才培养体系加以解决。

后　记

本书是我十年来有关陕西省青少年权益保障研究成果的汇集，也记载了我参与相关工作的感悟。在法学专业视域下，本书主要采用实证研究方法，涵盖共青团权益战线重点关注的青少年议题，研究内容涉及未成年人保护、预防青少年违法犯罪、青少年经济社会文化和政治权利、青少年发展保障制度等主题，具体包括：未成年人安全状况、学生欺凌、中小学法治教育及其宣教模式、预防不良行为青少年违法犯罪、青少年吸毒及其预防工作、青少年毒品预防教育体系、青少年社会教育、新生代农民工的文化生活和文化权利、"不升学不就业"青年、快递从业青年生存发展权益、大学生"校园贷"、新媒体和社会组织青年政治参与、青年律师政治参与、青年社会组织参与社会治理、未成年人网络保护法律问题、青年创业政策、青少年社会工作人才队伍等。

本书主体部分是2016—2021年我受团中央维护青少年权益部、共青团陕西省委及其维护青少年权益部、陕西省禁毒委员会办公室等单位委托，主持有关实证类课题的研究成果。为了尽可能全景式地展现新时代青少年相关工作，也为了收录2011年以来我发表的相关主题文章，本书有部分内容来源于我担任执行主编且主笔的专著[1]。《青少年权益保障实证研究》收录的是调研报告和原始资料，本书收录的是已经发表的论文，故本书表述更准确和简洁。作为《青少年权益保障实证研究》的续篇，本书仍然采用问卷调查、深度访谈等实证研究方法。这体现了我20年来在服务地方法治建设、开展青少年权益应用对策研究中所坚持的原则——没有调查，就没有发言权。本书试图把

---

[1] 段小龙、单舒平主编：《青少年权益保障实证研究——基于陕西省的政策和法律实践（2011—2015）》，中国民主法制出版社2016年版。

观点扎根在深入调研的基础上，做到有的放矢，但是也不可避免地存在很多局限。

研究的不足需要反省，我也应当向读者实事求是地交代：除了第四编第一章由我自主撰写，其他章节的主题都来源于单位委托，其中大多数来源于"共青团与人大代表、政协委员面对面"活动的选题指南。[2]在主题设置方面，我作为"乙方"，必须要把"甲方"需求和学术创新进行平衡，有些学术性的探讨难以纳入本书。

2017年4月，中共中央、国务院印发的《中长期青年发展规划（2016—2025年）》将青（少）年发展具体细化为青年思想道德、青年教育、青年健康、青年婚恋、青年就业创业、青年文化、青年社会融入与社会参与、维护青少年合法权益、预防青少年违法犯罪、青年社会保障10个领域。受法学专业背景所限，我没有能力和精力对青少年发展的所有领域都进行系统研究。我长期关注的领域是未成年人的法律保障、预防青少年违法犯罪。

青少年权益保障既是新时代我国社会主要矛盾转变后的特殊问题，也是青少年成长发展过程中面临的常见问题，其中一些风险或安全隐患，不仅需要个人、家庭高度重视，更需要党和政府高度重视并予以回应。

我国应对青少年社会问题的实践发展出"帮教""社会治安综合治理"等中国特色政法话语，并成为中国特色社会主义法治理论和社会治理理论的重要内容之一。[3]青少年权益保障属于社会治理的重要内容之一，青少年权益

---

[2] 2008年以来，全国共青团系统每年集中开展"共青团与人大代表、政协委员面对面"活动，该活动是共青团发挥党联系青年的桥梁和纽带作用、参与社会主义协商民主建设的重要载体。"面对面"主题调研是由共青团中央统一布置的，由全国各地团委实施的，协助支持人大代表、政协委员履行职责的年度工作机制，即通过团委组织调研、召开座谈会等形式，协助人大代表、政协委员深入了解青少年的实际需求，并在"两会"中代表青少年利益，反映青少年诉求。2012年的活动主题是"丰富新生代农民工精神文化生活"；2013年的活动主题是"社会教育与青少年全面发展"；2014年的活动主题是"加强法律保护，保障未成年人安全和身心健康"和"净化网络和新媒体环境，促进青少年健康成长"；2015年的活动主题是"健全青少年社会化服务体系"；2016年的活动主题是"促进青年创业"；2017年的活动主题是"支持城乡青年电商创业"；2018年的活动主题是"拓宽新兴青年群体的社会参与渠道"和"加强青年婚恋和家庭的公共服务"；2019年的活动主题是"维护新兴职业青年群体的发展权益"；2020年的活动主题是"乡村振兴中的青年参与和发展"和"动员广大青年参与新时代的社会建设"；2021年的活动主题是"更好发挥青年在城乡社区治理中的作用"和"促进新职业青年的发展"。

[3] 参见褚宸舸编著：《"枫桥经验"青少年帮教史料与研究》，商务印书馆2023年版。

保障工作应当以综合治理思想为指导思想之一。改革发展中出现的青少年权益问题，需要通过深化改革来逐步解决。

我对青少年权益保障问题的关注最初源于20世纪90年代后期西北政法学院王宝来教授对我的教育引导，他时任中国青少年犯罪研究会理事，培养了我对青少年权益保障、禁毒问题的浓厚兴趣。2011年，我本科同学、时任共青团陕西省委权益部副部长的郝鹏涛邀请我参加权益部的调研工作，让我有机会接触到丰富的陕西青少年权益工作实践，鹏涛精益求精、严谨求实的作风既令我敬佩，也让我对共青团政策研究工作不敢有丝毫懈怠。两位师友可谓我此项研究的"引路人"和"贵人"。

本书内容涉及领域较广，我常常感觉力不从心，需要边学边干。许多数据统计分析工作，得到从事社会学研究的同事的帮助。受研究基础和能力所限，即使成书前经过1年的集中修改，但理论思考不深、学术性不够的问题依然存在。特别是，本书不同于初始阶段就有顶层设计的那类专著，而是先"零售"后"批发"的，所以不仅体系性明显不足，而且科学性也不尽如人意。按照社会学的标准，本书不少章节只是停留在社会调查层次，而未深入社会学研究层次。

既然本书在学术上先天不足，但是为什么还要出版呢？我主要有以下考虑：

第一，本书作为新时代陕西青少年权益工作的一个记录，不仅具有资料文献价值，而且具有一定的创新性和学术性。书中很多主题的调研在当时都填补了省域同类研究的空白，具有新颖性和开创性。本书在科研转化方面作出一些贡献，有效推动了全省青少年工作。不少人大代表、政协委员以我主笔的报告为依据在省"两会"上提出议案、提案，产生积极社会效果，部分报告获得陕西省相关部门的肯定和关注，达到促进党和政府出台相关政策、改进制度之目的。报告也获得团中央维护青少年权益部的肯定，在每年团中央组织的对省级报告的评选中，均被评为一类或二类报告。另外，本书大部分内容已在专业学术期刊、报纸上发表，这说明本书的学术水准得到业内同行的认可。

第二，本书凝结了我和团队成员的劳动。这是我用10年时间走遍三秦大地"磨"出来的作品。为了拿出高质量的研究报告，10年来我每年至少会投入三四个月甚至更多时间带领团队开展调查研究，字斟句酌地撰写报告。因为时间紧任务重，每次都需要加班加点，以至于多少损害了身体健康。每年交稿之后，我通常都会累得大病一场，需要休养多日才能缓过劲儿。我的同事、我指导的研究生也被我动员起来参与这些工作，达到了"练兵"和整合研究队伍的目的。

第三，本书记载了2011年至今我和三任团省委书记、四任团省委主管权益工作的副书记、四任团省委权益部部长和权益部的干部，还有省禁毒办领导、禁毒总队干警，以及西北政法大学的同事、学生基于调研、讨论、写作等工作产生的深厚友谊。人事有更迭，代际有更新，铁打的营盘流水的兵。很多同志已经转到其他单位或部门工作，有些同志已经或即将退休，我想通过这本书，对他们长期的信任、厚爱和支持表示衷心的感谢。需要说明的是，10年来的合作者和调研团队成员的名字，在各章题注里有记载。没有大家努力所打下的坚实基础，就不可能有本书的诞生。

2015年12月晋升教授后，我将主要精力从青少年研究转向其他领域。加之将研究报告转化为论文成果需要长期打磨，所以我在青少年领域发表成果的节奏逐渐放缓，很多课题只是做完，成果未及时发表。本书有部分内容属于首次公开，希望这些内容能够对实务界或理论界有参考价值。

2022年5月下旬，当我把过去写的研究报告和发表的论文汇集到一起时，发现工作量超过预想。因为本书写作历时10年，所以很多法律法规及政策文件都已经发生变更，有些建议、提议已经被党和政府所采纳，我的观点也有些许变化，的确存在梁启超所谈到的"不惜以今日之我，难昔日之我"的情况。更重要的是，我清醒地意识到，本书作为学术专著应当凸显学术性，从而有别于工作研究或宣传性的书籍。

本书的完善历时1年，因为有上课、开会、调研等各种事务和其他研究工作打断，我的时间和精力严重碎片化，所以不得不将工作放在清晨和深夜。为了减少工作量，我否决了大拆大建的思路，主要通过少量增补，大量做"减法"的方式，即删除陈旧、过时、重复的内容，适当修订观点、增补文献。

感谢我的导师林来梵教授、张永和教授、梅传强教授长期的支持和教诲。感谢青少年法律领域著名学者姚建龙教授在百忙之中赐序鼓励。感谢家人默默地付出。郭相宏教授、段晓彦教授、任娟娟副教授、王鹏飞副教授、张永林博士、李娟博士、庞从容编辑、张琪惠编辑、薛迎春编辑、薛应军编辑、唐仲江先生等师友对本书编排、大小标题和装帧设计提出了很好的意见和建议。我的学生们也付出很多辛劳：陕西师范大学博士生赵俊鹏、西北政法大学博士生陈本正两位同学通读全书，帮我订正了一些内容，甄二丽、焦文静、刘岳楚、刘畅、王阳、齐飞、翟书阅、胡绍宇、李哲涵、张丽、李硕等参与了部分章节的校订工作。

本书是我主持的国家社会科学基金重大项目"国家毒品问题治理的实践困境与模式创新研究"（20&ZD196）的子课题"毒品问题治理的基层治理模式研究"、陕西省社会科学基金"更高水平平安陕西法治陕西建设研究"专项项目"深入推进平安系列创建活动路径研究"（2022PZX05）和陕西省"三秦学者"创新团队支持计划"西北政法大学基层社会法律治理研究团队"的阶段性成果。本书一切疏漏由我个人负责，希望读者不吝赐教。

褚宸舸
2023 年 3 月 8 日